裁判員制度が始まる

その期待と懸念

共同通信記者
土屋美明
Yoshiaki Tsuchiya

花伝社

裁判員制度が始まる——その期待と懸念◆目次

第3章　裁判員制度の詳細

第4章　裁判員制度の未来

写真提供──共同通信社

はじめに

重大な刑事事件の裁判に「裁判員」として一般国民が参加し、裁判官とともに判決をする新しい刑事裁判「裁判員制度」が始まる。衆議院議員の選挙人名簿から、くじで裁判員候補者を選ぶ名簿作りが二〇〇八年七月一五日にスタート。二〇〇九年五月二一日には「裁判員の参加する刑事裁判に関する法律」（裁判員法）が施行され、わが国で初めての本格的な国民の司法参加が、歴史に刻まれていく。

これまでは、法曹と呼ばれる裁判官、検察官、弁護士ら専門家任せにされてきた刑事司法が、今後は国民にしっかりと根を張った、国民のための刑事司法へと根底から変わっていくのではないか。その将来を考えると期待が膨らむ。しかし、国民にとって刑事裁判に参加するのは、決して容易なことではない。仕事の面や経済的、家庭的な負担の重さもあれば、能力的、心理的な不安もある。それに、もともと、社会の病理を映しだすのが犯罪なのだから、新しい制度に変わったからといって、刑事裁判が突然、夢のようなバラ色になるはずもない。日本国憲法との整合性に疑問を投げ掛ける違憲論、刑事手続きの重大な欠陥を指摘する反対論が根強く聞かれるのも、ある意味では当然だ。

筆者は法律家ではなく、共同通信社の司法担当記者にすぎないが、二〇〇一年一一月から二〇〇四年一一月までの三年間、政府の司法制度改革推進本部に置かれた「裁判員制度・刑事検討会」と「公的弁護制度検討会」の委員として制度設計に関与した。また、部分判決制度の立案の際、法制審議会の臨時委員も務めた。制度設計へのかかわりは深いものの、その後、徐々に決まっていく裁判員制度関係の法律、政令、規則などを見ると、その細かい部分には率直に言って異論もある。制度の行く末には大きな期待とともに、懸念も抱かざるを得ない。
裁判員制度については、さまざまな考え方があるだろう。しかし、賛成、反対を唱える前に、まず、制度の姿をきちんと知っておくことが重要だと思う。本書は、日ごろ刑事裁判にはあまり馴染みのない人でも、裁判員制度への理解を深めることができるよう、裁判員法に限らず、それと密接に関連する刑事訴訟法、総合法律支援法をはじめとする法律、最高裁判所規則、政令などに触れながら、現実に裁判員制度はこのように機能していくだろうという姿を紹介した。その際、海外の国々が行っている「陪審制度」「参審制度」など国民参加の刑事裁判に言及し、裁判員制度が抱える問題点と将来の課題についても述べた。

中心になるのは、筆者が書いた新聞用の記事であり、決して難解ではないはずだ。第1章として、二〇〇八年の正月紙面用に共同通信社から全国の加盟新聞社へ配信した企画記事「みんなが裁判員」を収めたが、「手っ取り早く、どんな制度か、知っておきたい」と思う人に役立つと思う。第2章には、二〇〇七年四月から一年間、毎週一回配信した連載企画「イメージ裁判員制度」を収録した。裁判員制度はこうなるのではないか、と予想しながら、裁判員になる人の立場に立って、知りたいと思われる内容を報告した。裁判員候補者に選ばれ、現実に法廷へ出る場合でも、前もって一般的な知識として知っておくべきことは、第1章と第2章で十分だと思う。

「イメージ裁判員制度」は東奥日報（青森）、河北新報（仙台）、福島民報（福島）、埼玉新聞（さいたま）、北日本新聞（富山）、信濃毎日新聞（長野）、神戸新聞（神戸）、山陽新聞（岡山）、中国新聞（広島）、山口新聞（下関）、徳島新聞（徳島）、四国新聞（高松）、高知新聞（高知）、西日本新聞（福岡）、佐賀新聞（佐賀）、熊本日日新聞（熊本）、南日本新聞（鹿児島）、沖縄タイムズ（那覇）の各紙に、その全部または一部が掲載された。できるだけ配信当時のままにしたが、その後に変更があった部分などは（注）で補い、冗漫な部分などは若干整理した。

第1章と第2章は、新聞記事である関係上、共同通信社の表記基準に従っている。警察に逮捕された「被疑者」は「容疑者」、起訴された「被告人」は「被告」、身柄の「勾留」は「拘置」、「手続」は「手続き」、「アメリカ合衆国」は「米国」と表す約束事などがある。しかし、第3章以下では、「手続」など法律に書かれた用語を使わざるを得ず、表記に若干の不統一が生じたことはご容赦願いたい。

今、なぜ、一般国民を引っ張り出す面倒な新制度を始めることになったのだろうか。それをじっくり考えると、日本社会の在りようが見えてくる気がする。日本国憲法は前文で「主権が国民に存する」と明記し、第一条でも「主権が存する国民」と書いている。しかし立法、行政、司法という国家の三つの権力のうち、司法だけには主権者であるはずの国民の本格的な参加がなかった。立法には国会議員の選挙があり、行政には地方自治体の首長・議員の選挙、リコールの制度などがある。司法が国民参加と縁遠くて、果たして国民主権の国家といえるのだろうか。

司法の在り方が根底から変わり、国民が裁判官と一緒に法廷に出て審理をするようになると、法意識が高まり、成熟した主権者意識が育っていくことになるだろう。国のありようも変わっていくはずだ。単に「司法はこれでよいのか」と問うだけでなく、主権者であるはずの国民が、実は、ほとんど主権者らしく振る舞えない状況が、これからも続いていって良いのかどうか、と考えてみたい。

日本の社会に決定的に不足しているのは、パブリシティー（公共性）の意識だと思う。自分が住んでいる社会の在り方を他人任せにすることなく、自ら進んで公共の利益のために奉仕する精神がもっと育ってほしい。裁判員制度が、国民の間に主権者意識を育み、主体的な精神を持った人々によって担われていくようになることを願っている。

二〇〇八年四月　土屋美明

第1章　みんなが裁判員

第1．二〇〇八年夏に候補者名簿作り

重大事件の刑事裁判に国民が裁判員として参加する「裁判員制度」が、二〇〇九年五月までに(注1)全国の地裁で始まる。裁判員候補者の名簿作りは〇八年八月ごろ(注2)、市町村の選挙管理委員会でスタート、新制度が事実上動きだす。裁判員は衆院議員選挙の有権者名簿から「くじ」で選ばれ、二〇歳以上なら、みんなが当たる可能性がある。しかし「強制するのは、憲法が保障する思想・信条の自由に反する」という反対もある。今まで裁判官だけで判断していた刑事裁判。その姿が国民参加によって大きく変わる。

(注1) 裁判員制度の実施日について政府は政令で二〇〇九年五月二一日と決定した。

(注2) 裁判員候補者の名簿作成開始日について政府は政令で二〇〇八年七月一五日と決定した。

裁判員が選ばれるまで

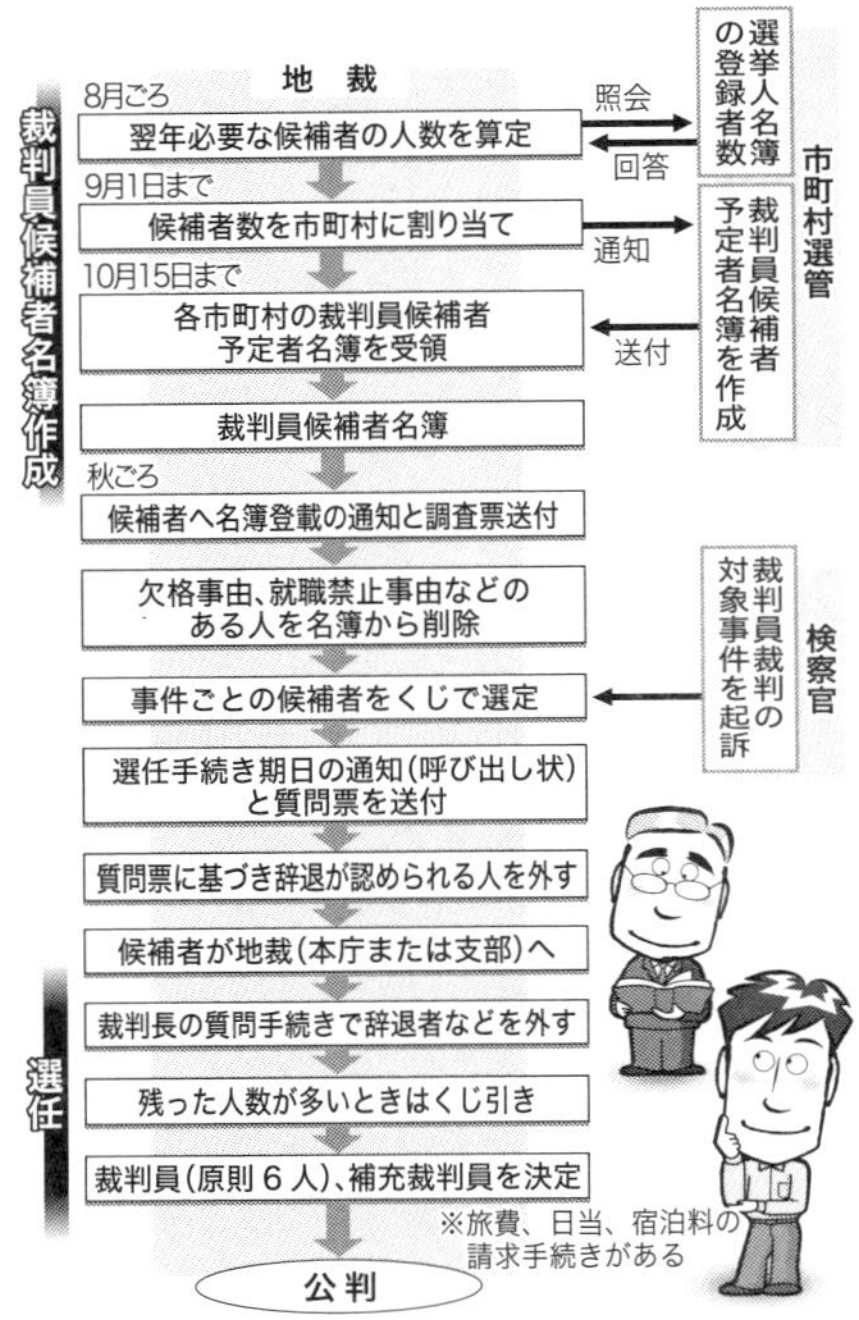

第２．高齢者らは辞退可能

全国六〇カ所の地裁（支部一〇カ所を含む）は九月一日までに、裁判員候補者の人数が翌年何人必要になるかを決め、管内市町村の選挙管理委員会に衆院選の有権者名簿から「くじ」で選ぶように通知することが、裁判員法で定められている。選管は住所、氏名、生年月日を記した人数分の「裁判員候補者予定者名簿」を作り、一〇月一五日までに地裁へ提出する。

名簿を受け取ると地裁は、裁判員法で資格がないとされている前科のある人や裁判員になれない職業の人など（欠格事由、就職禁止事由の該当者）を除き、「裁判員候補者名簿」を作成する。検察官が容疑者を起訴し、実際に裁判が始まる時、地裁は候補者名簿からさらに「くじ」で、その事件を担当する候補者を選ぶ。

候補者には地裁が「呼び出し状（注）」と「質問票」を送り、質問票の回答は、裁判員法が定めた辞退できる場合に当たるかどうかを判断する材料になる。七〇歳以上の高齢者、学生、重い病気やけがで裁判員としての参加が困難な人らは辞退が可能だ。

これらの理由があり、一年を通じて辞退を希望する人は「年間辞退」が認められる。また農家のように農繁期など特定の時期の辞退を希望する「季節辞退」もできる。これらの場合、呼び出しは取り消しになる。

候補者は指定日に地裁へ出向き、待機室で当日用質問票に回答を記入する。続いて個人情報を伏せて受け付け番号で呼ばれ、質問手続き室で回答を基に、仕事や家庭の事情を理由として辞退が認められるか、公平な裁判ができるかを確かめるための質問を裁判長から受ける。その結果、原則六人の裁判員が選ばれ、交代要員の補充裁判員とともに評議室で開廷を待つ。

法廷には三人の裁判官と裁判員、補充裁判員が入る。弓のように曲がった形の細長いテーブル（アーク型法壇）

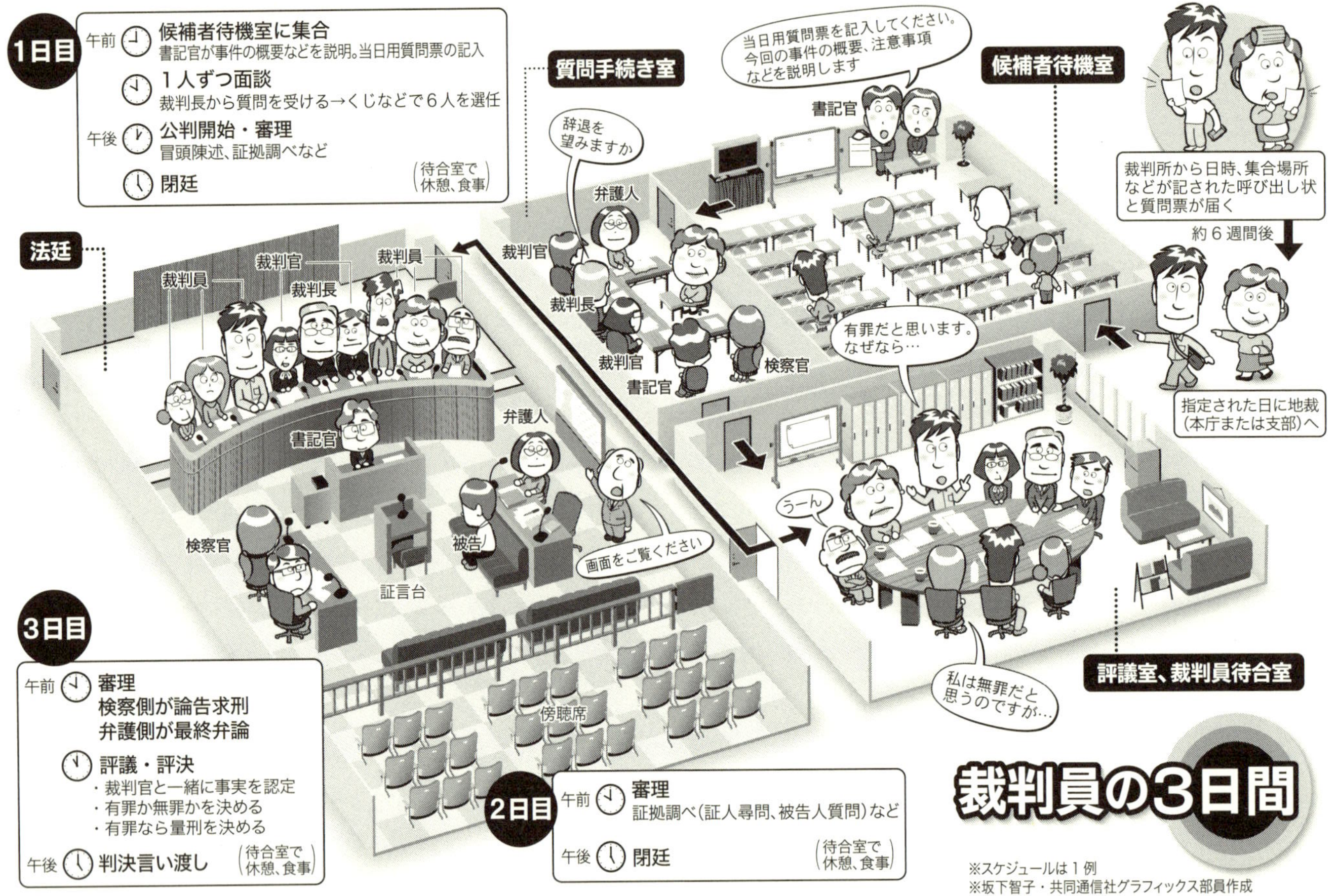

※スケジュールは1例
※坂下智子・共同通信社グラフィックス部員作成

の席に裁判官と裁判員が着く。証拠調べで裁判員は裁判長の了解を得て、被告や証人に質問ができる。

裁判官と裁判員は評議室で、どのような判決にするか協議する。この内容を外部に漏らすと罰金が科されることもある。

最高裁の話では「七割の事件は三日以内、九割の事件は五日以内で終わる」という。多くの事件では、初日は午前中、裁判員の選任手続きを行い、午後から初公判。二日目は証拠調べ。三日目は検察側の論告求刑、弁護側の最終弁論、夕方に判決という流れになる。

（注）「呼び出し状」は裁判員法の条文にある言葉で、最高裁判所は「使わざるを得ない」としている。しかし、その後の検討で、ふさわしくない言葉だという意見が多いため、実際には「裁判員等選任手続き期日のお知らせ（呼び出し状）」と書くことにしている。

第3．見て聞いて判断する裁判へ

裁判員が参加しやすいよう刑事裁判のやり方が大きく変わってきている。多くの証拠を調べ、被告や証人の供述調書など書面を重く見たこれまでの審理から、証拠の数を絞り、法廷での証言を見て、聞いて、判断する審理になる。裁判員に分かりやすくするためだ。

殺人、放火など重大事件の裁判は、裁判員を呼んで開く初公判の前に検察側、弁護側がそれぞれ提出予定の証拠を見せ合い、争点と主張を明らかにする「公判前整理手続き」を行わなければならない。何人の証人を調べるのか、いつ判決をするか、など日程も決める。

この手続きは二〇〇五年一一月に始まり、全国の地裁が積極的に実施している。以前は初公判を開いてから証人などを決めたが、あらかじめ決定しておけば裁判員が出向く日数は少なくてすむ。

初公判では、被告はどのような犯罪を行ったのかを明らかにする検察側の冒頭陳述に続き、弁護側も冒頭陳述をして主張を述べるようになる。検察側の立証が終わってから、弁護側が初めて主張を展開するかつてのやり方は少なくなりそうだ。

冒頭陳述は書面を読むのではなく、語り掛けるように行われる。今までの「である調」は話し言葉の「ですます調」に既に変わり始めている。精神鑑定などの難しい審理は、鑑定医が証言で分かりやすく説明するように変わる。

被告は有罪か無罪か、有罪ならどのような刑にするか、などの判断は、裁判官と裁判員計九人の多数決で決める。ただし有罪判決をするには、三人の裁判官のうち少なくとも一人が賛成していなければならない。判決は言い渡しの後、裁判官が文書にまとめる。

第４．参加日数

裁判員が参加する刑事裁判は死刑、無期懲役などに相当する重大事件に限られる。二〇〇六年の対象事件は三一一一件。有権者総数は約一億三五五五万人だったから、裁判員を六人、補充裁判員を二人と計算して、裁判員に選ばれるのは年間四一六〇人に一人の割合になる。最高裁によると刑事事件の約七〇％は被告が罪を認めている「自白事件」。公判前整理手続きを行った事件のうち自白事件の平均開廷回数は三・三回、被告が否認した事件は四・二回だった。これから推測すると裁判員が地裁へ出向く日数は三日から五日が多いとみられている。

（二〇〇八年正月用配信）

第2章　イメージ裁判員制度

1 「日本型参審制度」

三年前から裁判官海外研修――国民参加へ準備進む

「日本の裁判官ですからね。裁判書類を全部お渡ししてもいいですよ」

二〇〇六年一一月一三日、イタリアのローマ重罪院第一部。佐野哲生・神戸地裁第二刑事部総括判事（五六）がジョバンニ・ムスカラ（ＧＩＯＶＡＮＮＩ　ＭＵＳＣＡＲＡ）裁判長に「判決文などをもらえませんか」と相談、申請書代わりの名刺にサインをすると、裁判長はその場で書記官にコピーを指示した。二日後、二カ月前に判決が言い渡された事件の書類が書記官から手渡された。

佐野判事は中牟田博章・福岡高裁判事（四五）とともに最高裁からイタリアでの研修を命じられた。イタリアでは国民から選ばれた六人の「参審員」が二人の裁判官とともに殺人など重罪事件の裁判を行っている。日本でも国民参加の刑事裁判「裁判員制度」が始まるのに備え、国民参加の下での審理の仕方、裁判官と参審員の評議のまとめ方など海外の実務を参考にしようという狙いだ。

両判事はローマ、ナポリなどの重罪院で公判を傍聴し、裁判官、検察官と懇談、弁護士事務所も訪問した。参審員から感想を聴き、大学では刑事法学者にイタリア法や裁判実務の解説を求めるなど精力的に行動した。

刑事裁判への国民参加は世界の約八〇カ国で行われている。参加の形には①被告は有罪か無罪かを国民が判断する英米などの陪審制度②その判断を裁判官と参審員が一緒に行うドイツ、フランス、イタリアなどの参審制度

――の二つがある。

最高裁によると、海外研修は二〇〇四年度から始まった。派遣された裁判官は毎年度二〇人。期間は一カ月程度。派遣先は、〇四年度は米国一〇人など陪審制の国々が過半数を占めたが、〇六年度はドイツ六人、フランス三人、イタリア、デンマーク各二人など参審制の諸国が大半になった。最高裁刑事局の伊藤雅人（いとう・まさと）第一課長は「当初は陪審員の選任手続きについて実態を調べる必要があったが、最近は国民が加わった審理、評議への関心が高まっている」と言う。

イタリアのナポリ重罪院で、参審員の話を聴く佐野哲生・神戸地裁判事（左から４人目）と中牟田博章・福岡高裁判事（左から３人目）＝2006年11月

日本の裁判員法は〇九年五月までに裁判員制度を始めると定めている。この制度は、国民から無作為抽出で裁判員を選ぶ点では陪審制に似ているが、裁判官と裁判員が裁判を一緒に行う点では参審制に近い。双方の利点を取り入れており、世界に例のない「日本型参審制度」といえる。

地裁で裁判長を務める佐野判事は「裁判官と参審員の打ち解けあった雰囲気が大事だと感じた」と話す。国民に身近な刑事裁判をどう実現するか。その道を模索し、裁判官の海外研修は〇七年度も続いていく。

（二〇〇七年四月七日配信）

2　基本的な仕組み（その1）「合議体の構成」

小合議体の活用が課題——原則は裁判官三に裁判員六

国民が裁判員として参加する刑事裁判は全国の地裁の本庁と大きな支部で行われる。国民が参加するのは一審だけで、二審の高裁、上告審の最高裁が裁判官だけの構成なのは変わりがない。

裁判員法第二条は、重大事件の刑事裁判を原則的に裁判官三人、裁判員六人の合議体で行うと定めている。裁判官のうち一人は裁判長を務める。

裁判員六人という人数について裁判官らに聞くと「やや多い」と言う人がかなりいる。証拠を見極め、間違いのない事実認定をするには、裁判員は三、四人にとどめた方が充実した議論ができるという。ドイツで重罪事件を裁く地裁大刑事部は裁判官三人と参審員二人の小さな構成であることも理由に挙げられる。

これに対して弁護士らからは「裁判官というプロ三人を前にしたら、国民は六人くらいはいないと発言しにくい」という反論が聞かれる。またフランスの重罪院が裁判官三人に参審員九人と大きな構成であることも根拠とされている。

日本の裁判員はドイツとフランスの中間の六人が原則。これはイタリアの重罪院と同じだ。

一方、制度づくりを行った政府の裁判員制度・刑事検討会では裁判官を一人か二人に減らす案も討議された。しかし日本の現行制度では重大な事件は三人の裁判官で裁いているため、三人が維持されることになった。

裁判員制度の合議体

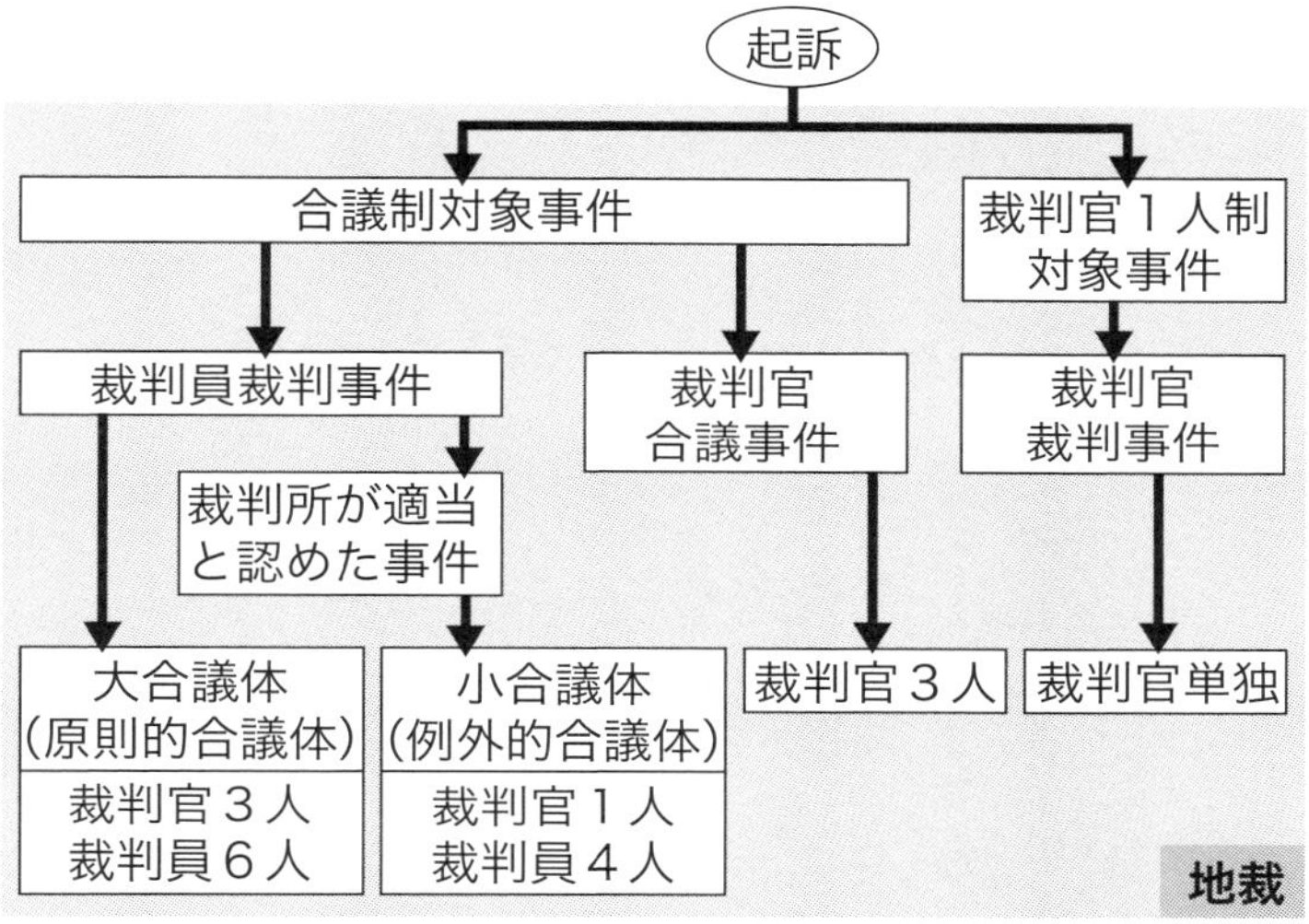

裁判員法では、重罪事件を担当する海外の裁判所には見られない特別な構成の合議体が例外的に設けられた。裁判官一人と国民四人という小さな合議体だ。

第二条によると、裁判所は①被告が起訴事実を争わない②検察官、被告、弁護人のいずれにも異議がない③裁判所が事件の内容などを考慮して適当と判断した——場合に小合議体を設けることができる。裁判官も裁判員も数は少なくてよく、国民の負担も軽くなるとして、政党間の調整で導入が決まった経緯がある。

検討会の委員だった四宮啓・早稲田大法科大学院教授は「被告が起訴事実を認めている自白事件は刑事事件全体の約七割もある。被告の防御権を損なわないよう配慮しながら、積極的に小合議体を活用したらいい」と話している。

（二〇〇七年四月一四日配信）

3　基本的な仕組み（その2）「対象事件」

殺人など年間約三六〇〇件――組織犯罪、テロは除外も

裁判員が参加して行われる刑事裁判は重大事件に限られる。国民参加の意義が広く認識されるには社会的反響の大きい事件を担当するのがふさわしいことや、裁判所まで来る国民の負担を軽くすることなども考えて、政府の司法制度改革審議会が発生件数の少ない重大事件に限定すると決定、それが立法化され、裁判員法になった。

同法によると、裁判員裁判は①最高刑が死刑または無期の懲役・禁固の事件②故意の行為によって被害者が死亡した事件――について行われる。

最高裁の二〇〇五年の統計では、全国の地裁が扱った刑事事件約一一万一七〇〇件のうち対象事件は三％の三六二九件を占める。最も多いのは、人にけがをさせて物を奪い取る強盗致傷で一一一〇件。そのほかに、人を殺した（殺人）、人の住む家に放火した（現住建造物等放火）、性的暴行を加えて死なせたり負傷させたりした（強姦致死傷）、泥酔しながら車を運転し人を死亡させてしまった（危険運転致死）などの罪が主な対象になる。

これらの事件のうち、裁判所が裁判員に危害が及ぶ恐れがあり、国民参加にふさわしくないと判断した事件は、裁判員裁判の対象から外すことができる。ある裁判官は「国民が不安を抱かずに参加できるよう、テロや組織犯罪などは外される可能性がある」と話す。

裁判員制度の下でも裁判官三人による合議制の裁判は残る。裁判員裁判の対象外となった重大事件は裁判官だ

けの合議体へ回される。また裁判員法が定める対象事件の条件には当てはまらない贈収賄、選挙違反、名誉棄損などは今まで通り裁判官の合議体で裁かれる。

では国民が裁判員になる割合はどのくらいなのだろうか。裁判員は衆院議員選挙の有権者名簿から事件ごとに無作為抽出で原則六人が選ばれ、途中で病気になったときなどに交代する補充裁判員も四人まで選任できる。

〇五年の有権者総数は約一億二〇〇〇万人だから、ここから約三六〇〇件の事件についてそれぞれ裁判員と補充裁判員計一〇人を選ぶとすると、当たる割合は毎年約二八〇〇人に一人程度ということになる。

（二〇〇七年四月二一日配信）

主な裁判員裁判対象事件

		罪名
死刑・無期に当たる罪	刑法	・現住建造物等放火 ・通貨偽造・同行使 ・強姦致死傷 ・殺人 ・強盗致死（強盗殺人を含む） ・身代金目的誘拐
	特別法	・航空機墜落等致死 ・サリン等の発散
故意に死亡させた罪	刑法	・傷害致死 ・危険運転致死
	特別法	・放射線発散致死 ・決闘傷害致死

4 「昭和の陪審裁判」

日本でも陪審裁判四八四件——戦後は停止中

大正デモクラシーの高まりの中、日本でも米英のような国民参加の陪審裁判をするべきだとの主張が高まり、一九二三年、陪審法が公布された。昭和初期の二八年から刑事の陪審裁判が始まり、第二次世界大戦の激化で四三年に停止されるまで、全国で四八四件の陪審裁判が行われた。

陪審法は戦後、停止されたが、廃止ではなく、法制度上はいつでも再開可能な状態にある。しかし、どうして日本では年平均三〇件程度にとどまり、深く根付かなかったのだろうか。

一つの理由は陪審の答申に拘束力がなかったことだ。裁判官は答申が不当と認めるときは、気に入った答申がなされるまで何度でも陪審員を代えて審理をやり直すこと（更新）ができた。

また事件の範囲も極めて限定された。陪審でなければ審理できないのは死刑または無期の懲役・禁固事件（法定陪審）に限られた。これに準ずる重大事件では被告が陪審を請求できる（請求陪審）ことにとどめた。

この制度に詳しい丸田隆・関西学院大法科大学院教授は、国民にとって陪審裁判は政治と同様、司法へも参加する重要な権利であることを指摘し、日本では「法定陪審には被告による辞退を、請求陪審には被告からの取り下げを認めたことと、陪審の答申を裁判官が更新できたことに問題があった。いずれも陪審制度を権利と位置付けていなかったからだ」と話す。

辞退や取り下げの制度があったため、被告は、陪審裁判を求めると裁判官への挑戦と受け取られて不利な判決になることを恐れ、希望しなくなったといわれる。

当時、陪審員になれるのは高額納税者に限られた。衆院選有権者総数の約七分の一にすぎない富裕者層だけで、一般国民の意識を反映していなかったことも影響したようだ。

東京・霞が関の法務省赤れんが棟にある法務史料展示室・メッセージギャラリーで展示されている陪審員記章（バッジ）

陪審員には三一年から、審理の心得を記した「陪審手引」と、「陪審」の字を彫った記章が贈られた。記章などは法務省[注]に展示されている。

陪審法に比べると、二年後に実施される裁判員制度はかなり違っている。まず裁判員には所得による制限がない。被告からの請求取り下げ、辞退の制度もない。裁判員制度には昭和の失敗経験が生かされている。

（注）法務省・赤れんが棟の法務史料展示室に昭和初期の陪審制度について展示コーナーがあり、当時の裁判官、検察官、弁護士が身に着けた法服とともに「陪審手引」と「陪審」記章などが常時展示されている。平日の午前一〇時から午後六時まで無料で見学できる。

（二〇〇七年四月二八日配信）

5 「国民参加の長所と短所」

有罪の基準に市民の常識――情緒的判断強まる懸念も

「いつか君と行った映画がまた来る……」。フォークシンガー、ばんばひろふみさんの「『いちご白書』をもう一度」がホールに流れる。

京都弁護士会が二〇〇七年四月一四日、同志社大で行った裁判員裁判劇「真実の行方」は普通の模擬裁判とは少し違う趣向で始まった。ばんばさんが登壇。若手弁護士らが被告、裁判官、裁判員などの役を熱演する傍らで、解説役の指宿信・立命館大法科大学院教授とともにコメンテーターを務めた。

「裁判員をやれば、裁かれる相手の人生も、しょい込まなければならない。興味はあるけれど、怖いことです」。ばんばさんは「声の大きな人の意見に引きずられはしないか」「裁判官には権威の威圧感があり、素人は意見を言ってよいのかどうか、考えてしまう」などと質問を連発した。

指宿教授は「それは制度的というよりは裁判の運営の仕方にかかわる問題。裁判官は審理方法や意見のまとめ方などについて、望ましいやり方を熟知していなければならない」などと説明した。

ばんばさんの疑問にはもっともな面がある。市民が刑事司法に参加する制度には、長所と短所の両方があるからだ。

指宿教授によると長所は①「合理的な疑いを越えた」時は有罪とする基準が、主権者である市民の判断に委ね

裁判員裁判劇「真実の行方」で裁判員を演ずる京都弁護士会の弁護士ら＝2007年４月14日、京都市の同志社大

られ、常識的な判断が下される②市民が主権者としての責任を自覚し、刑罰権の在り方や犯罪と社会との関係、コミュニティーの安全について主体的に考えるようになる③法執行機関や司法関係者が常に市民の目や考え方を意識するようになる――ことなどだ。

一方、短所は①事実認定と量刑について情緒的な判断が強まる恐れがある②過剰な負担が市民に負わされ、司法制度への嫌悪感が生まれかねない③市民が判断することにより（判断に不安定さが生じ）、結果に対する予測可能性が低下する――ことにあるという。

この劇では、裁判官と裁判員が事実認定、量刑などについて意見を述べる評議の場面が詳しく演じられた。裁判官が自分の意見の方向へ強引に結論をまとめるところもあり、こうした運営方法に弁護側が懸念を抱いていることがうかがわれた。

長所を生かし、短所を抑えるにはどうすべきか。評議の進め方などの具体策は今後、最高裁規則などで決められる。(注)

（注）最高裁の「裁判員の参加する刑事裁判に関する規則」

は二〇〇七年七月五日に公布された。「裁判長は、裁判員と補充裁判員に対し、その権限と義務のほか、事実の認定は証拠によること（筆者注・法廷に出された証拠以外のもので判断してはいけない）、被告事件について犯罪の証明をすべき者（筆者注・立証責任があるのは検察側か弁護側か）と事実の認定に必要な証明の程度（筆者注・合理的な疑いを越えた証明が必要）について説明する」（第三四条）と定められている。また「検察官と弁護人は、裁判員が審理の内容を踏まえて自らの意見を形成できるよう、裁判員に分かりやすい立証と弁論を行うように努めなければならない」（第四〇条）とされ、評議については裁判官が「裁判員から審理の内容を踏まえて各自の意見が述べられ、合議体の構成員の間で、充実した意見交換が行われるように配慮しなければならない」（第四五条）などとされた。

（二〇〇七年五月五日配信）

6 「憲法問題」

裁判官の独立めぐり論議も――違憲説に配慮し立法

「三人の裁判官でやると二対一の多数決で決まる事件が、裁判員六人が（反対側に）加わって七対二になった場合（判決は）逆転する」。二〇〇四年二月、近藤基彦・衆院議員が自民党憲法調査会憲法改正プロジェクトチームの第七回会合で発言した。

このような事態は裁判官による決定への干渉であって憲法違反の疑いがあると近藤議員。「憲法第七六条三項に『すべて裁判官は、その良心に従い独立してその職権を行い』と書かれており、誰からも決定に関与されないと読み取れる」と言う。

調査会会長で元裁判官の保岡興治・元法相は、裁判員制度の下でも各裁判官が外部からの干渉に左右されない独立は保たれ、良心と法律にのみ従うという原則は侵されないと指摘、「憲法に反することはない」と答えた。

この制度には一部の法学者、元裁判官らから憲法上の問題が指摘されている。例えば①裁判官には第七八条で身分保障があるが、裁判員の存在は想定されていないのではないか②素人が入っても、第三二条（裁判を受ける権利）が求める「裁判所」といえるか③被告には「公平な裁判所の迅速な公開裁判を受ける権利」（第三七条）が保障されているが、裁判員にも裁判官と同程度の独立性・中立性・公正性が確保できるか――などが主な論点だ。

制度づくりに当たった政府の裁判員制度・刑事検討会では〇二年九月、①第七六条で素人の臨時裁判官は認め

憲法問題を含め論議が展開された「裁判員制度・刑事検討会」＝2003年5月16日、東京・永田町の司法制度改革推進本部

る余地がないとする違憲説②裁判官が結論を下す建前を崩さなければよいとする制限合憲説③憲法は最高裁を裁判官で構成すべきだとするが、下級裁判所については規定がないから地裁、高裁への国民参加は禁じられていないとする合憲説――が検討された。

明白な違憲説の委員はいなかったが、憲法問題を生じさせないよう公正性の確保策や被告の人権保障策などを討議。その結果、評決には必ず裁判官と裁判員の双方から賛成があることなどを条件とする仕組みになった。

また裁判員の仕事は「その意に反する苦役」（第一八条）、「思想、良心の自由」（第一九条）の侵害に当たらないかも論議された。「合理的な理由がある場合には辞退を認める制度ならば人権問題はクリアできる」とする意見などが出され、これらに配慮して裁判員法が作られた。

（二〇〇七年五月一二日配信）

7 「反対論」

「諸悪の根源」と強い批判——刑事法学者、弁護士ら

各地の裁判所へ行くと裁判員制度の広報文書が置いてある。二〇〇五年から一年間、最高裁が掲示したポスターでは女優の長谷川京子さんが、この制度は「裁判と国民との距離を縮め、裁判に対する信頼を高める役割を果たす」と語り掛けた。

裁判員制度は、国の主権者である国民が政治や行政の分野だけでなく、司法の分野へも意見を反映させ、司法を身近なものにする意義があると説明されている。欧米では歴史的に、国民参加の導入は民主政治を強化する役割を果たしてきた。

しかし反対論も強い。

刑事法学者の小田中聰樹・東北大名誉教授は著書『希望としての憲法』（花伝社）で①裁判員の義務化（憲法は義務化を認めていない）②被告の義務化（被告が裁判員に不信感や不安感を持っても裁判を拒否できない）③裁判員はお飾り的存在（裁判官と独立・対等にはとてもやれない）④人権侵害の温存（捜査の現状に手をつけずに制度がつくられている）⑤秘密の聖域（裁判員の秘密漏えいを処罰する規定などで裁判批判を抑圧する）——という五つの疑問があると指摘した。「制度的欠陥があまりに多く、実施は延期すべきだ」と小田中名誉教授。

〇六年、『裁判員制度はいらない』（講談社）を出版した「憲法と人権の日弁連を目指す会」代表、高山俊吉弁

「裁判員制度は廃止すべきだ」と話す高山俊吉弁護士

護士は、市民参加の陪審は支持するとしながらも、裁判員制度については「諸悪の根源」と批判する。

「長谷川さんのポスターが〝信頼を高める〟としているように、この制度は現在の刑事司法を良しとするところから出発している。国家権力には人権を侵害する恐れがあり、それをチェックするのが大事だという思想が見られない。陪審制度は被告を守る盾になるが、裁判員制度は全く違う」

高山弁護士は「この制度は、審理にじっくり時間をかけないなど、すべての司法改悪につながる」と強調する。

根強い反対論には、それぞれ耳を傾けるべき主張が含まれている。こうした批判を克服する制度に仕上げられるか。政府や最高裁、日弁連などに課された責任は重い。

（二〇〇七年五月一九日配信）

８「検察側の準備」

全国の中堅集め特別研修――分かりやすい立証目指す

ある検察官がホワイトボードに模造紙を張り、殺人未遂事件の登場人物の関係や争点などを図解しながら冒頭陳述をした。別の検察官はパソコンを投影機につなぎ、現場の地図、主張の要点などをスクリーンに映しながら論告求刑。しかし裁判員役の教官らからは「語調が平板で分かりにくい」などと、容赦ない批判が浴びせられた。

法務省の法務総合研究所が二〇〇六年から「検察特別研修」を始めた。裁判員が参加する刑事裁判を想定し、裁判員役には市民モニターも加わる。

〇七年二月、〇六年度最後の第七回特別研修に参加したのは一二人。いずれも任官一一年前後。全国各地検の中堅検察官だ。

日程は四日間。初日はＮＨＫアナウンサーの「分かりやすい説明の方法」と題する講義など。二日目は各人二〇分の冒頭陳述の実演をし、教官の講評を受ける。三日目は証人役などの教官を相手にした二〇分ずつの証人尋問と被告人質問の実演・講評。最終日は四〇分ずつの論告の実演・講評というメニューだ。

終了後、実演を記録したＤＶＤが各人に渡された。法務総合研究所の吉浦正明・研修第一部長は「これからは裁判員を説得できなければならない。自分のパフォーマンスを見て、改めてもらう」と話す。〇七年度も特別研修は八回実施される。

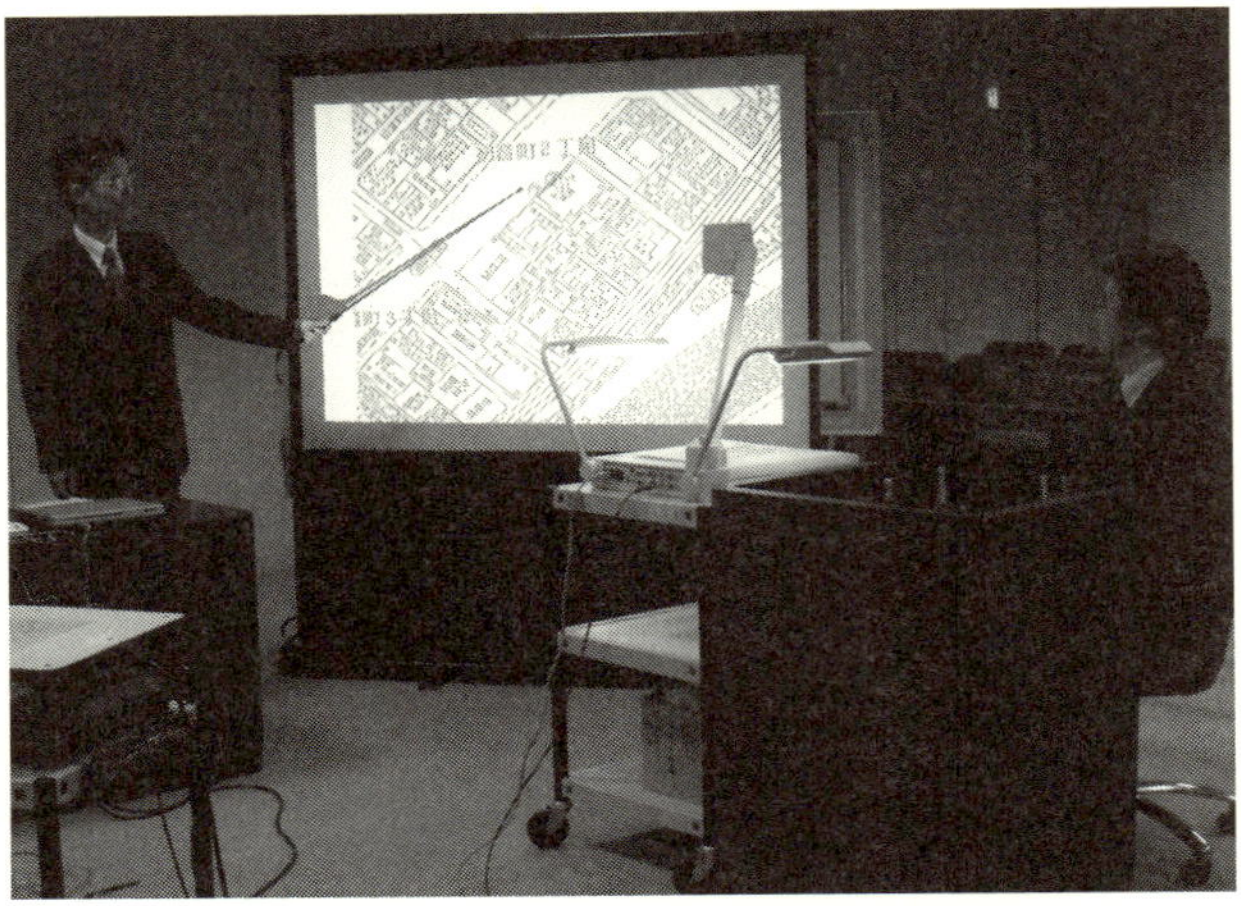

現場の地図をスクリーンに映しながら、証人役の教官を相手に尋問をする特別研修の検察官＝2007年2月、法務省の法務総合研究所

検察当局が裁判員制度の準備にかける意気込みは強い。最高検は〇六年三月、「分かりやすく、迅速で、事案の本質を浮き彫りにする的確な立証」をするために①図面、プレゼンテーションソフトなどを活用する②調書類は要約版を使う——などとする新しい捜査と公判の「試案」を公表した。

また東京地検は〇六年五月、検察官が容疑者、被告を取り調べる様子のＤＶＤ録画を試験的に実施した。被告が任意に自白したかどうかをめぐる弁護側との争いを減らす狙いがある。〇七年は一三の地検でＤＶＤ録画が行われている。[注]

最高検は〇五年、「全国検察庁司法制度改革実施推進本部」を立ち上げ、各高検の次席検事をメンバーに試案の施行と録音・録画の試験的実施を進めてきた。大野恒太郎・最高検総務部長は「より良い試案への改定、録音・録画の試行、国民に裁判員制度を理解してもらう広報の三つが今後の重点課題だ」と言う。

（注）ＤＶＤ録画の試行は二〇〇八年四月から全国の地検に拡大された。警察庁も二〇〇八年度から警視庁など大規模な警察本部で試行を始める。

（二〇〇七年五月二六日配信）

9 「最高裁の準備（1）新しい法廷」

四二カ所でアーク型法壇完成――待機室など四点セット用意

裁判員が参加する刑事裁判は都道府県庁所在地と旭川、函館、釧路の五〇地裁本庁のほか福島県郡山、静岡県浜松など一〇カ所の支部で行われる。これら六〇カ所の庁舎には、裁判官三人と裁判員六人が並べる長さ一〇メートル以上の法壇を備えた法廷はなかったため、どこも増改築に追われている。

九人が互いに顔を見ながら座れるよう、すべての法廷に、上から見ると弓なりの形の「アーク型法壇」が造られる。既に四二カ所で完成。最高裁の小池裕・経理局長は「模擬裁判に使いたいので早く裁判員法廷を造ってほしいという現場からの要望が強い」と言う。

新しい法廷の整備は二〇〇五年度以前にも岡山地裁など七カ所で始まっていたが、〇六年度に本格化。仙台、東京、大阪、名古屋、広島、高松など三八カ所で建て替え、増築、改修が進められた。〇七年度は札幌、新潟、福岡、長崎など一五カ所で工事が行われる。

経費は〇六、〇七年度で計一七〇億円。どの地裁、支部にも①待機室（標準の広さ一〇〇平方メートル）②質問手続き室（同五〇平方メートル）③評議室（同六〇平方メートル）④法廷（同一五〇平方メートル）――という「四点セット」が造られる。

地裁から呼び出しを受けた裁判員候補者は受付で手続きを済ませ、待機室に入る。大きな地裁では最大一〇〇

東京地裁で行われた模擬裁判＝ 2007 年 5 月

人を収容でき、候補者は職員から注意事項などの説明を聞く。自分の番号を呼ばれると質問手続き室へ移り、裁判官から辞退事由があるかなどについて一人数分間の質問を受ける。

裁判員、補充裁判員に選ばれれば評議室に案内される。ここは裁判の進行中、裁判官と裁判員が事実認定や量刑などを討議する場所だが、裁判員らの待合室でもある。

開廷の直前、裁判員は評議室を出て、外からは見えない内廊下を通り、法廷へ行く。「裁判員の安全のため外部の人とは接触できない状態にする」と小池経理局長。内廊下用のスペースが取れない長野地裁では庁舎の外に張り出す形になった。

法廷には審理の様子の記録や検察側、弁護側のプレゼンテーションに使うＤＶＤ機材が設置される見通し。評議室には九人が輪をつくって座る長円形のテーブルが置かれ、裁判員用のロッカーとソファも入る予定だ。

（二〇〇七年六月二日配信）

10「最高裁の準備（２）環境整備」

全国で模擬裁判一七〇回――選任、審理、評議を模索

裁判員制度を円滑に導入できるよう、最高裁は国民が抱く不安の軽減と、参加しやすい環境の整備に努めている。重視する課題は①裁判員の負担が少ない選任手続きの工夫②国民に分かりやすい裁判の実現③国民の参加意欲を高める広報――だ。

選任手続きについては、二〇〇七年五月の刑事規則制定諮問委員会で答申がまとめられ、各地裁は選任の六週間前までに候補者へ呼び出し状を送り、都合を聞くなどの手順が決まった。裁判員の日当の上限は一万円程度となった。

この手続きに従って東京地裁は企業に協力を求め、五月末、模擬裁判を実施した。何が参加の障害なのか、問題点を把握するのが主な狙いだ。

最高裁は〇五年から全国の地裁で模擬裁判を行っている。殺人など九種類の事件記録を使い分け、それぞれ重点課題を設定しており、回数は約一七〇回に達する。

どうしたら裁判が分かりやすくなるか。最高裁は〇四年以降、全国から刑事事件担当の裁判官を集めて中央協議会を毎年開き、裁判員裁判にふさわしい審理、評議、判決の在り方について意見交換。各高裁も〇七年から同様の協議会を始めた。

最高裁の司法研修所で行われる研究会も活発だ。裁判員裁判の対象事件では事前に争点、主張を明らかにする公判前整理手続きが義務付けられているが、〇五年にこの手続きを取り上げたのを皮切りに毎年、大型否認事件などをテーマとして刑事裁判官が議論を続けている。新しい手続きがきちんと行われないと、裁判員制度はうまく実施できないという危機感が裁判官にある。

厚生労働省との間では国民参加の環境づくりが進んでいる。幼児は居住地以外の自治体の保育所でも預かって

地裁で行われる裁判員裁判の流れ

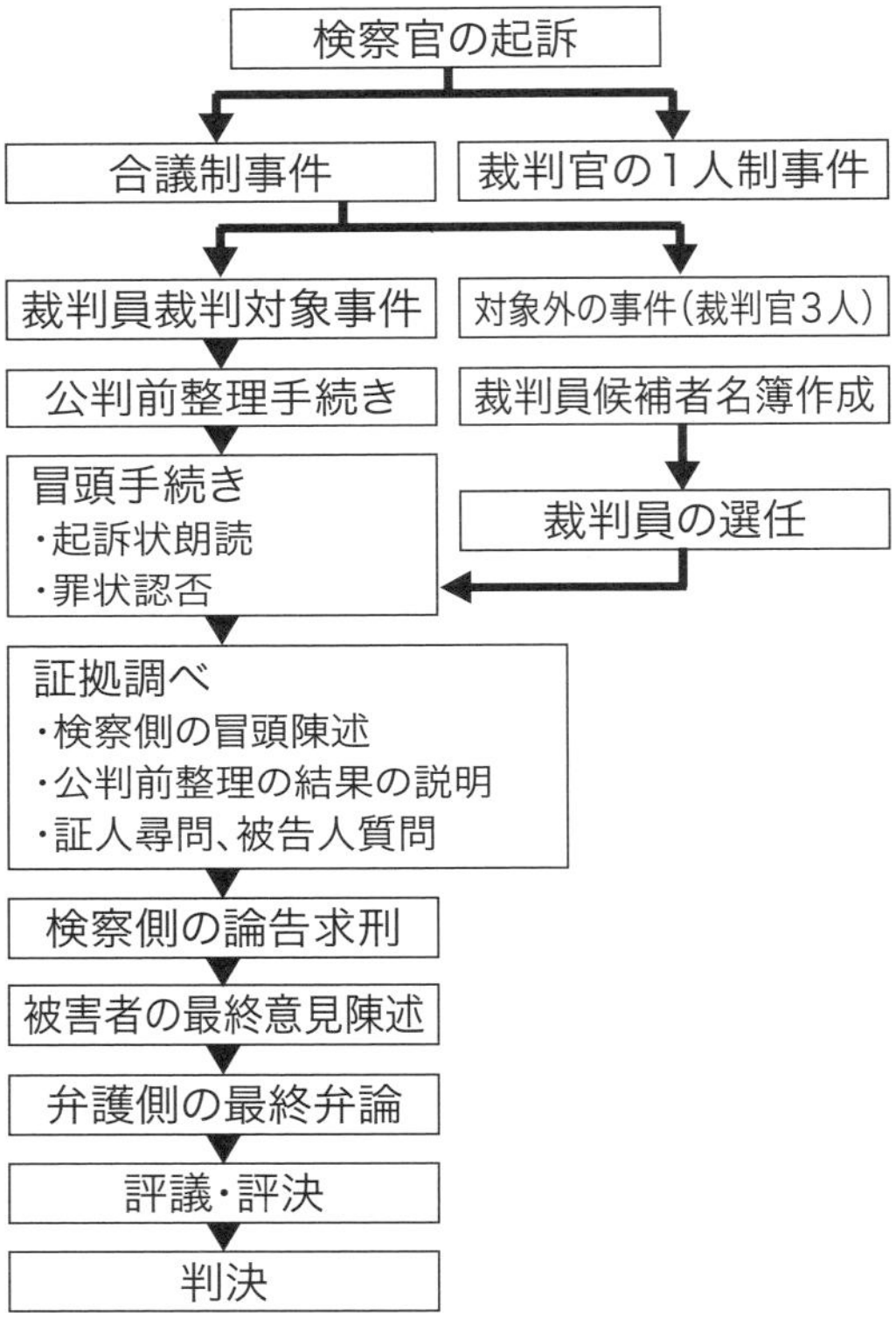

くれることになりそうだ。[注]市民団体の中には「介護の必要な家族にデイサービスを利用したときは経費も援助してほしい」という声もある。

最高裁は〇五年から各地でフォーラムを開き、新制度の理解を深める広報をしてきた。しかし今後は参加意欲を高める方向へ切り替えていく。

山崎敏充・最高裁事務次長は「企業などの協力を得て、より現実に近い姿の模擬裁判で裁判員の選任や審理、評議を数多く行う。それとともに、裁判員の役割などを丁寧に説明し、国民の疑問や関心にこたえるきめ細かい広報活動を展開していきたい」と話している。

（注）厚生労働省は二〇〇八年三月一一日付で、子育て期の保護者が裁判員を引き受けられるよう全国の自治体に一時保育などで積極的な対応をとることを依頼する事務連絡文書を送った。この連載の最終回（第五〇回）で言及しており、参照してほしい。

（二〇〇七年六月九日配信）

11 「国選弁護」

カギ握る中身の充実——契約弁護士一万七〇〇人に

身柄の拘置が決定された容疑者は数時間以内、起訴された被告は二四時間以内。容疑者、被告に資力がない場合、国費で弁護を担当する国選弁護人を指名するまでの時間について、国選弁護制度の運営に当たる独立行政法人「日本司法支援センター」（愛称・法テラス）は目安を定めている。

無理な捜査で無実の人が処罰されないよう貧しい人の弁護権も国費で保障するのが国選弁護だ。法テラスの田中晴雄・事務局次長は「今のところ目安通りに指名できている。しかし二〇〇九年の裁判員制度実施をにらむと、国選弁護を引き受けてくれる弁護士をもっと確保しなければ回らなくなる恐れがある」と言う。

刑事弁護は容疑者、被告が自ら費用を負担する私選が原則。しかし最高裁によると、〇五年に全地裁が扱った刑事事件七万九〇〇〇件のうち国選が六万件と私選の三倍を占める。刑事訴訟法は弁護士なしでは裁判員裁判はできないとしており、国選弁護の中身の充実が裁判員制度を機能させるカギになる。

国選弁護は以前、対象を被告に限り、最高裁の業務とされていた。しかし〇六年一〇月、容疑者も対象とする新しい国選弁護制度が始まったのに伴い、新設の法テラスが国からの委託費を基に弁護士への報酬支払い、指名などの国選業務を担当するように変わった。

本年度の委託費は八〇億円。地裁から依頼が来ると、法テラスは、まず国選弁護を受任する契約を結んでいる弁護士、次いで、法テラスが雇用する常勤弁護士（スタッフ弁護士）の順に指名、地裁はその通りに選任する仕組みだ。

業務開始から半年間で容疑者の国選は三四〇〇件、被告の国選は三万七三〇〇件。そのうち五〇〇件は常勤弁護士の担当だった。

契約弁護士は業務開始前の八五〇〇人から〇七年四月には一万七〇〇〇人に増えた。しかし弁護士総数のまだ半分にすぎない。法テラスが検察庁を傘下に置く法務省の監督を受けることに反発、協力に消極的な弁護士も多い。

法テラスには常勤弁護士が二四人しかいないが、将来、常勤が国選弁護を担うケースも増えるとみて、司法研修所を出たばかりの新人弁護士の採用に踏み切った。本年度中に新人五〇人以上、登録済み弁護士三〇人以上を採る計画だ。[注] 田中事務局次長は「日弁連と連携し、将来にわたって確実な制度運営にしていきたい」と話している。

（注）常勤弁護士の採用は二〇〇七年度に九六人になった。

（二〇〇七年六月一六日配信）

法テラスの国選弁護業務の流れ

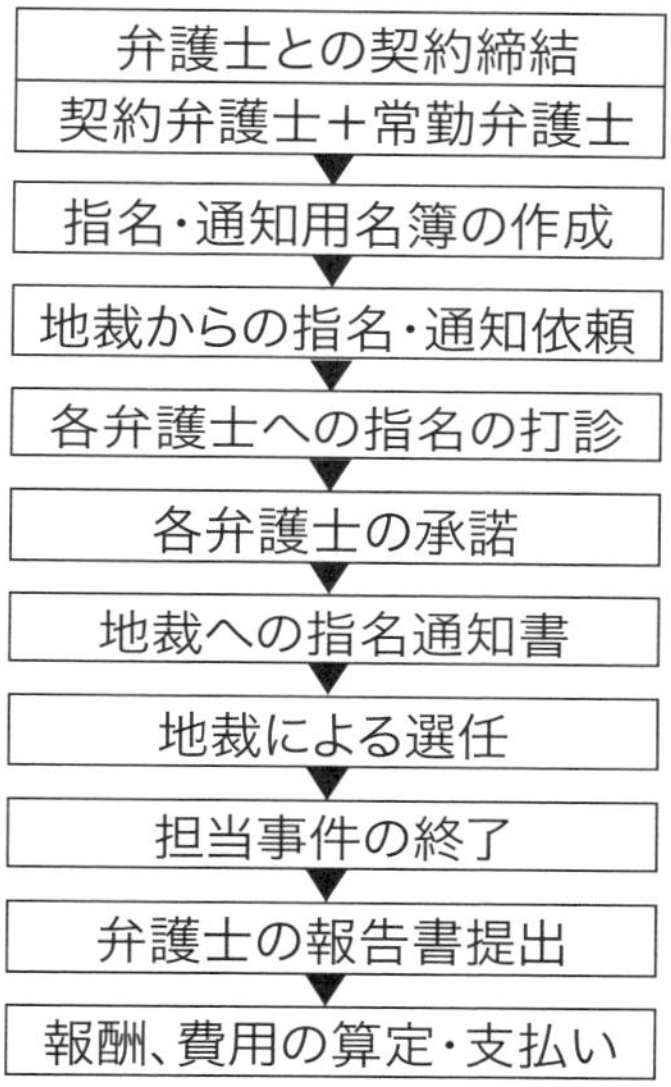

12 「法テラス」

刑事国選専門の活動可能に——埼玉の常勤、村木弁護士

「さいたま地裁から依頼が来ています」。女性職員が、ファクスで届いた国選弁護の指名通知依頼書を村木一郎弁護士に見せた。村木弁護士が受諾のサイン。指名通知書が地裁へ送られた。

さいたま市浦和区の日本司法支援センター（法テラス）埼玉地方事務所。法テラスが全国の地裁本庁所在地五〇カ所に設けた地方事務所の一つだ。常勤として村木、谷口太規両弁護士が勤務、一五人の職員とともに容疑者、被告の国選弁護などの業務をこなしている。

約五〇〇平方メートルあるフロアの一角「国選弁護コーナー」では職員が国選弁護人の指名、報酬の算定などの事務を行う。国選弁護を引き受ける契約を法テラスと交わした埼玉弁護士会の会員が名簿に登録され、登録順に指名を受ける。村木弁護士は刑事の国選弁護だけ、谷口弁護士は民事を中心に国選弁護も受け持ち、契約弁護士が受任できない事件を引き受けている。

村木弁護士は本庄市の保険金殺人事件で女性被告の弁護をし、検察側と激しく渡り合ったことで知られる。担当した事件は業務開始から二〇〇七年六月上旬までの八カ月で八三件。全国の登録弁護士の平均が二〇〇四年に年間五・四件なのに比べると、けた違いに多い。「わが国初、唯一の国選専門弁護士」といわれる。

「裁判員裁判が始まれば公判は連日的開廷、口頭での審理が主になる。弁護も劇的に変わらないともたない。国

さいたま市の法テラス埼玉地方事務所で、地裁と電話で連絡を取る村木一郎弁護士

選に専念できる弁護士をもっと確保しないといけない」。村木弁護士は「刑事弁護も市民の目にさらされるから、みっともない姿を見せれば信頼を失う」と話し、弁護士会全体での支援を訴える。

ところが埼玉では裁判員制度に批判的な弁護士が多い。契約弁護士が足りず、法テラスの常勤弁護士が国選弁護を引き受けざるを得なくなることも予想される。同事務所は秋に常勤一人を増員、三人態勢にする予定だ。「裁判員裁判に備えて各地方事務所には常勤を必ず、しかも複数置く必要がある」と村木弁護士。

国選弁護は報酬が少なく、専門家が生まれにくかった。しかし法テラスの常勤弁護士は月給制で、受任事件数によって収入が左右される心配はない。法テラスの登場で、国選弁護の専門家を育てる基盤ができつつある。

（二〇〇七年六月二三日配信）

13 「弁護側の準備」

新しい法廷技術を次々研修――休日面会、電話接見が実現

裁判員裁判の実施を二年後に控え、日弁連は弁護態勢の確立に向け、取り組みを強めている。二〇〇七年は各高裁の管轄地域に従って全国を八ブロックに分け、裁判員が参加しやすいよう初公判の前に争点を整理する公判前整理手続きの経験交流会を五月から七月にかけて実施。七月一二日には全国の弁護士会を衛星中継で結び、東京の弁護士会館で新しい法廷弁護技術の特別研修会を開くなど準備に追われている。

担当の細田初男・日弁連副会長は「研修を充実させ、多くの弁護士に新しい手続きに習熟してもらうことと、刑事弁護を担う弁護士の数を増やすことに全力を挙げる」と意気込みを語る。

六月一六日、東京・霞が関の弁護士会館。二〇〇人を超える関東ブロックの弁護士を集め、交流会が開かれた。公判前整理手続きは二〇〇五年一一月に始まったが、日弁連はその役割を重視、運用上の問題点を詳しく検討し、弁護側の対応策を練り上げようという狙いがある。

各弁護士からは「裁判官から、どのような主張をするのか、明示を迫られ、閉口している。弁護側に主張の明示義務はないはずだ」などと問題提起が相次いだ。講師の岡慎一・日弁連裁判員制度実施本部事務局次長は「この手続きは裁判官を職権的にさせる危うさがある」と指摘した。

こうした研修の一方、弁護活動の制約を取り払う努力も続けられている。検察側は弁護士と容疑者・被告の休

関東ブロックの「公判前整理手続き」経験交流会で質疑応答を行う岡慎一・日弁連裁判員制度実施本部事務局次長（中央）ら講師陣＝ 2007 年 6 月 16 日、東京・霞が関の弁護士会館

日・夜間の面会や電話での接見を拒んでいたが、日弁連と法務省・警察庁の間でこれらを認める申し合わせができた。弁護士が警察署へ出向き、別の留置施設に拘束中の容疑者と携帯電話で話す接見を岩手など九道県で二〇〇七年六月から順次実施。裁判員裁判では十分な準備が欠かせず、日弁連ではさらに接見の拡大を求める声が強い。

また犯行を否認する容疑者、被告は捜査当局が接見禁止として自白を迫る「人質司法」への批判もある。最近、各地裁では、弁護側が主張を明示して公判前整理手続きが終わると、被告の保釈を認める運用が増えてきた。これは日弁連が裁判所への働き掛けを強めている結果だともいえる。

（二〇〇七年六月三〇日配信）

14 「裁判員の資格（1）基本条件」

二〇歳以上の国民から選任――閣僚、知事らは除外

裁判員になるには一定の資格が必要だ。裁判員法は「衆院議員の選挙権を有する者」の中から裁判員を選ぶとしている。公職選挙法では「日本国民で年齢満二〇年以上の者」に衆参両院議員の選挙権が与えられるから、これが基本条件になる。

外国人には衆参両院議員の選挙権がないから裁判員の資格もない。司法権の行使にかかわるのは、国の主権者である国民でなければならないとされるためだ。この理由付けを逆から言うと、主権者である以上、基本的には裁判員を引き受けるべきだということになる。

また高齢で認知症が進むなどして成年後見を受けている人も選挙権がないので、裁判員資格は認められない。裁判に求められる適切な判断を下すのは難しいことが根拠となっている。判断の未熟な未成年者にも資格はない。

裁判員法には、ほかにも裁判員になれない事由が定められている。①義務教育を終えていない者②心身の故障があって職務の遂行に著しい支障がある者③禁固以上の犯罪歴がある者――は「欠格事由」に該当する。いずれも、きちんとした刑事裁判を行うことが期待できないとみられるからだ。

「就職禁止事由」も設けられている。国会議員、閣僚、知事、市町村長、裁判官、検察官、弁護士、警察官、自衛官らは裁判員の職に就けない。

裁判員になれない者

欠格事由		・義務教育（中学）を終了しない者 ・禁固以上の刑を受けた者 ・心身の故障で職務の遂行に著しい支障がある者
就職禁止事由	職業	・国会議員 ・国務大臣、国の行政機関幹部 ・都道府県知事、市町村長 ・裁判官、検察官、弁護士、弁理士、司法書士、公証人、警察官、裁判所職員、法務省職員 ・法律学の教授、准教授、司法修習生　など
	犯罪	・逮捕、拘置されている者 ・禁固以上の刑で起訴された者
不適格事由		・事件関係者（被告・被害者の親族、告発者、鑑定人ら） ・不公平な裁判をする恐れがある者

立法、行政、司法の三権分立を尊重する立場に立つと、立法権や行政権の行使に深くかかわっているこれらの人々が司法権に関与することは望ましくない。また裁判員制度は一般社会人の経験、知識を裁判に反映させることに意味があるので、法律のプロは除くのだと説明されている。

しかし米国では大統領、弁護士でも陪審員として裁判所へ呼ばれる。法案作りを行った政府の裁判員制度・刑事検討会では「広く国民の参加を求める制度の趣旨からすると、就職禁止の範囲が広過ぎる」と異論が出た。「裁判員の資格は実施後に見直してほしい」という意見も聞かれる。

このほか被告・被害者の親族、告発者、証人ら事件関係者は「不適格事由」に当たり、その事件の裁判員にはなれない。裁判所から「不公平な裁判をする恐れがある」と判断された者も不適格事由に該当する。

（二〇〇七年七月七日配信）

15 「裁判員の資格（2）辞退事由」

七〇歳以上、葬式など明記――難問「やむを得ない事由」

仕事や家庭の事情によっては、裁判員になるのは負担が重過ぎ、酷な場合がある。そのようなときに備えて、裁判員法には「辞退事由」が具体的に明記された。地裁の裁判官がこれらに該当すると判断すれば、その人は辞退を認められる。

裁判員法によると①七〇歳以上の高齢者②地方議会の議員（開会中に限る）③学生④同居の親族の介護・養育をしなければならない者⑤自分で事業を処理しないと著しい損害を受ける恐れのある者⑥父母の葬式のように社会生活上の重要な用務がある者――などが辞退事由に当たる。このほかにも「政令で定めるやむを得ない事由」があるときには辞退が認められる。

しかし「やむを得ない事由」とは何なのか、簡単には結論を出せない。

二〇〇七年六月二六日、自民党司法制度調査会の裁判員制度小委員会は「裁判員制度の円滑な実施のために」と題する取りまとめを行った。その中で辞退事由の政令に言及し「国民生活に影響が大きく、特に関心の高い問題」だとして「国民のさまざまなニーズ」を踏まえる必要性を指摘した。とりわけ「思想・信条の自由等を理由とした辞退の可否」については「そのような自由等を侵すことがないよう留意する必要がある」と述べている。

思想・信条は微妙な問題であり、〇四年四月、衆院法務委員会で政府の司法制度改革推進本部の山崎潮・事務

裁判員を辞退できる者

・70歳以上の者
・都道府県、市区町村の議会の議員
（会期中だけ）
・学生、生徒
・過去５年以内に裁判員、補充裁判員をした者
・過去１年以内に裁判員候補者として地裁の選任手続き期日に出頭した者
・過去５年以内に検察審査員、補充員をした者
・裁判員の職務を行うことや裁判員候補者として出頭することが困難な者
①重い疾病、傷害により出頭が困難
②同居の親族の介護、養育の必要がある
③事業に著しい損害が生じる恐れがある
④父母の葬式その他の社会生活上の重要な用務
⑤その他政令で定めるやむを得ない事由がある

局長は「思想良心による辞退の場合は（認めるのを）狭く考えている」と答弁した。これを広くすれば、裁判員をしない口実として思想・信条を主張する人が出てきて、制度自体が破産しかねないからだ。

政令の内容は法務省が検討している。しかし省内には「なかなか決められないのではないか」と見る幹部もいる。(注1)

これとは逆に、辞退をしていないのに裁判員を外される場合がある。地裁が行う選任手続きの際、検察側と弁護側はそれぞれ、具体的な理由を挙げて、ある候補者を選ばないよう請求できる。裁判官が「この人は不公平な裁判をする恐れがある」などと判断すれば、その人は選任されない。(注2)

検察官、被告は「理由を示さない不選任請求」もできる。裁判官三人と裁判員六人の原則的な合議体の場合はそれぞれ四人まで認められる。

（注１）辞退事由の政令

裁判員の辞退を認める「やむを得ない自由」を定めた政令は二〇〇八年一月一一日に閣議決定された。「思想・信条の自由」を盛り込むかどうかが最大の焦点だったが、法

務省は「思想・信条の自由を主張すれば容易に拒否できると誤解される恐れがある」として、思想・信条の自由は明記せず、思想・信条の自由から生じる「身体上、精神上、経済上の重大な不利益」があると判断される場合に限り、辞退を認めるとする条項にとどめた。この政令の内容と、それに関する私見は第3章で述べる。

（注2）「不公平な裁判をするおそれ」についての裁判官の質問

最高裁が、その後決めた裁判員選任手続きによると、裁判官は辞退事由の有無や「不公平な裁判をするおそれ」を判断するのに、「あなたは、被告人又は被害者と関係があったり、事件の捜査に関与するなど、この事件と特別の関係がありますか」「あなた又は家族などの身近な人が今回の事件と同じような犯罪の被害にあったことがありますか」「今回の事件のことを報道などを通じて知っていますか」という三つの質問をすることになった。回答によって「不公平な裁判をするおそれ」があると判断された候補者は裁判員、補充裁判員には選任されない。詳しい手続きは第3章で紹介する。

（二〇〇七年七月一四日配信）

16 「裁判員の権限」

独立して事実、量刑を判断――被告、証人らへの質問権も

「裁判員は刑法上の公務員に該当する。職務に関し金品を受け取れば収賄罪に当たる」。二〇〇四年四月、衆院法務委員会で法務省の樋渡利秋・刑事局長（現東京高検検事長）がこう答弁した。裁判員の法的地位は公務員であり、そこから権限も義務も発生する。

裁判員法は、裁判員は「独立してその職権を行う」としている。憲法が「すべて裁判官は、その良心に従い独立してその職権を行い、この憲法および法律にのみ拘束される」と定めるのと同趣旨だ。裁判員にも裁判官と同様の独立性と職権を認めることにより裁判の公正を確保する狙いがある。

裁判員法によると、裁判官と裁判員が判断する事項は①事実の認定②法令の適用③刑の量定――の三つ。米国などの陪審制度に比べると、国民が法令の適用、刑の量定にもかかわる点が違う。

裁判員が関与するのは、〇五年の統計で見ると全地裁の一般刑事事件七万九〇〇〇件のうち四％の三二〇〇件にすぎない。これらの事件の審理では、証拠に証明力があるかどうかについての判断は、裁判官と裁判員の「自由な判断」に委ねられる。

裁判員は評決の際、裁判官と対等の一票を行使する。被告、証人、鑑定人、通訳人、翻訳人への「質問権」も認められており、聞きたい内容を裁判長に告げ、その了承を得てから、判断に必要な事項を聞くことができる。

対象事件の審理の概況

	裁判員制度対象事件		
	終局人員数	平均審理期間	平均開廷回数
概況	3,231人	8.3カ月	5.8回
自白事件	2,088人	6.3カ月	4.0回
否認事件	1,043人	13.1カ月	9.4回
全地裁刑事事件	79,203人	3.2カ月	2.7回

（注）終局人員数が自白と否認の合計と一致しないのは、被告の陳述に入る前に終局した事件があるため

被害者の意見陳述の後、その趣旨を明確にするため被害者に質問することも認められている。

しかし裁判員の権限は職業裁判官と全く同じではない。法令解釈、訴訟手続きなど専門的、技術的な事項の判断は裁判官だけに委ねられる。

ただ、この場合でも、裁判長が必要と認めるときは、裁判官の合議で法令の解釈や訴訟手続きに関し、どのような判断が行われたのかを裁判員に示さなければならない。また裁判官による審理の場に裁判員の立ち会いを許すこともできる。

こうした規定の趣旨から見ると、裁判官だけの合議にも原則的に裁判員が立ち会うのが望ましい。裁判員が審理内容を深く理解し、疎外感を抱かないようにするために必要なことであり、その方が内容の濃い合議になるはずだ。

（二〇〇七年七月二一日配信）

17「裁判員の義務」

守秘義務違反の罰則に批判――不出頭、宣誓拒否は過料

刑事裁判に参加する国民は職業裁判官ではないから、名称は裁判官と区別される。「裁判員」というのは、国会の弾劾裁判所で裁判官の非行を裁く国会議員らと同じ名称であり、裁判官弾劾法を参考にして決められた。

裁判員法は裁判員の四つの義務を定めている。①法令に従い公平誠実にその職務を行う②評議の秘密その他職務上知り得た秘密を漏らしてはならない（守秘義務）③裁判の公正さに対する信頼を損なう恐れのある行為をしてはならない④品位を害するような行為をしてはならない――の四つだ。

このうち守秘義務が論議を呼んでいる。四つの義務のうち罰則があるのは守秘義務違反だけだ。

裁判官と裁判員が行う協議や採決を「評議」という。その内容を秘密にする理由として、裁判員制度・刑事検討会座長だった井上正仁・東京大教授（現法学部長）は二〇〇四年四月の衆院法務委員会で「お互いが安心して忌憚（きたん）のない意見を交わすためだ」と説明した。

「評議の秘密」の中身について裁判員法は①評議の経過②裁判官と裁判員の意見③意見の多少の数――と明記している。これら三つのほか、他人のプライバシーなど「職務上知り得た秘密」を漏らすと秘密漏示罪として六月以下の懲役、五〇万円以下の罰金に処される。

裁判終了後も守秘義務は続く。評議経過について説明をするだけでも、財産上の利益を得る目的があれば許さ

れない。

しかし日本新聞協会は〇四年四月の声明で元裁判員の守秘義務の範囲が不明確だと指摘、罰則もあるのは「元裁判員が経験を語れず、裁判の事後の検証が困難」と批判した。国会でも守秘義務の明確化に努力するよう求める付帯決議をした。

対象事件の開廷回数

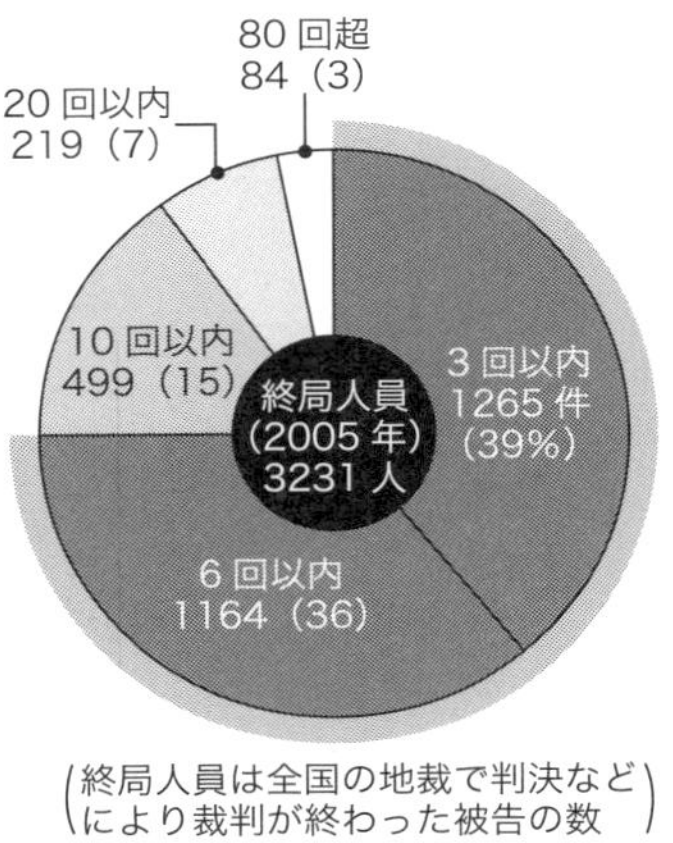

（終局人員は全国の地裁で判決などにより裁判が終わった被告の数）

裁判員の義務としては公判期日に出頭して宣誓をし、評議に出席して意見を述べる義務も明記されている。不出頭、宣誓拒否は過料。裁判員裁判の対象事件のうち七五％は二〇〇五年、六回以内の開廷で終了したことから見ると、数回の出頭を覚悟するのがよさそうだ。(注)

これらの義務に違反した場合、地裁は検察側、弁護側の請求か職権で解任を決め、代わりに、あらかじめ選んでおいた補充裁判員を充てることができる。裁判員の数が欠けるときは新たに選び直さなければならない。

（注）改正刑事訴訟法で導入された「公判前整理手続き」が二〇〇五年一一月から施行されるなど、審理の迅速化が進んだ。〇八年の時点で最高裁は、裁判員対象事件のうち約七割は三日の期日で判決が言い渡されるとみている。

（二〇〇七年七月二八日配信）

18　「候補者名簿（1）市町村選管の作業」

来年八月、予定者数決定――全市町村へ割り振り

裁判員制度は来年八月ごろ、事実上動きだす。裁判員が参加する裁判を実施する全国六〇カ所の地裁（支部一〇カ所を含む）が、その時期に裁判員候補者名簿の作成に着手するからだ。(注)

裁判員法によると、全国の地裁は裁判員裁判対象事件の取り扱い状況などを考慮して、翌年必要な裁判員候補者の数を算出、それを管内の市町村選挙管理委員会へ割り振り、選び出す人数を通知する。通知期限は「毎年九月一日まで」と明記されていることから、算出、割り当ての作業は毎年八月中には終わらなければならない。

名簿作成の詳しい手順は二〇〇七年六月、最高裁規則で決められた。それによると、まず地裁は管内の市町村すべてに一人を割り振り、その後、各市町村の衆院選選挙人名簿の登録者数に比例して、残りの人数を割り当てる。

市町村選管は選挙人名簿登録者の中から、通知された人数分を選び出し、氏名、住所、生年月日を記載した「裁判員候補者予定者名簿」を作る。地裁が前科の有無を検察庁へ照会するのに必要な本籍地の情報は、市町村の住民基本台帳管理部局が添付する。データは磁気ディスクで地裁へ渡される見通しだ。

裁判員法は予定者を「くじで選定」すると定めている。総務省選挙課の笠置隆範・理事官は「有権者名簿をコンピューターで管理する選管もあれば、台帳方式の選管もあって、くじの方法は一つに決めにくい。やり方は各選管に任せる」と話す。

候補者名簿作成の手順

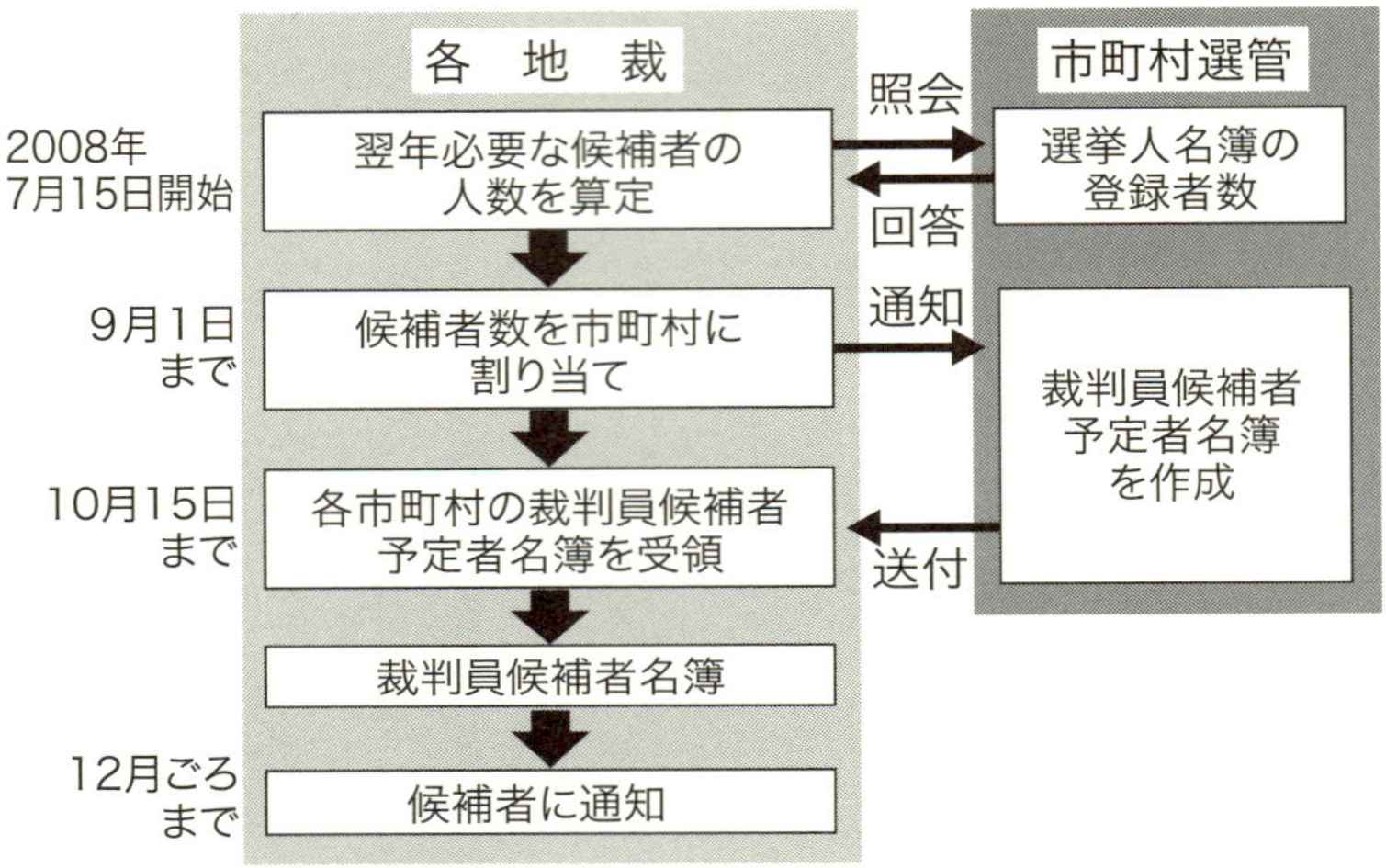

川崎市選管では有権者名簿に整理番号をふっておき、くじ引きを担当する人たちが、数字を書いた「くじ棒」を引く。ある人は一の位、次の人は十の位、その次の人は百の位というように数字を引いていき、当たった整理番号の人を最初の予定者に決める。あとは計算式に従ってはじきだした人数分を飛ばしながら順次、次の人を決めていくのだという。

裁判員法が定める予定者名簿の提出期限は一〇月一五日。地裁は管内の各市町村から届いた名簿を基に、翌年使う「裁判員候補者名簿」を作成する。実際に裁判を始める時、地裁は候補者名簿から再び「くじ」でその事件を担当する裁判員候補者を選び、期日を決めて呼び出すことになる。

（注）政府は二〇〇八年四月一五日、裁判員候補者名簿の作成作業を始める日を二〇〇八年七月一五日と決めた。

（二〇〇七年八月四日配信）

19　「候補者名簿（２）通知と調査票」

禁止職業かなど質問――年間、特定時期の辞退も

全国六〇カ所の地裁（一〇支部を含む）が翌年の「裁判員候補者名簿」を作ると、一二月ごろまでに、各候補者へ名簿に記載されたことを通知する。通知とともに「調査票」も送り、候補者から回答してもらうが、回答内容は、裁判員・補充裁判員として仕事をすることになるかどうかを決める上で、大変重要な意味を持っている。

調査票で聞かれるのは、裁判員法が裁判員にはなれないと定めている衆院議員選挙の選挙権がない人か、選挙権があっても欠格事由、就職禁止（裁判員になれない職業）事由、辞退事由があるかどうかだ。例えば警察官、自衛官らは就職禁止とされており、回答によってそれらの事由があると確認されると名簿から削除される。

七〇歳以上の高齢者、学生・生徒、過去五年以内に裁判員・補充裁判員や検察審査員を経験した人、重い病気・傷害（けが）があって裁判員としての参加が困難な人などは辞退が可能だ。ただし、裏付け資料の提出を求められることがある。

これらの理由があり、「一年を通じて辞退を希望する」と答えた人は、回答内容が事実と認められれば、将来、個別の事件でくじによって候補者に選ばれても、その事件を担当する裁判官が辞退を認め、呼び出しはされない。「年間を通じた辞退」と呼ばれる。

また一年のうちでも「特定の時期」は参加が困難となる人の場合、その時期について辞退を希望することもで

裁判員候補者呼び出しの手続き

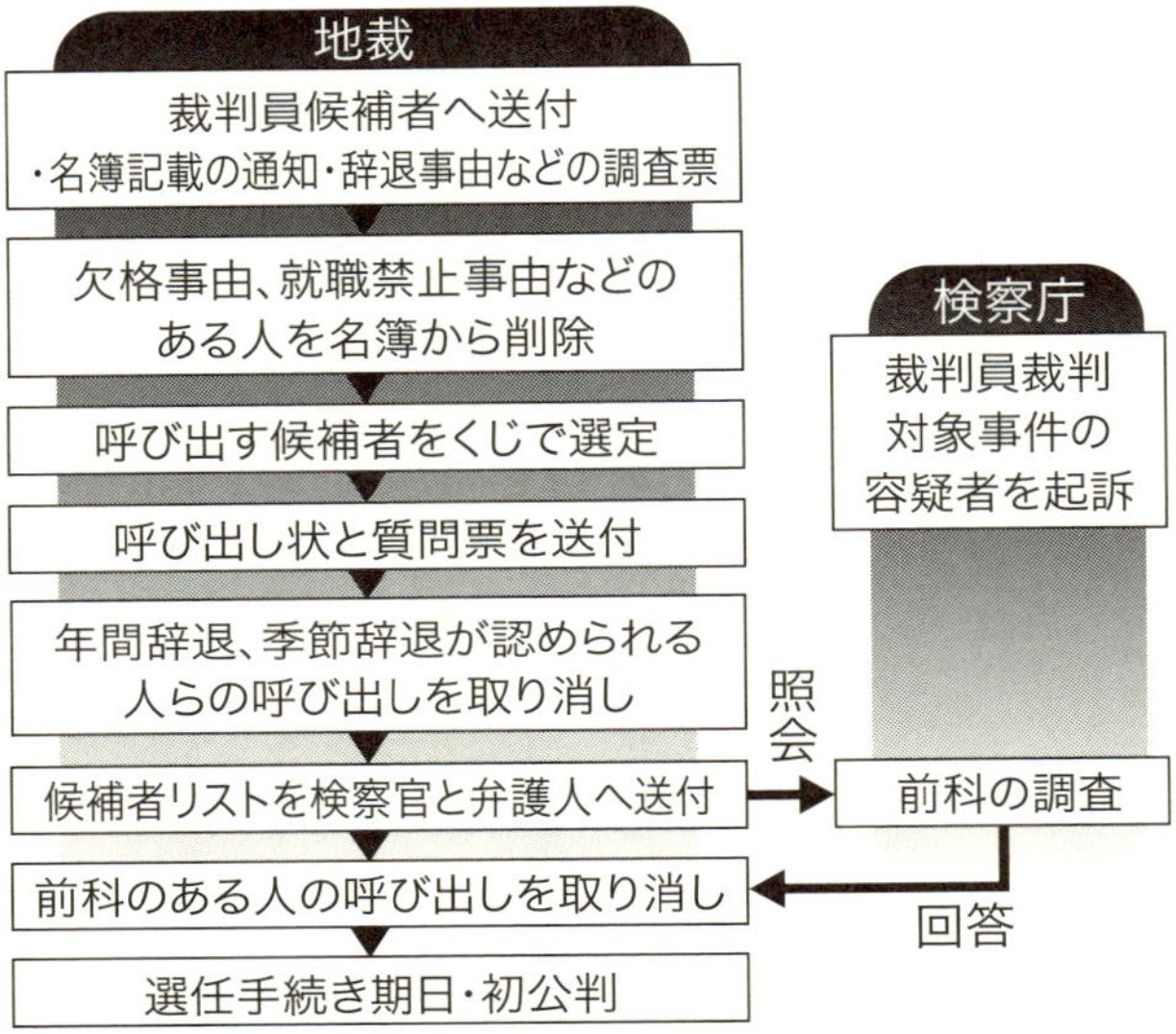

きる。田植え、稲刈りなどの農繁期がある農家などが想定されている。辞退希望の時期に、個別事件の裁判員を選ぶくじに当たったときは、地裁が調査票の回答を見て、辞退事由を認めるかどうかを判断する。認めれば、その人は呼び出されない。「特定時期の辞退」という。

最高裁刑事局で規則作りを担当した鬼沢友直・東京高裁判事は「七〇歳以上の高齢者や重い病気・傷害のある方は調査票への回答で辞退が認められることになるでしょう。辞退の希望が通ると分かっている方に、わざわざ地裁までおいでいただくことはない」と言う。

調査票で行う質問の内容は既に大枠が確定した。しかし具体的にどのような書式の調査票にするのかは、まだ最高裁も決めていない。

（二〇〇七年八月一一日配信）

20 「候補者名簿（3）呼び出し状」

選任手続きの六週間前発送——裁判の予定期間を明記

裁判員裁判の対象となる事件が地検から起訴されると、地裁は裁判員候補者名簿に基づき、個別の事件ごとに候補者を再度、くじで選び出す。裁判員法では、くじを引く際、検察官と弁護人が立ち会うこととされている。不正がないことを確認する意味がある。

事件の複雑さなどに応じ、呼び出す候補者の数は担当裁判官が五〇人から一〇〇人の間で決める。調査票への回答で「年間を通じた辞退」「特定時期の辞退」が認められた人たちは除かれる。

選ばれた候補者へは地裁から「呼び出し状」が送られる。(注)呼び出し状には、裁判員に選ばれたらいつからいつまで仕事をするのか、職務従事予定期間を明記しなければならないとされている。候補者が日程の調整をしやすくするためだ。

呼び出し状はどのような文書なのか。東京地裁は二〇〇七年五月、民間企業に協力を求め、実際の手続きに近い形で裁判員を選んで模擬裁判を実施したが、そのとき、呼び出し状と、辞退希望の有無などを尋ねる「質問票」を候補者へ送った。

呼び出し状には集合時刻、予定期間のほか①まだ裁判員に選ばれたのではないこと②地裁へは呼び出し状と印鑑を持参すること③質問票への回答によっては呼び出しの取り消しがあること——という三つの注意事項が記されていた。実際にも、これと似た記載事項になるとみられている。

最高裁規則によると、呼び出し状の発送は原則として、地裁が裁判員選任手続きを行う日の六週間前までとされている。これは、最高裁が〇六年に実施したアンケート調査で、候補者が参加困難な時期を事前に申し出るのに二カ月程度の余裕はほしいとする回答が最も多かったのを参考として決められた。

「呼び出し状」というのは裁判員法で決められた名称だ。しかし最高裁が〇六年度に実施した全国フォーラムの際、パネリストの財界人から「国民に出席をお願いしておいて、呼び出し状とは失礼ではないか。お役所的で、民間ではあり得ない」と批判が出された。

反対派の人々からは「有無を言わさず国民を呼び出すなど、まるで戦前の軍隊の赤紙（召集令状）だ」という批判も聞かれる。いずれ「依頼状」などと改称する必要があるという関係者もいる。

（注）「呼び出し状」はその後の検討で、「裁判員等選任手続き期日のお知らせ（呼び出し状）」と書くことになった。

（二〇〇七年八月一八日配信）

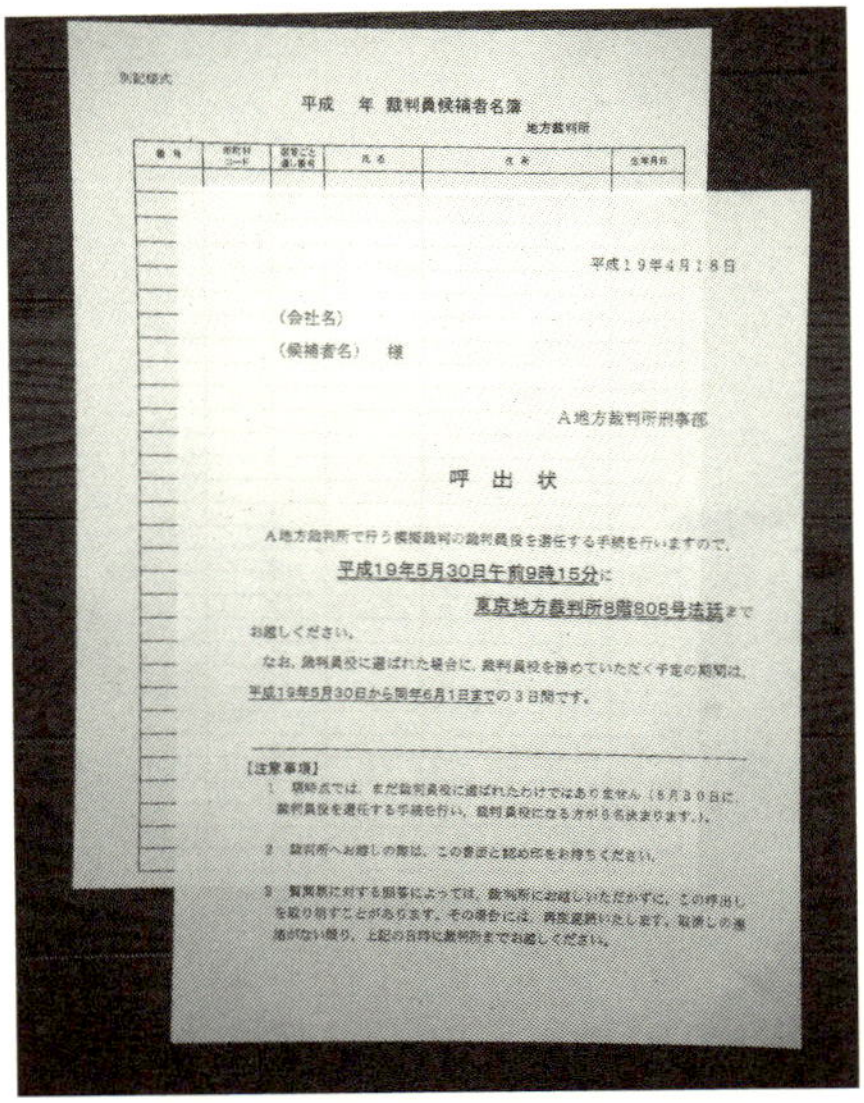

東京地裁が2007年5月30日の模擬裁判で使った「呼び出し状」と候補者名簿

21　「候補者名簿（4）質問票」

重要用務など四点に回答――辞退者は裏付け資料提出も

裁判員候補者へは「呼び出し状」とともに「質問票」が送られる。裁判員法と政令が定める辞退事由のどれかが職務従事予定期間内にあり、それを理由として呼び出しの取り消しを希望するかどうかが尋ねられる。

最高裁が二〇〇六年一一月に公表した「イメージ案」によると「重い病気または傷害（けが）で裁判所に行くのが困難か」「日常生活に支障がある同居の親族の介護、養育を行う必要があるか」「従事する事業の重要な用務であって、自分でこれを処理しなければ事業に著しい損害が生じるおそれがあるか」「（冠婚葬祭など）社会生活上の重要な用務であって他の期日に行うことができないものがあるか」という四つの質問になる見通しだ。

候補者は回答を記入し、指定された期限までに地裁へ持参するか返送する。うその回答をすれば罰金、過料が科される。

候補者が呼び出しの取り消しを希望するとき、地裁は必要な裏付け資料の提出を求めることができる。回答や資料を見て、辞退事由のどれかに明らかに該当すると判断できる場合、地裁は辞退を認めて呼び出しを取り消し、そのことを候補者へ連絡する。ここまでが実際に裁判所へ出頭する前の第一段階の手続きだ。

最高裁刑事局で裁判員選任手続きの規則作りを担当した楡井英夫・東京地裁判事は「辞退事由がある方は、回答書にきちんと理由を書いていただければ、わざわざ裁判所までお越しいただかなくてもよいのです。国民の負担

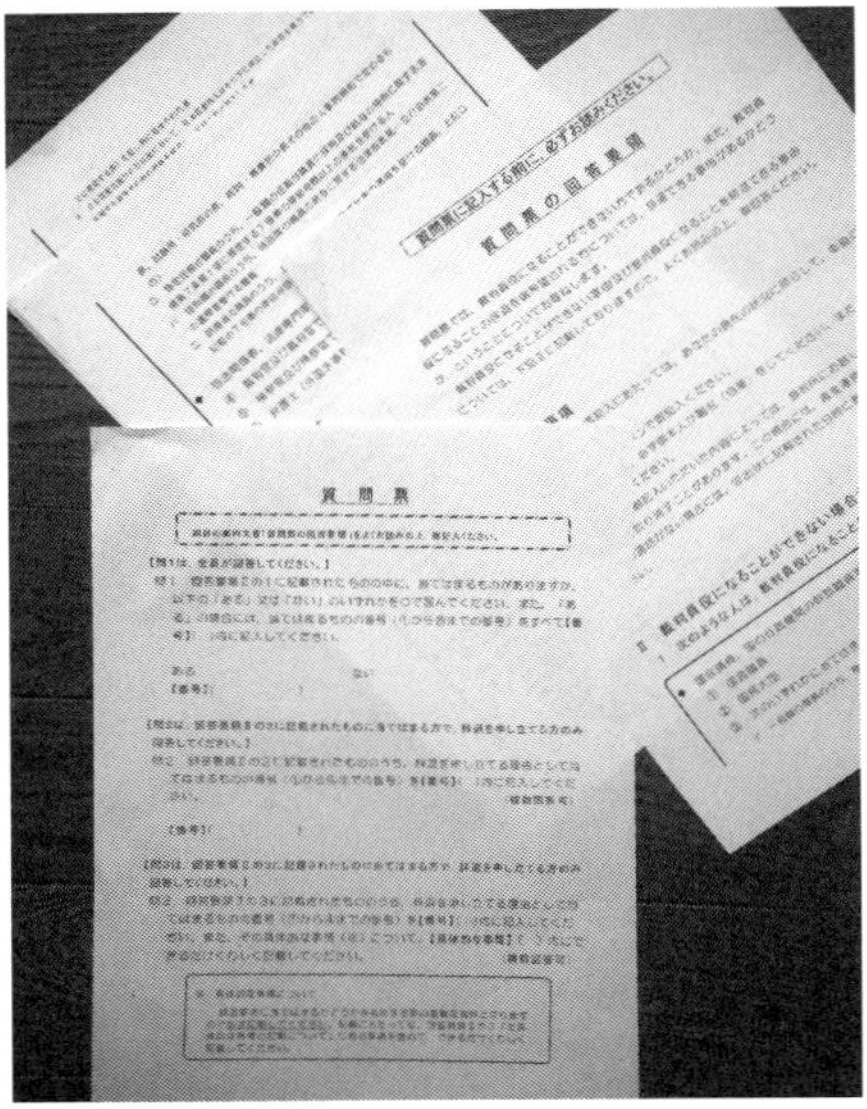

東京地裁が2007年5月の模擬裁判で使った「質問票」と「質問票の回答要領」

を少しでも軽くし、できるだけ多くの人に裁判員を引き受けていただきたい」と話す。

公判担当の裁判長は選任手続きの二日前までに、こうして作った候補者リストを検察官と弁護人へ送る。裁判員にふさわしい人かどうか、検討できるようにする趣旨だ。ふさわしくない事情が判明すれば、検察官、弁護人は呼び出し期日に行われる選任手続きの中で、その理由を挙げるなどして選任しないよう申し立てることになるだろう。

また裁判長はこのリストを地検へも送り、前科の有無を照会する。禁固以上の刑に処された事実があれば欠格事由に当たり、呼び出しは取り消される。地裁が使う候補者名簿からも削除される。

（二〇〇七年八月二五日配信）

22　「選任手続き（1）地裁への出頭」

「不公平裁判の恐れ」質問――待機室で職員が手続き説明

呼び出し状を受け取った裁判員候補者は、指定された選任手続きの日に地裁へ出向かなければならない。正当な理由がないのに地裁へ行かないと、一〇万円以下の過料に処される。候補者が日程を調整する都合があるので、呼び出し状は選任手続きの少なくとも二週間前までに届かなければならないとされている。

選任手続きは特別な事情がない限り午前中に行われ、ここから第二段階の当日の手続きに入る。すべて非公開だ。ほとんどの場合、その日の午後から、選ばれた裁判員、補充裁判員が法廷に入り、初公判が始まる。

地裁ではまず、本人であることの確認が行われる。呼び出し状を提出し、書類に印鑑を押す。

その後、候補者は地裁職員に待機室まで案内される。選任手続きが始まるまでの間、担当職員が、これから行われる選任手続きはどのように進行するのか、ビデオを見せて説明する。裁判員、補充裁判員に選ばれた場合に担当する事件の概要も説明する。

各候補者には「当日用質問票」が渡される。辞退を求める人に直接、具体的事情を書いてもらい、その後に裁判官が行う「質問手続き」の参考資料にする。

当日用質問票では「不公平な裁判をするおそれ」について質問される。このおそれのある人は裁判員法の不適格事由に当たり、裁判員、補充裁判員にはなれないからだ。

模擬裁判で地裁職員から選任手続きの説明を聞く候補者ら＝2007年5月30日、東京地裁

「あなたは被告または被害者と関係があったり、事件の捜査に関与するなど、この事件と特別の関係がありますか」

「あなたまたは家族などの身近な人が今回の事件と同じような犯罪の被害にあったことがありますか」

「今回の事件のことを報道などを通じて知っていますか」

これらの質問が想定されている。候補者はそれぞれの欄に回答を書き込み、職員に提出する。

続いて一人ずつ「質問手続き室」へ案内され、当日質問票への回答を基に裁判官から質問を受ける。これらの質問に「はい」と答えた人は「不公平な裁判をするおそれ」が本当にあるのかどうか、さらに詳しく説明を求められる。

（二〇〇七年九月一日配信）

23 「選任手続き（2）質問手続き」

公平な裁判ができるか判断――仕事や家庭の事情も確認

地裁の裁判長は裁判員候補者が書いた「当日用質問票」の回答を読んでから一人ずつ質問手続き室に呼ぶ。個人情報やプライバシーの保護のため「三番さん」などと番号で呼ばれることになりそうだ。質問には原則的に二人の陪席裁判官のほか検察官、弁護人、書記官が立ち会うだけ。検察官、弁護人が聞きたいことがある場合は裁判長に伝え、質問してもらう。

最高裁のイメージ案によると、候補者が聞かれるのは、仕事や家庭の事情を理由として辞退が認められるかどうかの判断が微妙なケースについて詳しい事情を確認する質問と、公平な裁判ができるかどうか確かめる補充的な質問が中心になる。

これまでに東京地裁などが実施した模擬裁判では①大学の非常勤講師で授業がある②ＰＴＡの重要な会議がある③海外留学の準備で忙しい④母が介護施設にいて、いつ緊急連絡が入るか分からない――などの理由を挙げた候補者は、授業日の変更や交代が可能なこと、緊急事態が切迫していないことなどから、辞退を認められなかった。

当日用質問票に「事件と特別の関係がある」と回答した候補者には裁判長が「事件との関係を離れて、この裁判で証拠に基づいて公平に判断することができますか」と尋ねる。自分や家族が同種の犯罪の被害にあったと答えた候補者には「被害の経験を離れて、この裁判で証拠に基づいて公平に判断することに支障がありますか」と

模擬裁判で行われた質問手続き＝2007年5月30日、東京地裁

質問。

事件のことは報道で知っているという候補者には「報道などに左右されることなく、法廷で見たり聞いたりした証拠だけに基づいて判断できますか」と問い掛ける。

これらの質問への回答で、不公平な裁判をする恐れがあると判断された候補者は選任されない。

審理する事件によっては、検察官、弁護人から請求があると、追加の質問が行われる。警察官ら捜査官が証言する事件では裁判長が「警察などの捜査は特に信用できると思うような事情、あるいは逆に特に信用できないと思うような事情がありますか」と聞く。

死刑があり得る事件では「どのような事実が明らかになっても絶対に死刑を選択しないと決めていますか」と質問する。これらの質問への回答も判断材料になる。

（二〇〇七年九月八日配信）

24 「選任手続き（３）裁判長の説明」

刑事裁判のルールを解説――守秘義務について注意も

裁判長の質問手続きは裁判員候補者すべてに聞く「全員質問方式」が原則だ。返事を聞いた検察側と弁護側は、不公平な裁判をする恐れがある候補者などについて理由を付けて、裁判員に選任しないよう求めることができる。理由を述べずに、それぞれ四人まで不選任の請求をしてもよい。

これを受けて三人の裁判官が不選任の決定をし、残った候補者が多い時はくじ引きが行われる。不足する場合は候補者の呼び出しからやり直し、不足数だけ補充する。

裁判長は裁判員、補充裁判員の選任を決定した後、「あらかじめ知っておいていただきたい裁判のルールを説明します」と述べ、裁判の基本原則や注意事項を説明する。米国などで「説示」と呼ばれる重要な手続きだ。説明がないと国民はどのようなルールに基づいて裁判をしたらいいのか分からず、判断を誤りかねない。的確な説明こそが国民参加を実りあるものにする出発点になる。

裁判員法は「裁判長は最高裁規則で定めるところにより権限、義務その他必要な事項を説明する」と定めている。これに従い、最高裁は二〇〇七年五月、説明のモデル案を決め、全国の裁判官に配布した。

モデル案によると、まず「裁判は被告が起訴状に書かれている犯罪を本当に行ったかどうかを判断するために行われる」と、裁判の目的を明確にする。裁判員が真相究明などに気を取られ、事実認定をおろそかにしないよ

裁判員選任手続き

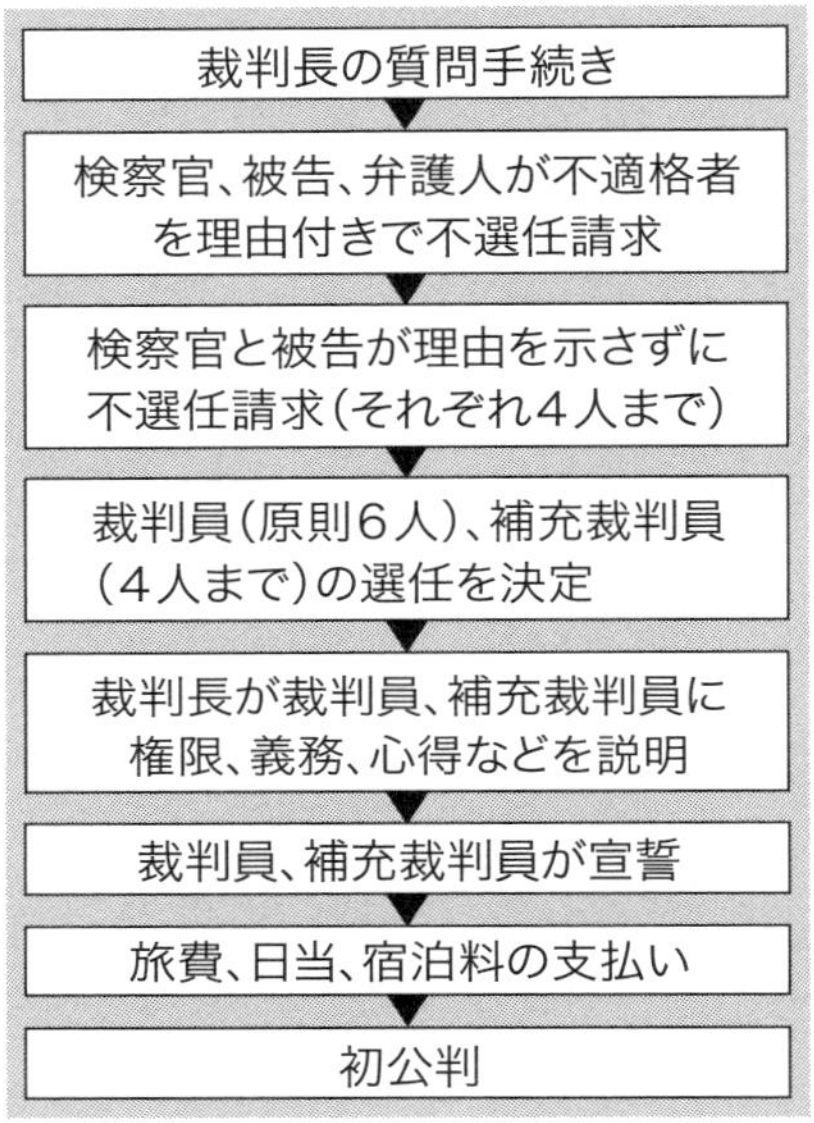
裁判長の質問手続き
検察官、被告、弁護人が不適格者を理由付きで不選任請求
検察官と被告が理由を示さずに不選任請求（それぞれ４人まで）
裁判員（原則６人）、補充裁判員（４人まで）の選任を決定
裁判長が裁判員、補充裁判員に権限、義務、心得などを説明
裁判員、補充裁判員が宣誓
旅費、日当、宿泊料の支払い
初公判

うにする注意喚起だ。

次に「被告が有罪であることは検察官が証明すべきこと」（立証責任）であり、「被告が有罪か無罪かは、検察官と弁護人から法廷に提出された証拠だけで判断しなければならない」（証拠裁判主義）と解説がある。

そして「常識に従って判断し、被告が起訴状に書かれている罪を行ったことは間違いないと考えられる場合に有罪とする。疑問があるときは無罪としなければならない」と、必要な立証の程度を説明する。評議で結論を出すとき「裁判員と裁判官の意見は同じ重み」があることも説明される。

最後に「評議の内容は秘密にし、事件関係者のプライバシーも外部に漏らさない」と守秘義務に関する注意がある。その後、裁判員、補充裁判員が宣誓、初公判に臨む。

（二〇〇七年九月二五日配信）

25 「選任手続き（４）休暇と日当」

特別休暇制度設けた企業も――日当は上限一万円

裁判員、裁判員候補者に選ばれると、仕事を休んで地裁へ行かなければならない。しかし、休んだことなどを理由に会社内で不当な処遇を受けないように、裁判員法は企業の経営者らが「解雇その他不利益な取り扱いをしてはならない」と定めている。

不利益取り扱いが禁止されるのは、裁判員の職務を行うために休暇を取った場合のほか、裁判員、補充裁判員、裁判員候補者であることや過去にそれらの仕事をしたことなどを理由とする場合だ。安心して職務に専念できるよう保護するのが規定の趣旨とされる。

二〇〇六年七月、但木敬一・検事総長はキヤノン本社を訪れ、日本経団連会長も務める御手洗冨士夫会長に「快く送り出して」と異例の協力を求めた。日本経団連は「各企業が個別に決めることなので、方針は出さない」としているが、会員企業の中には新たに休暇制度をつくるなどの動きが出ている。

東京電力は〇七年四月、裁判員、補充裁判員、裁判員候補者に選ばれた社員からの申請に基づいて有給の特別休暇を与える新制度を設けた。「この制度は既に実施されており、各地裁の模擬裁判で選ばれた職員にも特別休暇が認められている」（同社広報部）という。

一部の企業では休暇制度の創設ではなく、社の業務として扱う方向も検討されている。地裁への往復の際、交

日本経団連の御手洗冨士夫会長（右）に裁判員制度実施への協力を求める但木敬一検事総長＝2006年7月7日、東京都大田区

通事故に遭った時は通勤災害と同様、補償問題などが起きる恐れがあり、「出張のような業務上の扱いにした方が労務的な問題が少ないのではないか」という指摘もある。就業規則をめぐり労働組合との協議も必要になるだろう。

裁判員らには地裁から旅費、日当、宿泊料が支給される。最高裁が六月に定めた規則によると、日当は裁判員、補充裁判員が一万円以内、裁判員候補者は八〇〇〇円以内とされ、諸事情を考慮して地裁が決める。この額は、同じように国民が司法参加している検察審査員の日当が八〇〇〇円を上限としていることなどを参考として決められた。

宿泊料は一泊当たり八七〇〇円（地域によって七八〇〇円）が支給される。旅費は鉄道、船舶、航空機を利用した場合はもちろん、鉄道のない地域からの場合も規定に従って支給される。

（二〇〇七年九月二二日配信）

26 「公判前整理手続き（1）概要と評価」

鍵握る争点、主張の整理――開廷回数減り、順調な運用

地裁は裁判員の選任手続きを進める一方、公判の準備作業を始める。初公判を開く前に、検察側と弁護側が手持ちの証拠や争点、主張を明らかにし、あらかじめ審理計画を立てる「公判前整理手続き」が実施される。

この手続きは刑事訴訟法の改正で導入され、二〇〇五年一一月から始まった。裁判の充実とスピードアップを目的とし、裁判員裁判をするときは必ず行わなければならないとされている。

その骨格は①検察側と弁護側が法廷に提出する予定の証拠を事前に見せ合う「証拠開示」②法廷で互いに争うポイントを絞り込む「争点整理」③法廷で取り調べる証人、開廷日などを決めておく審理計画の策定――という三つの手続きだ。

最高裁刑事局の平木正洋・総括参事官は「裁判に臨む国民の負担をできるだけ少なくするには、裁判員が法廷で目で見て、耳で聞いて、被告が有罪か無罪かの心証を形成できる、分かりやすい審理を実現しなければならない。そのためには争点、主張などを整理しておくことが極めて重要であり、それができるかどうかは裁判員制度成功の鍵を握っている」と言う。

公判前整理手続きは、事件を担当する裁判官の主宰で開かれる。検察官、弁護人、書記官が出席し、非公開で行われる。

公判前整理手続きの有無と平均審理期間

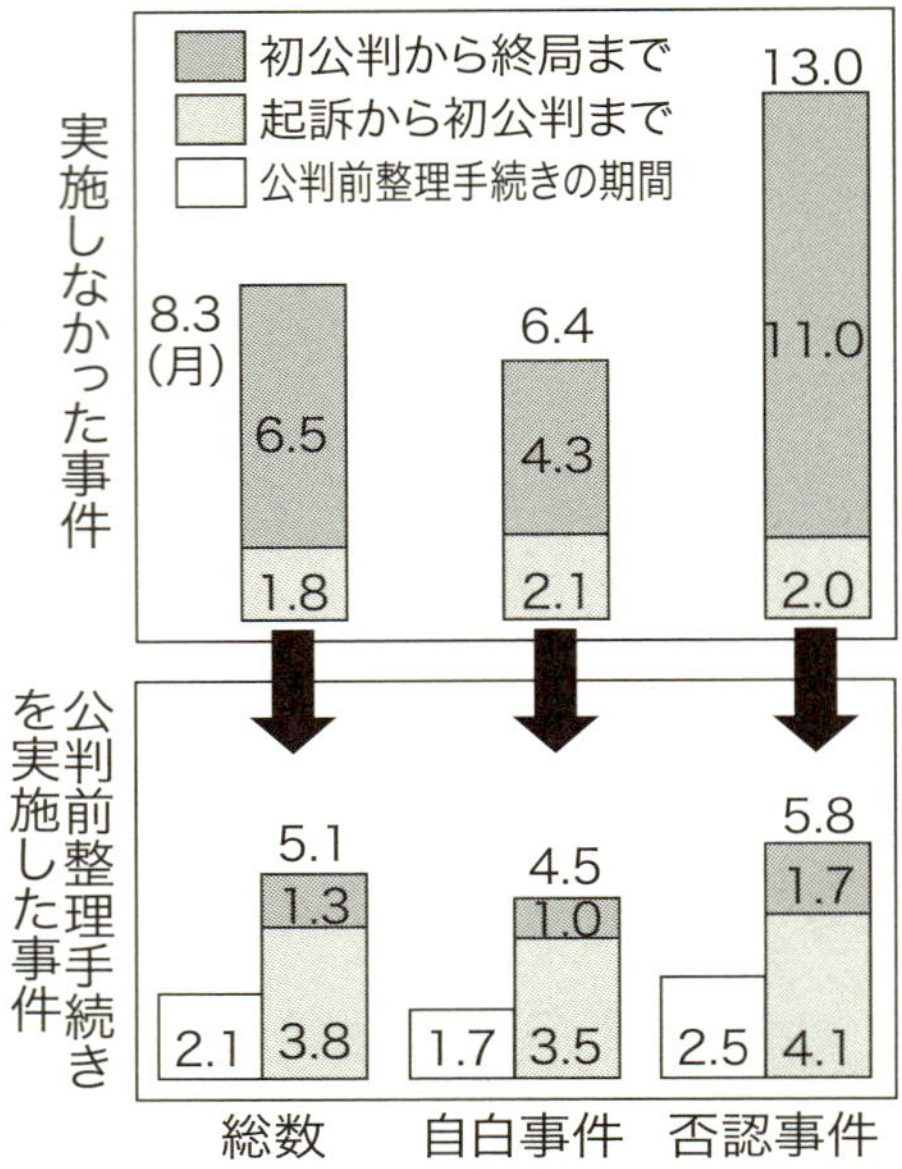

最高裁の統計によると、二〇〇六年には裁判員裁判の対象事件のうち九％の二七〇件で実施された。これを実施した事件の開廷回数は平均三・三回で、行わなかった事件の五・九回の半分近い回数に減っている。特に被告が犯行を否認した事件では、この手続きを行った事件が四・二回だったのに対して、行わなかった事件は九・四回とはっきりした違いが出た。

平均審理期間もほぼ半減。平木総括参事官は「全体的には順調に運用されており、大きな効果が上がっている。今後は現在の状況をさらに進め、すべての裁判員裁判対象事件でこの手続きを踏むようにしたい」と話す。

しかし公判前整理手続きについては学者、弁護士らの間で「証拠の全体像を知っている裁判官が裁判員の事実認定をリードしてしまいかねない」などと懸念が示されている。検察側の証拠開示が不十分という指摘もあり、課題が残っている。

（二〇〇七年九月二九日配信）

27 「公判前整理手続き（２）証拠開示」

予想以上に機能と最高検――開示命令九件にとどまる

公判前整理手続きで検察官は、被告や証人らの供述調書をはじめ、公判に出す予定の証拠を弁護側に見せ、必要な書面のコピーをさせる。「証拠開示」と呼ばれる手続きだ。弁護側が証拠を吟味し、公判前に争点、主張を明らかにできるようにするのが目的。裁判員が参加する裁判を分かりやすく、円滑にする上で重要な意味を持っており、「予想以上に機能している」（最高検）という。

証拠開示は三段階に分けて行われる。第一段階は、検察官が公判で取り調べを請求する予定の証拠の開示だ。この段階ではまず有罪の立証に必要な「最良の証拠」が厳選されて提出される。また検察側は冒頭陳述を簡略化した「証明予定事実記載書面」も提出、基本的な主張を明らかにする。

第二段階は「類型証拠の開示」だ。弁護側が意見をまとめるのにさらに証拠が必要ならば、「被告の供述調書」「鑑定書」などと類型を指定して、さらに開示を求めることができる。

第三段階は「争点関連証拠の開示」。弁護側が争点を明らかにして請求した場合、検察側は争点に関連した証拠を開示しなければならない。

弁護側も主張を展開するに当たり、裏付けとなる手持ち証拠を随時、検察側に開示する。このようなやりとりを繰り返し、争点を煮詰めていく。

公判前整理手続き

争点整理	▶起訴事実の明確化 ▶公判で予定している主張の明示 ▶何が実質的な争点かを整理
証拠整理	▶検察側、弁護側が証拠調べを請求 ▶立証趣旨、尋問事項などの明確化 ▶証拠調べ請求に対する意見の確認 ▶証拠調べの決定
証拠開示	▶３段階の開示 ①検察官請求証拠の開示 ②類型証拠の開示 （証拠物、被告・証人の取り調べ調書など） ③争点関連証拠の開示 ▶証拠開示命令などの裁定
審理計画	▶公判期日の指定

相手側が請求に応じないときは裁判官の裁定を求めることができる。最高検によると、二〇〇七年七月までに約一六〇〇件の公判前整理手続きが行われているが、出された裁定請求は五九件だけだ。そのうち裁判官が開示を命令したのは九件にとどまっている。

最高検裁判員制度等実施準備検討会の尾崎道明事務局長は「弁護人からの裁定請求は思ったより少ない。必ずしも必要ではない証拠でも検察官は自ら開示するようにしているし、裁定請求が出される前に適切に対応している」と話す。

裁判官は交通整理の役割を務め、証拠の中身は裁判員と同様、公判まで見聞きすることはない。しかし一部の学者、弁護士らからは「審理を担当する裁判官が事前に証拠に触れてしまうと、被告が有罪か無罪かについて心証を抱き、予断を持った裁判になる恐れがある」との批判が聞かれる。

（二〇〇七年一〇月六日配信）

28　「公判前整理手続き（3）争点整理」

裁判官の職権的運用に危惧――弁護士らから困惑の声

「まだ証拠調べの前なのに裁判官が『実行行為を認めるのですね』と罪状認否を求めるような、とんでもないことを聞いてきた」。「裁判官は勝手に有罪の心証を採っている」。弁護士たちから困惑の声が上がった。

日弁連が二〇〇七年六月一六日、東京・霞が関の弁護士会館で開いた公判前整理手続きの経験交流会。次々に飛び出す苦情を受け、講師陣は「職権主義的な運用には強く反論してほしい」と要請した。

公判前整理手続きの柱は証拠開示と争点整理の二つ。争点が何か分からないまま審理が始まると、裁判員はどこに注目したらいいのか困惑してしまう。それを避ける目的で争点整理が行われる。

検察側の証拠を点検した結果、弁護側は事実関係を争うのか。事実は認めて故意かどうかを争うのか。刑事責任は認め、罪を軽くしてもらう情状を訴えるのか。弁護側の出方に裁判官は過度の関心を示しがちだ。

しかし日弁連の弁護技術研修会で講師を務める高野隆・早稲田大法科大学院教授は「裁判官は判決文を書く時の便宜のために、争いのない事実、客観的な事実を決めておきたいので、効率的な運用をしようとし過ぎる。それでは裁判が始まる前に決着がついてしまう」と危惧（きぐ）する。「弁護士も制度を誤解していて、裁判官から主張を出すように言われると書面を出してしまうが、弁護側には主張を明示する法的な義務はない」と言う。

高野教授が重視するのは、検察官が公判に提出する予定の証拠を示した後、弁護側が供述調書などの類型を指

日弁連の特別研修会で法廷弁護技術の講師を務める高野隆・早稲田大法科大学院教授＝2007年7月12日、東京・霞が関の弁護士会館

定して請求する「類型証拠の開示」だ。「この請求をきちんとやっている弁護士が圧倒的に少ない。検察側は〝証拠あさり〟と嫌がるが、検察側の証拠は国民の税金と公権力を使って集められたのだから、もともと全面的に開示すべきもの。弁護士は有利な証拠をもっと探索すべきだ」と高野教授。

裁判官の間では「弁護側が主張を明示して争点化しておかないと、裁判員に耳を傾けてもらえない恐れがある」という指摘がある。しかし高野教授は「米国の陪審裁判には争点整理などない。これをしないと裁判員制度が機能しないということはない」と断言する。

（二〇〇七年一〇月一三日配信）

29「公判前整理手続き（4）審理計画」

初公判や判決期日など決定――七割の事件、三日で終了

公判前整理手続きで証拠の開示、争点の整理が進むと、地裁は検察官、弁護人の意見を聞きながら審理計画を作る。いつ初公判を開き、何日後に判決を言い渡すかなどを決定してから裁判員候補者に「呼び出し状」を送る。公判の進行予定をあらかじめ決めておけば、裁判員が日程を調整して参加しやすくなるためだ。

地裁はまず証拠はどれを採用するか、証人は誰を呼ぶかなどを決定する。証人尋問や被告人質問にかける時間も決める。

被告の精神状態などの鑑定は結果が判明するまでに長い時間がかかるが、この手続き中に実施しておくことができ、公判の審理期間を短縮できる。鑑定書は一〇〇ページを超えることもあるのを改め、裁判員にも理解しやすい数ページ程度に簡略化される。

公判の開廷間隔が空き過ぎれば新鮮な記憶が失われ、的確な事実認定や判断が難しくなる。裁判員が参加しやすいよう集中的な審理が行われる。

最高裁によると「七割の事件は三日以内、九割の事件は五日以内で終わる」という。初日は裁判員を選任し初公判。二日目は証拠調べ。三日目は検察側の論告求刑、弁護側の最終弁論、判決というケースが多くなる。

しかし審理計画の現状には弁護士から強い批判がある。三週間に一回のペースを提案されたという弁護士は「集

中的な開廷とはとても言えない」と怒る。「これでは前と同じ。少なくとも一日おきの審理でないと意味がない」と言う。

弁護士からは「公判前整理に時間をかけ過ぎ、起訴から初公判までの期間が長い」という批判もある。整理手続きが長引けば、被告が留置場や拘置所に拘束される期間も長くなる。「裁判官が被告の保釈をもっと柔軟に認めるべきだ」という意見が日弁連には強い。

予想される裁判員裁判の進行

第1日	午前	地裁への出頭 裁判員選任手続き ▶職員によるオリエンテーション ▶裁判員（原則６人、例外４人）と補充裁判員（４人まで）を選任
	午後	初公判 ▶冒頭手続き（起訴状朗読、罪状認否など） ▶検察官の冒頭陳述 ▶弁護側の冒頭陳述
第2日	全日	証拠調べ （証人尋問、鑑定人尋問、証拠物取り調べ、被告人質問、被害者の意見陳述など）
第3日	午前	検察官の論告・求刑 弁護側の最終弁論
	午後	裁判官と裁判員の評議 判決言い渡し

争点整理、主張の明示が円滑に行われるには、被告と弁護人の打ち合わせの時間が十分確保されなければならない。保釈制度の見直しが重要だ。

公判前整理手続きには「今まで公開の法廷で行われていた争点整理、証拠の決定など公判の基礎的部分が事実上、非公開になり、裁判公開の原則に反する」という批判がある。地裁は整理結果をできるだけ初公判前に公表するなど、運用を工夫していく必要がある。

（二〇〇七年一〇月二〇日配信）

30　「審理（1）初公判」

見て聞いて分かる審理へ――弁護側も直ちに冒頭陳述

「被告は前へ。氏名は」。裁判長から本籍、住所、職業、年齢など人違いでないことを確認する人定質問があり、初公判が始まる。冒頭手続きが行われ、検察官が起訴状を朗読。その後、裁判長は被告に陳述を拒む黙秘権があることを知らせた上で、起訴事実を認めるかどうか、意見を述べさせる。罪状認否と呼ばれる手続きで、続いて弁護人も意見を述べる。

審理に先立ち、裁判長は公判前整理手続きの結果を報告。証拠開示の経過、争点など重要な点について説明をする。

審理は検察側の冒頭陳述から始まる。しかし今までの裁判のように膨大な冒頭陳述書や記録類を裁判員に読んでもらうわけにはいかないので、書面を読み上げるやり方は全面的に改められる。従来の「である」調の弁論も、話し言葉の「です」調に変わり始めている。

最高検裁判員制度等実施準備検討会の尾崎道明事務局長は「裁判員が参加する裁判は、よく見て、聞いて、分かる内容でなければならない。冒頭陳述も争点をはっきりさせ、口頭で検察側の主張を明確に述べるものにしていく」と話す。

冒頭陳述は盛り込む情報を絞り、どのような事件なのか、検察官はどのような証拠で起訴事実を立証する予定

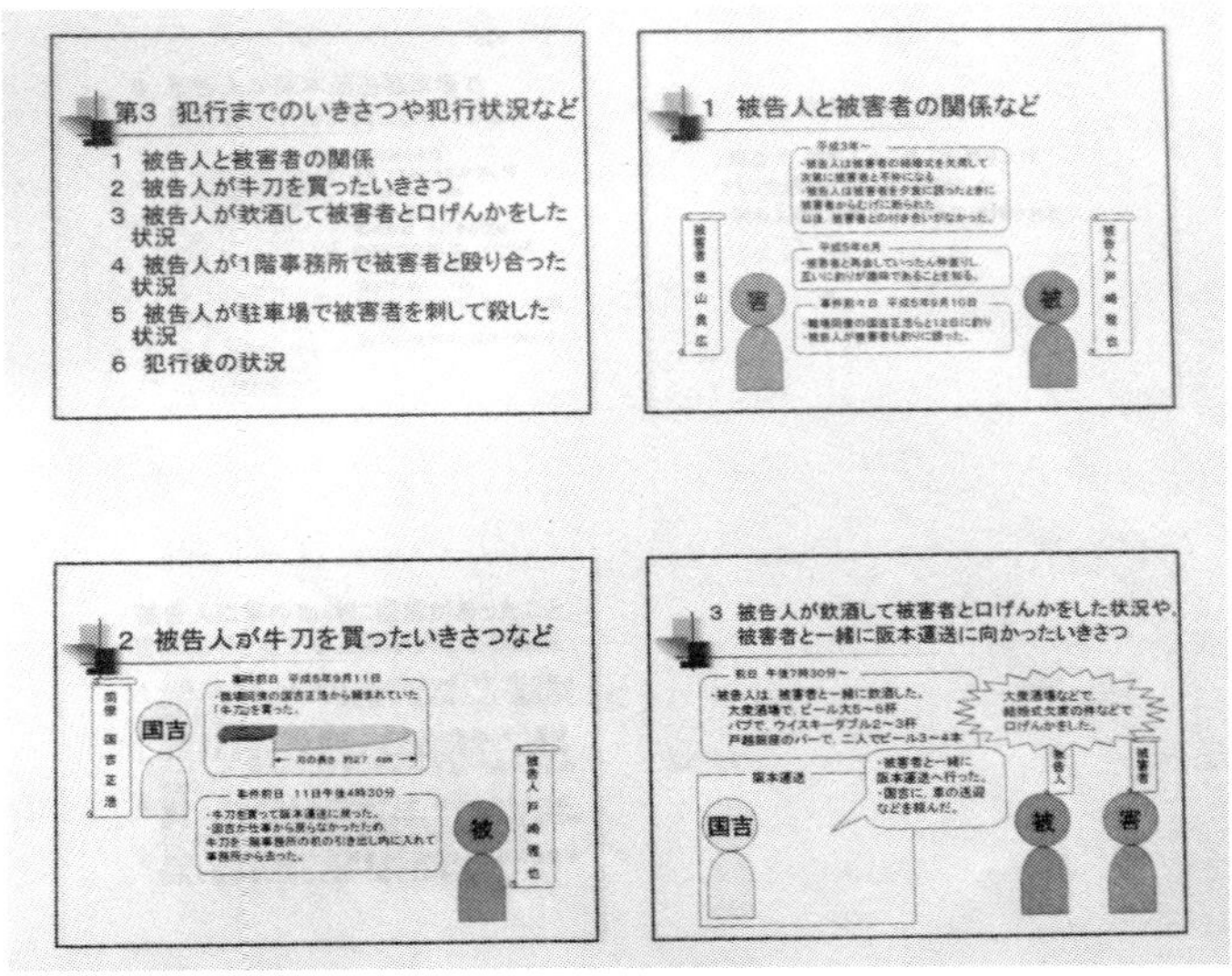

全国各地の地検が模擬裁判で使っている冒頭陳述のプレゼンテーション例の一部

なのかを分かりやすく説明することに力点が置かれる。プレゼンテーションソフトを使って要点の図解をスクリーンに映し出したり、ボードに書き出したりして説明することも多くなりそうだ。

検察側の後、弁護側が直ちに冒頭陳述を行うケースも増えるだろう。これまでは検察側の立証が終わってから弁護側が冒頭陳述を皮切りに反証を始めたが、既に公判前整理手続きで争点、主張が明らかにされているのならば、すぐ述べた方が裁判員に理解されやすい。

日弁連は全国で開催中の研修会で、検察側が描く事件の構図とは違う「アナザーストーリー(もう一つの物語)」を積極的に示すことも提案している。冒頭手続きが活発化すると予想される。

公判の進行が速ければ、その日のうちに証拠調べに入る。一日の審理時間は五、六時間とみられており、夕方には閉廷する。裁判員は昼食、休憩も地裁内の食堂などでとることになりそうだ。

(二〇〇七年一〇月二七日配信)

31「審理（2）証拠調べ」

書面頼りから口頭の裁判へ——直接調べた証拠だけで判断

事実関係でほとんど争いのない事件では二日目は主に証拠調べになる。地裁に出頭した裁判員と補充裁判員は、控室としても使われる評議室に集まる。開廷時刻になると裁判官とともに、一般の傍聴人らが通る廊下とは別の内廊下を使って法廷へ向かう。事件関係者らと接触しないようにするためだ。

証拠調べには凶器をはじめとする証拠物、証拠書類の取り調べや証人尋問、鑑定人尋問、被告人質問などがある。証拠に基づく立証活動は「当事者主義」であり、検察側と弁護側に任せられる。

公判の審理には二つの基本原則がある。裁判官と裁判員は公判で直接取り調べた証拠だけに基づいて事実を認定し、判決しなければならないという「直接主義」と、公判の手続きは原則的に書面ではなく、口頭で述べられた資料だけによって行われなければならないとする「口頭主義」だ。

裁判員は検察官の取り調べ調書など膨大な書面を全部読むわけにはいかない。「書面頼りだった裁判が大きく変わり、直接主義、口頭主義が徹底される」と、多くの司法関係者がみている。

日弁連裁判員制度実施本部は二〇〇六年六月、公判審理の在り方について「直接主義の実質化」などを求める提言案をまとめた。同本部幹部は「もし裁判官が書面を採用すれば証拠になることに注意しなければならない」と言う。大量の捜査関係書面が証拠採用されたら、裁判官は評議室で被告が有罪か無罪かを協議する際、裁

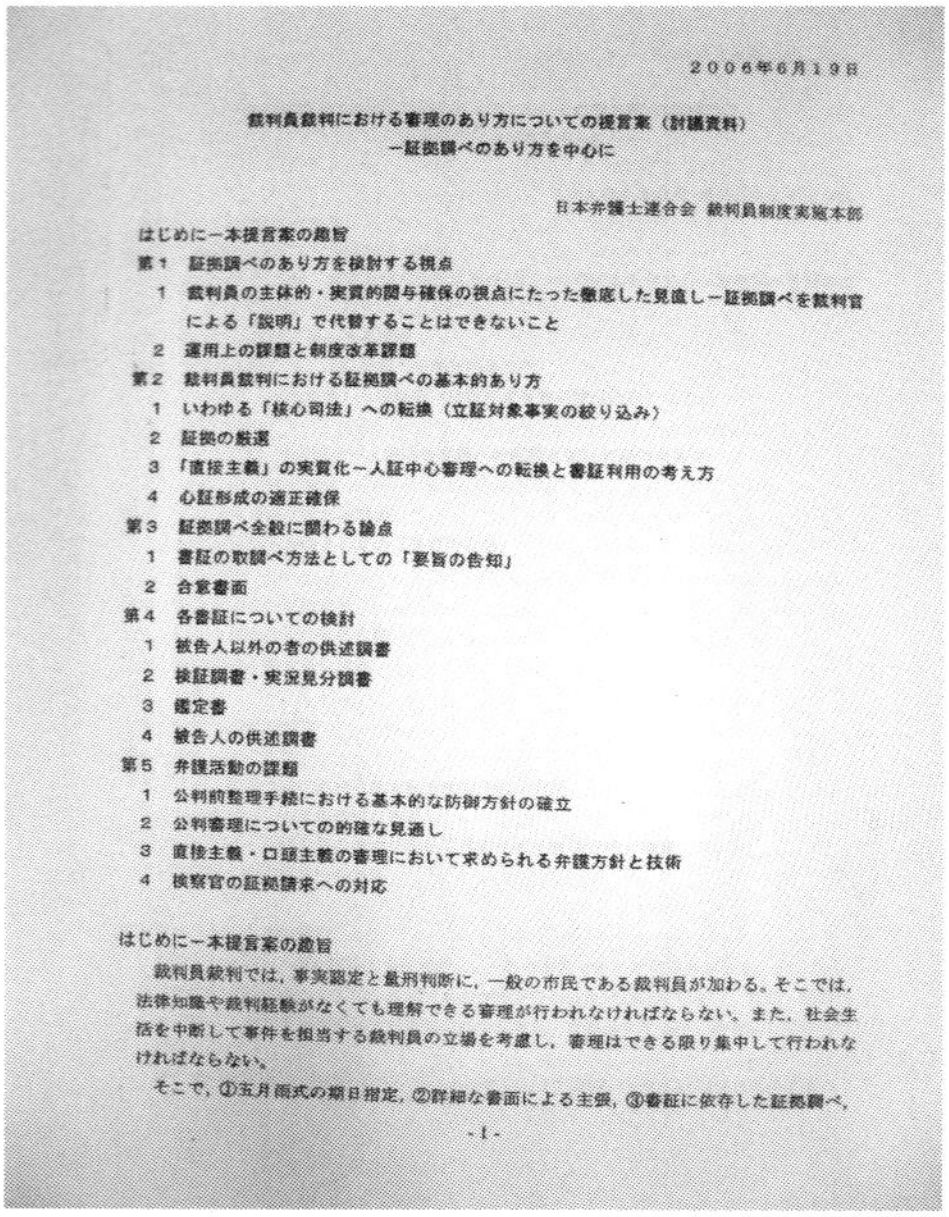

2006年6月19日

裁判員裁判における審理のあり方についての提言案（討議資料）
―証拠調べのあり方を中心に

日本弁護士連合会　裁判員制度実施本部

はじめに―本提言案の趣旨
第1　証拠調べのあり方を検討する視点
　1　裁判員の主体的・実質的関与確保の視点にたった徹底した見直し―証拠調べを裁判官による「説明」で代替することはできないこと
　2　運用上の課題と制度改革課題
第2　裁判員裁判における証拠調べの基本的あり方
　1　いわゆる「核心司法」への転換（立証対象事実の絞り込み）
　2　証拠の厳選
　3　「直接主義」の実質化―人証中心審理への転換と書証利用の考え方
　4　心証形成の適正確保
第3　証拠調べ全般に関わる論点
　1　書証の取調べ方法としての「要旨の告知」
　2　合意書面
第4　各書証についての検討
　1　被告人以外の者の供述調書
　2　検証調書・実況見分調書
　3　鑑定書
　4　被告人の供述調書
第5　弁護活動の課題
　1　公判前整理手続における基本的な防御方針の確立
　2　公判審理についての的確な見通し
　3　直接主義・口頭主義の審理において求められる弁護方針と技術
　4　検察官の証拠請求への対応

はじめに―本提言案の趣旨
　裁判員裁判では，事実認定と量刑判断に，一般の市民である裁判員が加わる。そこでは，法律知識や裁判経験がなくても理解できる審理が行われなければならない。また，社会生活を中断して事件を担当する裁判員の立場を考慮し，審理はできる限り集中して行われなければならない。
　そこで，①五月雨式の期日指定，②詳細な書面による主張，③書証に依存した証拠調べ，

-1-

日弁連が2006年6月にまとめた「裁判員制度における審理のあり方についての提言案」

判員に書面の要旨を説明することになりやすく、「そうなったら裁判員はお飾りになってしまう」と心配する。

警察官や検察官らが被告を取り調べた様子は供述調書などの記録に残す必要がある。被告の自白が信用できるかどうか、検察側と弁護側で争いになったとき、DVDやテープに記録してあれば裁判員が判断しやすい(注)。裁判員制度が成功するかどうかは、書面に頼らない証拠調べがどこまでできるかにかかっている。これまでのように書面に基づいて犯罪のやり方、生じた結果、動機、背景などを細部まで認定しようとする「精密司法」から、事件の核心を集中的に審理し判決する「核心司法」へと、刑事裁判の発想が根本から変わっていく可能性がある。

（注）検察当局は二〇〇六年七月一日から、裁判員制度の対象となる重大事件に絞り、検察官による容疑者取り調べの録音・録画を東京地裁で試行。二〇〇八年四月からは全国の地検に試行を拡大した。

（二〇〇七年一一月三日配信）

32「審理（3）証人尋問」

法廷証言重視の立証へ転換――審理をすべてDVD録画

日弁連裁判員制度実施本部副本部長の後藤貞人弁護士ら講師陣が「法廷での証言は後で言い逃れできないように確認をし、矛盾があることを指摘したら、すぐ質問を終える」と尋問の心得を説いた。二〇〇七年七月、日弁連が東京の弁護士会館で開いた新しい法廷弁護技術の特別研修会。全国の弁護士会に衛星中継された。

重点テーマの一つは証人尋問のテクニック。「警察署や検察庁での証人の取り調べ記録を事前によく検討し、攻撃すべき部分を決めておく」「ターゲット（標的）は多くても三つか四つに絞る」と説明は実践的だ。

裁判員が参加する裁判では法廷証言の重みが飛躍的に高まる。検察側と弁護側がそれぞれ請求した証人に主尋問、反対尋問を交互に行い、その繰り返しの中から事実が浮かび上がってくる。

各地裁は審理の様子をDVDに録画する。連日開廷になると前回の記録が文書になるのを待つわけにはいかず、疑問が生じたらDVDを見るのが確認もしやすいからだ。

法廷での証言が警察官や検察官の取り調べ調書と異なるとき、刑事訴訟法は、取り調べが強制ではなく「特に信用できる特別の状況」がある場合に調書を証拠として用いることができるとしている。しかし後藤弁護士は「裁判員が裁判官と対等に事実を認定できるようにするには調書など書面による起訴事実の証明を許さないことが必要になる。全部、証人尋問でやればいい」と強調する。

日弁連が開いた新しい法廷弁護技術の特別研修会で、実演する後藤貞人弁護士（中央）＝2007年7月12日、東京・霞が関の弁護士会館

例えば殺人事件では一一〇番の連絡を受けた警察官に始まり、被害者を運んだ救急隊員、遺体を解剖した医師、現場を調べた警察官、残された血液の型を検査した都道府県警本部科学捜査研究所研究員らの順で聞いていく。「事件の全体像がすぐ頭に入る。それでも一人に五分から一五分しかかからない」と後藤弁護士。

「弁護人は検察官の尋問を聞いていて〝ここだ〟と思うところで反対尋問をすればよい。そういう裁判をすれば分かりやすく、裁判員制度はきっと定着する」。後藤弁護士は「裁判員が法廷で見たもの、聞いたもので判断することを前提に弁護活動も変えていかなければならない。弁護士は書類を書くのが仕事だったが、これからは語るのが仕事になる」と言う。

（二〇〇七年一一月一〇日配信）

33 「審理（4）質問権」

疑問があれば直接ただす――「積極的に」と最高裁

証人尋問や被告人質問を聞いて裁判員が疑問を感じたときは裁判長の了承を得て、証人や被告に直接、質問ができる。被害者が「被告を極刑に」などと意見を述べた場合は被害者にも理由などを質問することが可能だ。

裁判長は検察官と弁護人の質問が終わった後、裁判員に「聞きたいことがありますか」と尋ねる。その時、手を挙げるなどして、自由に質問をしてよい。

最高裁の斉藤啓昭・刑事局第二課長は「裁判員から直接聞いていただいた方が、その後、判決内容について話し合う評議が進めやすい。公判審理できちんと心証を取れることが大事で、少しでも疑問を残したまま終わってしまうことを一番避けたい。積極的に聞いていただきたい」と話す。

法廷では裁判官より先に裁判員が質問できるようにするという。「証人らから自分の経験した事実を引き出す質問をお願いしたい。意見を言うのではなく、あくまで質問に徹して」と斉藤課長。

裁判員席には筆記用具と白紙が用意される。証言を聞きながらメモを取るのは自由だ。ただメモに気を取られ、証人らの表情、態度などを見落としてはいけない。

検察側、弁護側の主張を書いた書面や証拠書類など大事なものは、公判前整理手続きで裁判官が「裁判員に配布したいなら、陳述が終わった後、書面の要旨を配るようにしてほしい」と双方に要請している。斉藤課長は「公

大型スクリーンなどが設けられ、裁判員裁判用に改造された最新型のビジュアル法廷＝2008年2月、東京地裁

判の始めに配ってしまうと、読むのに気を取られて肝心なプレゼンテーションを見てもらえない恐れがある」と言う。

しかし各地の模擬裁判では、裁判員から「要点を個条書きした簡潔な書面は審理の始めに手元にほしい。証人から何を聞くのか予測できる」という意見も出されている。

裁判員法によると、法令の解釈と訴訟手続きに関する判断は、専門家である裁判官三人の多数決で結論を出す。しかし裁判官が認めれば裁判員、補充裁判員も傍聴して意見を述べることができる。法令解釈などの法律問題のように見えても違法性が絡むと、事件全体の判断に影響してくる。多くの場合、裁判官は裁判員に同席を求め、意見も聞いて、一緒に判断していくことになりそうだ。

（二〇〇七年一一月一七日配信）

34 「審理（5）法廷通訳」

事前に翻訳の十分な準備を――公判前整理手続きに出席も

被告が外国人の場合、裁判官席の前に書記官と並んで法廷通訳の席が設けられる。刑事訴訟法は「国語に通じない者」には通訳人に通訳をさせるとしており、地裁が通訳人を依頼する。

司法など専門分野の通訳人で組織される「日本パブリックサービス通訳翻訳学会」会長で英語の法廷通訳でもある長尾ひろみ神戸女学院大教授（通訳学）は「裁判員裁判が始まり、口頭主義が徹底されると、通訳人も、争点などを整理する公判前整理手続きに出席することが必要になる」と言う。「ぶっつけ本番の通訳ではいけない。事前に裁判の内容を知り、十分な準備ができるようにしてほしい」と長尾教授。

通訳人は起訴状朗読、証人尋問、被告人質問、判決言い渡しの際、裁判官や被告らの発言が終わるたびに逐一通訳。その内容はマイクを通じて法廷内の全員に聞こえる。

被告が無線の受信機を身に着け、通訳人が送信機で伝える内容を聞く「ワイヤレス通訳システム」も使用される。審理時間を短縮するためで、冒頭陳述など事前に準備された書面を朗読するときに限って使われる。

これらの書面は公判前に通訳人へ渡され、通訳人は翻訳文を読む。同時通訳では必ずしも内容が正確にならず、裁判官らもチェックをしにくいからだという。

最高裁によると、二〇〇六年は全国の地裁と簡裁で八八〇四人の外国人の裁判が終わり、そのうち七四〇三人

法廷通訳の言語と人数

中国語	1677人
英語	542
韓国・朝鮮語	398
スペイン語	264
ポルトガル語	145
タイ語	103
フィリピノ（タガログ）語	97
ロシア語	90
ペルシャ語	63
フランス語	55
ウルドゥー語	51
ベトナム語	47
インドネシア語	44
ドイツ語	37
ヒンディー語	31
モンゴル語	27
トルコ語	26
ベンガル語	25
その他（37言語）	181
合　計	3903人

（最高裁調べ。2007年4月1日現在）

に法廷通訳がついた。全国の裁判所に登録されている通訳人は〇七年四月の時点で五五言語、延べ三九〇三人。中国語が最も多く、英語、韓国・朝鮮語、スペイン語、ポルトガル語、タイ語と続く。

裁判員裁判ではほぼ連日開廷になる。しかし通訳人が大学教授のときは講義があると出廷できないなど対応しにくい。

長尾教授は最高裁が東京と大阪に法廷通訳センター（仮称）を置き、全国の法廷とインターネットで結ぶことを提案する。「通訳人はセンターのブースに入り、被告らの様子をスクリーンで見ながら通訳すればよい。東京、大阪なら少数言語であっても良質な通訳人が確保できる」と話す。通訳の質を高めるため検定制度も必要だと言う。

（二〇〇七年一一月二四日配信）

35　「審理（6）最高裁試案」

めりはりのある審理へ――証拠の厳選を提言

国民が裁判員役を務める模擬裁判が全国の地裁で行われている。その記録を基に最高裁が二〇〇五年、「裁判員制度の下における審理、評議および判決の在り方に関する試案」をまとめた。最高裁試案と呼ばれ、現場へ与えた影響は大きい。

試案は公判審理について①争点中心のめりはりのある審理が行われなければならない②証拠調べの範囲を必要かつ十分なものにとどめ、その方法も、公判中心の直接主義・口頭主義を徹底した分かりやすい審理を実現する観点から再検討する必要がある――としている。

争点中心の審理に変えるため裁判官は公判前整理手続きの際、事件の核心を早く見抜き、「一見、争点のように見えても有罪・無罪の決定や、どのくらいの刑を科すかの判断にほとんど影響しないものは削り落としていく」ことを求めている。

証拠調べについても抜本的見直しが必要だとし「請求された証拠は、それが有罪・無罪の決定とどのように関係するか説明を求め、疑問が解消されない限り証拠として採用しない」と明言。「同一の立証趣旨で複数の証拠が請求された場合、どうして複数必要なのか十分に吟味する」と、「証拠の厳選」を強調した。

争点については「証人尋問による立証を原則とし、書面の証拠は補充的なものと考えるべき」だとしている。

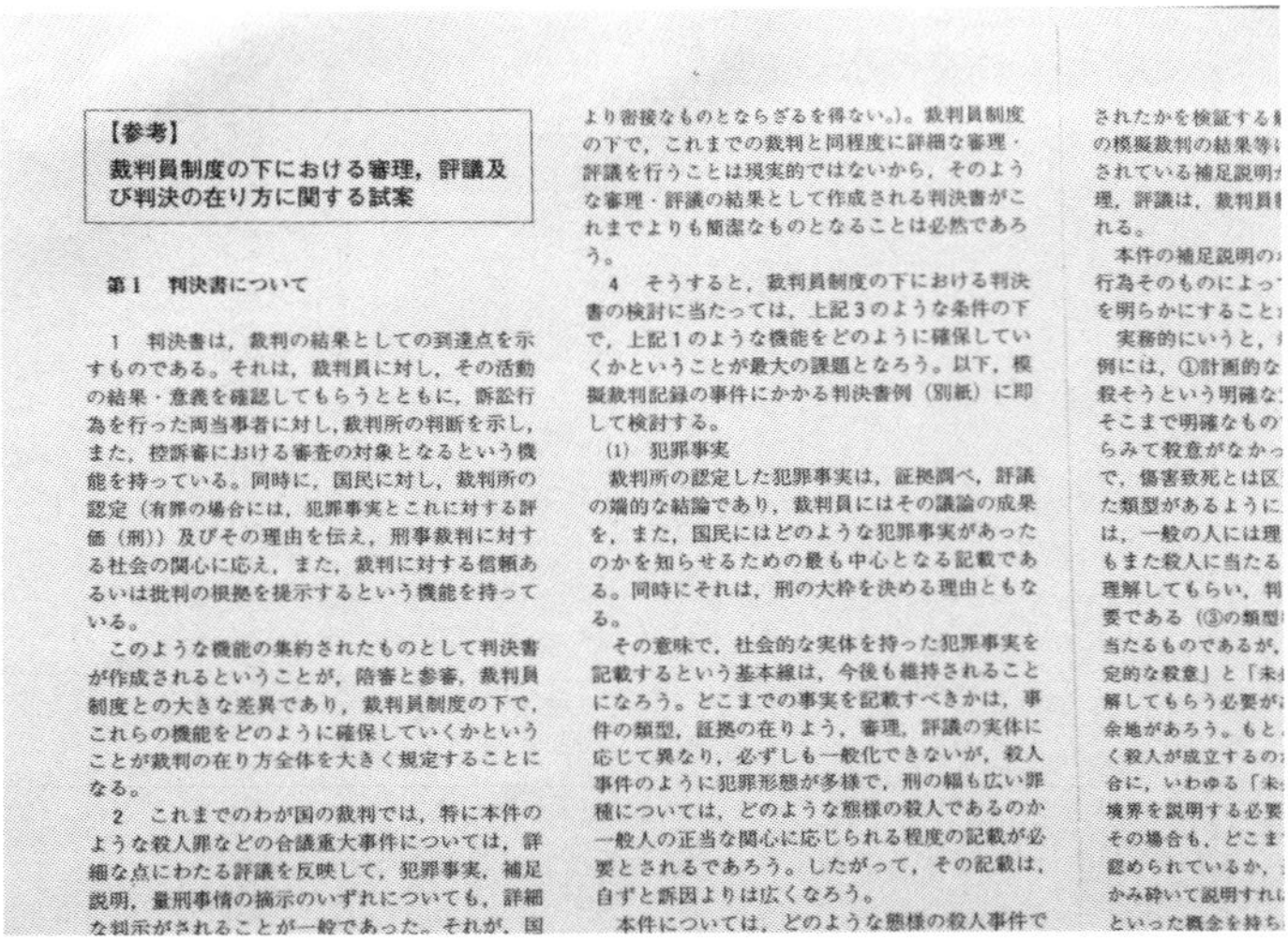

【参考】
裁判員制度の下における審理，評議及び判決の在り方に関する試案

第1　判決書について

1　判決書は，裁判の結果としての到達点を示すものである。それは，裁判員に対し，その活動の結果・意義を確認してもらうとともに，訴訟行為を行った両当事者に対し，裁判所の判断を示し，また，控訴審における審査の対象となるという機能を持っている。同時に，国民に対し，裁判所の認定（有罪の場合には，犯罪事実とこれに対する評価（刑））及びその理由を伝え，刑事裁判に対する社会の関心に応え，また，裁判に対する信頼あるいは批判の根拠を提示するという機能を持っている。

このような機能の集約されたものとして判決書が作成されるということが，陪審と参審，裁判員制度との大きな差異であり，裁判員制度の下で，これらの機能をどのように確保していくかということが裁判の在り方全体を大きく規定することになる。

2　これまでのわが国の裁判では，特に本件のような殺人罪などの合議重大事件については，詳細な点にわたる評議を反映して，犯罪事実，補足説明，量刑事情の摘示のいずれについても，詳細な判示がされることが一般であった。それが，国

より密接なものとならざるを得ない。)。裁判員制度の下で，これまでの裁判と同程度に詳細な審理・評議を行うことは現実的ではないから，そのような審理・評議の結果として作成される判決書がこれまでよりも簡潔なものとなることは必然であろう。

4　そうすると，裁判員制度の下における判決書の検討に当たっては，上記3のような条件の下で，上記1のような機能をどのように確保していくかということが最大の課題となろう。以下，模擬裁判記録の事件にかかる判決書例（別紙）に即して検討する。

(1)　犯罪事実

裁判所の認定した犯罪事実は，証拠調べ，評議の端的な結論であり，裁判員にはその議論の成果を，また，国民にはどのような犯罪事実があったのかを知らせるための最も中心となる記載である。同時にそれは，刑の大枠を決める理由ともなる。

その意味で，社会的な実体を持った犯罪事実を記載するという基本線は，今後も維持されることになろう。どこまでの事実を記載すべきかは，事件の類型，証拠の在りよう，審理，評議の実体に応じて異なり，必ずしも一般化できないが，殺人事件のように犯罪形態が多様で，刑の幅も広い罪種については，どのような態様の殺人であるのか一般人の正当な関心に応じられる程度の記載が必要とされるであろう。したがって，その記載は，自ずと訴因よりは広くなろう。

本件については，どのような態様の殺人事件で

2005年11月発行の法律雑誌『判例タイムズ』に掲載された最高裁試案。

捜査段階で作成される現場検証の調書などは証人尋問の中で取り調べることにし、精神鑑定などの鑑定書は鑑定人尋問の「補充のための手段」と位置付けた。

この試案を素材として最高裁の司法研修所は〇五年、全国から刑事裁判官を集めて二つの裁判官研究会を開催した。その議論の内容と試案の概要を法律雑誌で紹介した司法研修所教官の今崎幸彦判事は「従来の刑事裁判の在り方をそのまま維持するのは不可能。思い切った大幅な見直しが不可欠であることに異論はなかった」と話す。

試案では、証人らの供述調書の信用性判断をはじめ証拠調べ、鑑定、評議の在り方といった難問は今後の研究課題とされた。その後、裁判所内部では模擬裁判や裁判官研究会でこれらの課題を順次取り上げ、その結果を分析して実務面の方向性を明らかにしようとする努力が続けられている。

（二〇〇七年一二月一日配信）

36「審理（7）難事件」

審理と選任の方法を工夫――裁判員も自白調書を判断

最高裁が七月に公表した「裁判の迅速化」に関する報告書は、二〇〇六年に全国の地裁で審理が長期化した刑事事件の原因について分析した。裁判員が参加する裁判では、これらの難事件をどのように審理し、裁いていくかが大きな課題だ。

報告書によると、審理期間が二年を超えた被告は二一七人（〇・三%）。長期化の原因は①争点が多い②証拠が多数③鑑定に日数がかかった④被告が多数――などにあるという。少数の事件は長期化が避けられない。

最高裁刑事局の斉藤啓昭第二課長は「例えば週一、二回の開廷にして、少し長引いても耐えられる人に裁判員になっていただくなど、選任方法と審理のやり方を工夫する」と話す。「争点、主張が絞り込まれていない事件は公判前整理手続きで絞り込む。証人らの尋問に長い時間がかかる事件は短縮に努める。起訴件数が多い事件には、検察官がどの程度の余罪を起訴するのかという問題もある。いろいろ工夫をして裁判員の負担を少なくしたい」と斉藤課長。

長期化するケースの一つとしては、捜査段階で自白した被告が公判では否認し、強制された自白かどうかが争いになる場合がある。自白調書の任意性は法律問題であり、裁判官だけが判断するという見解が有力だが、その場に裁判員を立ち会わせることができる。

審理期間が２年を超える難事件の６つの審理パターン

6類型	審理期間	平均開廷間隔
鑑定などに期日が必要だった例	1290日	80.6日
被告が多数で審理に時間が必要だった例	1220日	35.7〜57.9日
争点が多数で証拠調べが多数回に及んだ例	1030日	36.9日
争点は少ないが、多数の証拠が必要となった例	1020日	37.8日
事案が複雑な経済財政事件	850日	42日
訴訟進行が円滑にいかなかった例	840日	35.0日

（最高裁の裁判迅速化報告書。2007年7月）

斉藤課長は「任意性の判断は信用性の判断と密接に関連するので、裁判員の意見を聴くケースが多くなる。任意性が肯定される場合には、検察側が〝これで立証する〟という一本に絞った調書と被告の法廷供述とを比較して、どちらが信用できるか、法廷で得た心証を基に裁判員にも考えてもらうことになるだろう」と言う。

日弁連内部には、このような基本姿勢に、それほど異論はないようだ。裁判員制度実施本部の小野正典（おの・まさのり）事務局長は「自白調書や被告が否認した場合の調書について裁判員の判断を求めることは妥当といえる。ただし、任意性に争いのある自白調書の証拠採用を公判前整理手続きで決定することなどには、慎重であるべきだ」と話している。

（二〇〇七年一二月八日配信）

37「論告・最終弁論」

耳で聞いて分かる論告に――裁判員へ骨子の配布も

結審を前に検察官は証拠で明らかにした事実と法律の適用について意見を述べる「論告」をし、求刑する。その後、弁護側も最終的な意見を述べる。「最終弁論」と呼ばれる。

いずれも証拠調べの終了直後、休憩を挟み、その日のうちに行われることが多くなる。裁判員は双方の意見に耳を傾け、検察官の主張する事実は認められるか、有罪ならばどのような刑にするかについて「評議」に入る。

従来の論告は、検察官が分厚い論告書を裁判官に提出、弁護人にも配布し、検察官席で読み上げる方式が採られてきた。読むことを前提としていたが、裁判員制度の開始とともに様変わりする。

検察官は裁判官席の前に進み、論告を始める。骨子はプレゼンテーションソフトを使ってまとめ、それをスクリーンに映したり、ボードに図解を示したりしながら説明する。手にするのはメモ程度にとどめる方向だ。

最高検裁判員制度等実施準備検討会の高崎秀雄検事は「耳で聞いて分かる論告にする。ただし評議のことを考えると、耳で聞くだけにすることにもできない。プレゼンテーション画面を印刷するなどして、骨子的な文書を裁判員に配布するという工夫があり得るだろう。ある程度複雑な事件は人間関係などの補助的な資料を渡すことも考えざるを得ない」と話す。

最高検は二〇〇六年三月、「裁判員裁判の下における捜査・公判遂行の在り方に関する試案」（検察試案）を公表、

模擬裁判で検察側がスクリーンに映した論告要旨の一部

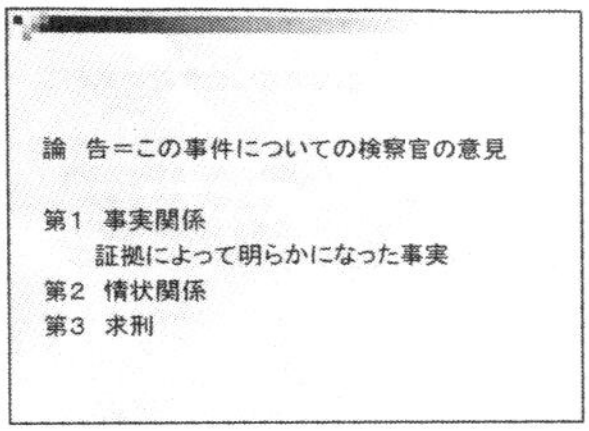
論　告＝この事件についての検察官の意見
第1　事実関係
証拠によって明らかになった事実
第2　情状関係
第3　求刑

第1　事実関係
公訴事実は証明十分である

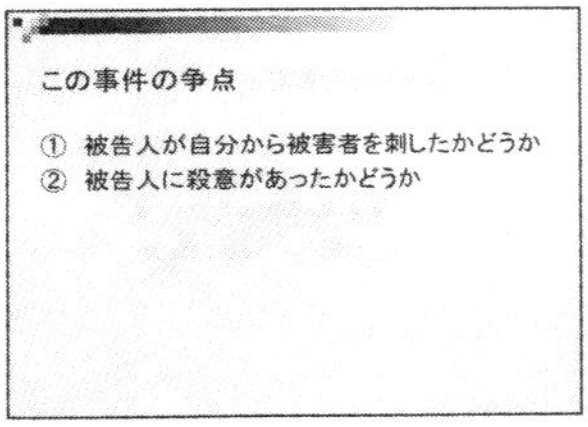
この事件の争点
①　被告人が自分から被害者を刺したかどうか
②　被告人に殺意があったかどうか

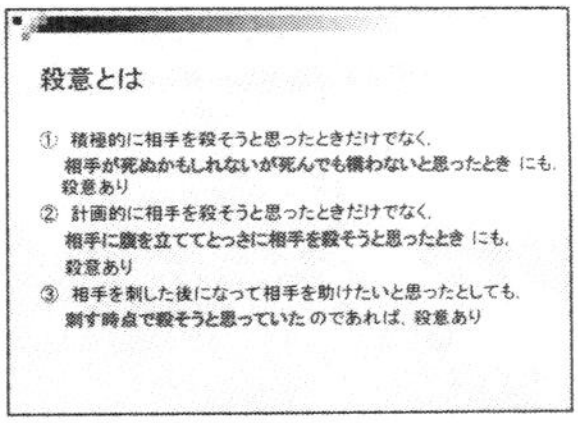
殺意とは
①　積極的に相手を殺そうと思ったときだけでなく、
相手が死ぬかもしれないが死んでも構わないと思ったとき にも、
殺意あり
②　計画的に相手を殺そうと思ったときだけでなく、
相手に腹を立ててとっさに相手を殺そうと思ったとき にも、
殺意あり
③　相手を刺した後になって相手を助けたいと思ったとしても、
刺す時点で殺そうと思っていた のであれば、殺意あり

「分かりやすく効果的な論告の在り方」を示した。過度の情報を盛り込むと裁判員が混乱するので情報は選択することなど多くの点で改善をし、裁判員が「適切な事実認定ができるようにすることが重要」と述べている。

日弁連も〇七年七月の特別研修会などで最終弁論の仕方を根本的に変える必要性を強調している。論告の直後になるため①その場で反論し、論破に全力を尽くす②不利な事実や証拠があっても目をつぶらない③アリバイなど弁護側立証のテーマを裁判員に分かりやすく訴える——という。また裁判員に理解してもらうには、適度な量の情報を順番に整理して述べることが重要だとしている。

（二〇〇七年一二月一五日配信）

38　「犯罪被害者参加人制度」

論告後、量刑など意見陳述――重罰化進むと懸念も

政府は二〇〇八年の政令で、犯罪被害者が刑事裁判に参加する制度を同年一二月ごろまでに実施すると決める見通しだ。裁判員裁判開始(注１)の約半年前、ひと足先に法廷では被害者の参加が始まる。

検察官の論告・求刑の後、被害者が、被告をどのくらいの刑にすべきかなど、起訴事実の範囲内で「事実と法律の適用について」意見を述べることなどができるようになる。日弁連で裁判員制度を担当する細田初男副会長は「法廷に報復感情が表れ、それに突き動かされて重罰化が進まないか、心配だ」と懸念する。

被害者らの意見陳述は二〇〇〇年、犯罪被害者保護二法に盛り込まれた。それまで被害者は証人として検察側、弁護側から聞かれたことに答える立場にすぎなかった。それが変わり、自らの意志で裁判所に申し立て、心情など事件に関する意見を述べることが認められた。意見陳述は〇五年には一〇一七件を数えている。

被害者の法的立場の強化はさらに進み、〇七年の法改正で被害者、配偶者、親族ら「被害者参加人」は傍聴人らと区別され、法廷のバー（柵）の中に入ることになった。被害者参加人から委託を受けた弁護士も地裁が許可すれば参加できる。席は検察官の隣になりそうだ。関与する事件は殺人など裁判員裁判の対象事件とかなり重なる。

被害者参加人は公判に出席し、裁判官が認めれば①情状に関する事実に限った証人への質問②意見陳述のため必要な被告への質問――ができる。ただし検察官が論告をした後の最終意見陳述は証拠にはならず、判決の根拠

被害者参加の制度

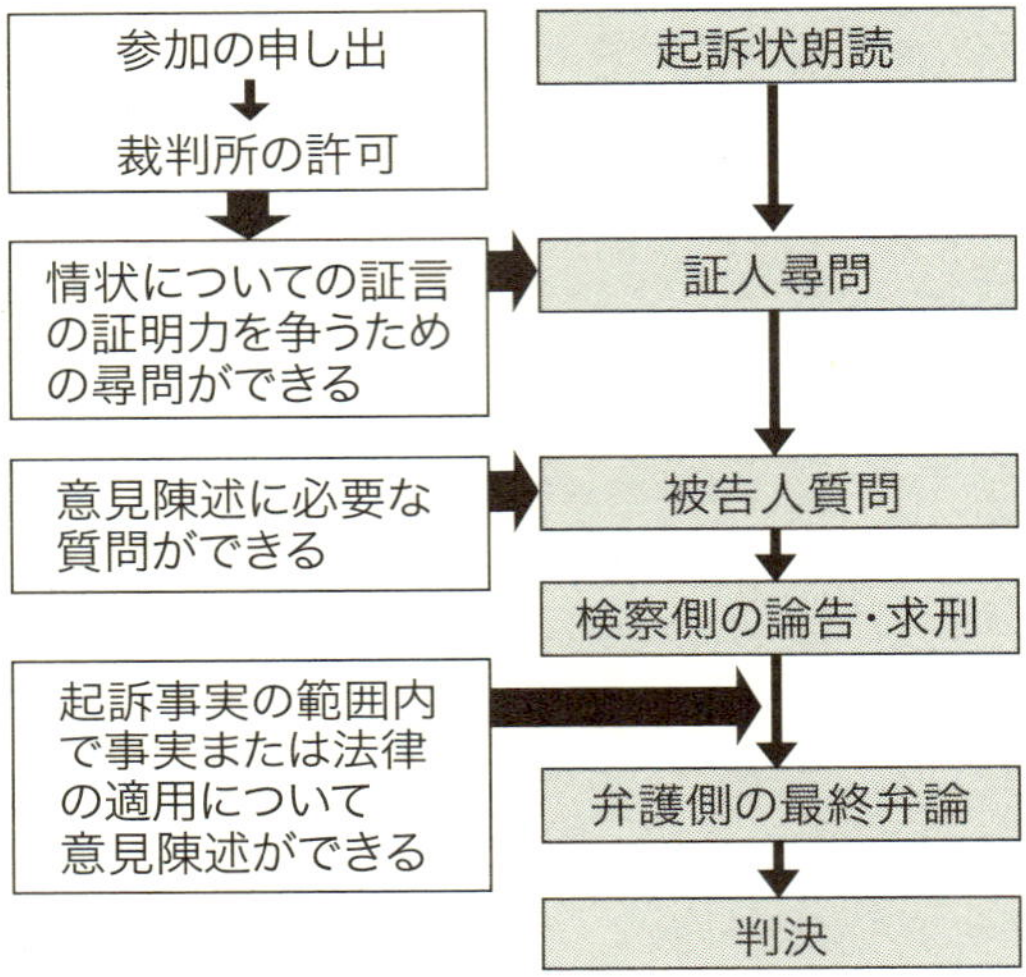

とすることはできない。

この制度と同時に、刑事裁判の中で被害者側が被告に民事の損害賠償も請求できる「付帯私訴」が実施される。有罪の場合、判決を言い渡した裁判官が刑事裁判の記録を使って賠償命令を出す。

刑事事件から民事事件にまでまたがる大きな変革。細田副会長は「弁護士が被害者側の代理人としてかかわることが、被害者参加による混乱を防止する上で最大の制度的保障になる」と話す。円滑に実施できるよう法務省は、被害者参加人に弁護士を頼むだけの資力がない場合、公費で弁護士をつける法案を次の通常国会に提出する予定だ。[注2]

（注1）政府は二〇〇八年四月一五日、裁判員法の施行日を二〇〇九年五月二一日と閣議決定し、政令を公布した。

（注2）犯罪被害者や遺族が刑事裁判で質問などを行う「被害者参加制度」に関連して、被害者らにも国選弁護人をつける制度を導入する改正犯罪被害者保護法・総合法律支援法が二〇〇八年四月一六日、参院で可決、成立した。

（二〇〇七年一二月二二日配信）

39 「評議」

休憩時間などに随時実施――量刑判断はグラフも参考

「今の証言で殺意が認められるか、話しておきましょうか」。休廷になり、法廷から評議室へ戻るとすぐ裁判長が話し掛けた。二〇〇七年一一月、東京地裁で開かれた模擬裁判。三人の裁判官と六人の裁判員はコーヒーなどのドリンクを飲みながら、心証を固める討議を始めた。

裁判官と裁判員が討議することを「評議」と呼ぶ。被告は有罪か無罪かなどについて結論（評決）を出す最終評議だけでなく、休憩時間を活用する中間評議も随時行い、論点ごとに徐々に全体の意見をまとめていく。

被告の最終意見陳述が済み、審理が終わると、最終評議に移る。裁判員には評議で自分の意見を述べなければならない義務がある。話しやすいよう若い人から発言を促される場合が多い。裁判官が先に意見を言うと影響が大きいため裁判官の意見は裁判員の後になる。

裁判員が市民感覚を最も反映できるのは、どのくらいの刑罰が妥当かの量刑判断だ。裁判実務で適用されてきた〝刑罰の相場〟にとらわれず、法律が決めた量刑の範囲内で自由に意見を述べることが期待されている。

しかし判断材料が何もないのも困る。最高裁は、同類型の事件で各地裁が言い渡した刑罰が分かる裁判員用の量刑検索システムを〇八年三月までに開発。(注) 各地裁は、このシステムで集計した量刑分布の棒グラフなど関係資料を印刷し、評議の場に配布する。最高裁事務総局の幹部は「グラフのヤマから大きく離れると、公平な裁判と

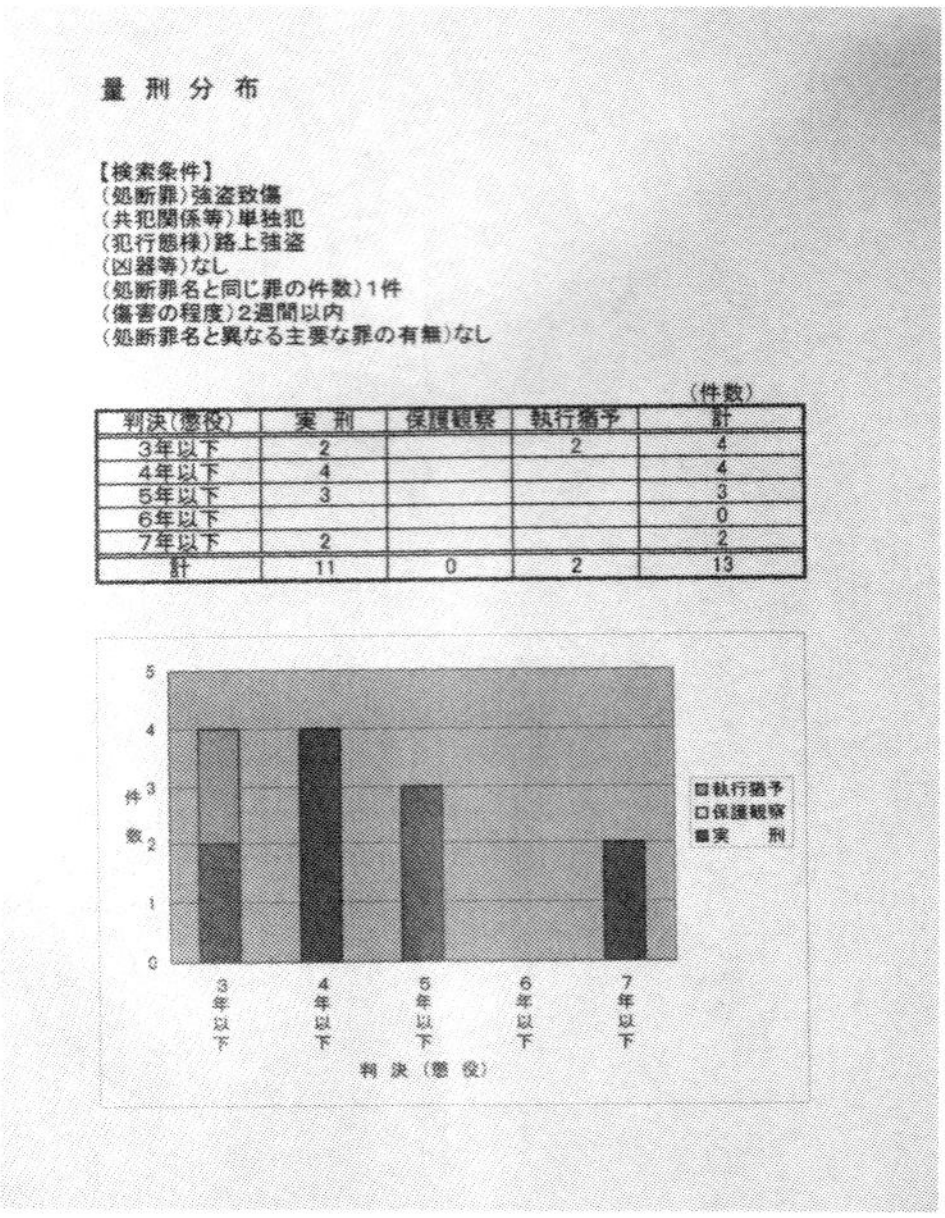
量刑分布

【検索条件】
（処断罪）強盗致傷
（共犯関係等）単独犯
（犯行態様）路上強盗
（凶器等）なし
（処断罪名と同じ罪の件数）1件
（傷害の程度）2週間以内
（処断罪名と異なる主要な罪の有無）なし

（件数）

判決（懲役）	実刑	保護観察	執行猶予	計
3年以下	2		2	4
4年以下	4			4
5年以下	3			3
6年以下				0
7年以下	2			2
計	11	0	2	13

最高裁が裁判員用に配布を予定している、量刑分布の棒グラフなど関係資料のサンプル

言えるか、憲法上の問題になりかねない」と言う。

最高裁によると、模擬裁判の分析で二つの問題点が浮上している。裁判官と裁判員の間の会話が多く、裁判員同士の討議が少ないことが一つ。評議を充実させるには、どのように討議を進めたらいいのかが検討課題だ。

もう一つは、当事者（検察官、弁護人）の立証が不十分なとき裁判官はさらに説明や起訴事実の変更などを求めるかどうか、という難問だ。裁判官がどちらかへ肩入れしていると裁判員に受け取られるのは避けなければならない。現場の裁判官からは「後見人のような手助けをすることは控え、これからは判断者に徹しても良いのではないか」という声が聞かれる。

（注）最高裁の量刑検察システムは二〇〇八年四月からデータ入力が始まった。二〇〇九年五月の裁判員制度スタート時には全国の地裁で利用できる。

（二〇〇七年一二月二九日配信）

40　「評決」

実際には採決は少ない？——五人の賛成で無罪に

裁判官と裁判員は評議の結論（評決）を多数決で決める。裁判官は三人、裁判員は六人が原則だから、この場合は最低でも五票が必要だ。

模擬裁判では意見が割れた結果、採決する場面がよく出てくる。しかし最高裁事務総局の幹部は「それは、限られた時間内に判決をしなければならないからだ」と言う。「実際の評議で裁判官と裁判員がきちんと話をすれば、何人が少数意見なのか分かるし、結論は落ち着くところに落ち着くはず。どうしても納得しない人がいるときは仕方がないが、多数決で決めなければならないケースはほとんどないだろう」と、この幹部。

最近、出版された裁判員制度を批判する本、雑誌などの中には「裁判官三人全員が有罪、裁判員六人全員が無罪の意見だったケースは無罪になる」と指摘し、裁判官の意見を無視するのは憲法違反だとする記述がある。しかし事務総局幹部は「それは誤解。刑事裁判では検察官の起訴事実が証明されたかどうかが問題であり、『証明されていない』という意見が過半数ならば、裁判官の賛成がなくても、無罪になるのは当然」と説明する。

無罪判決とは違い、有罪の評決は裁判員だけの多数ではできない。裁判員法が評議の多数決は「裁判官と裁判員の双方の意見を含む過半数」としているからだ。少なくとも裁判官一人の賛成が有罪の条件になる。

被告が有罪と決まった場合、どのくらいの刑罰を科すかの多数決の仕組みは、やや複雑だ。裁判員法は「裁判

評決の仕組み

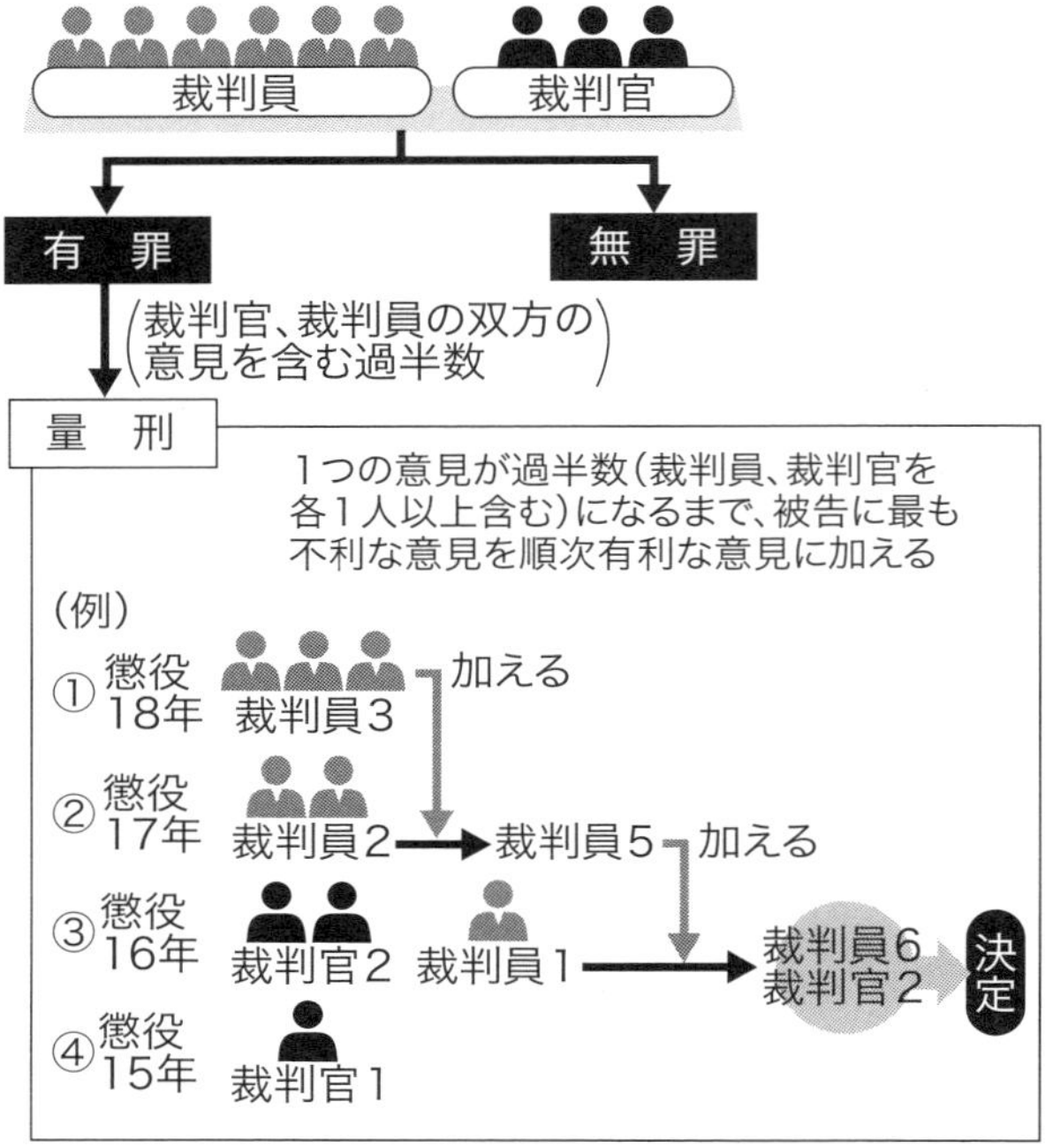

官と裁判員の双方の意見が含まれた意見が過半数になるまで、被告に最も不利な意見の数を順次利益な意見の数に加え、その中で最も利益な意見による」としている。

例えば殺人事件で懲役一八年が裁判員三人、一七年が裁判員二人、一六年が裁判官二人と裁判員一人、一五年が裁判官一人に割れた場合、まず被告に最も不利な一八年の三人を一七年の二人に加える。これで一七年は五人の過半数となるが、その中には裁判官がいない。そこで一六年の三人をさらに加えると、裁判員六人、裁判官二人の八人で条件を満たし、被告は懲役一六年と決まる。

（二〇〇八年一月五日配信）

41「部分判決」

事件ごと裁判員を選び審理——あくまで例外の位置付け

裁判員法はまだ制度が実施されないうちに重要な改正が行われた珍しい法律だ。連続殺人のように複数の事件で被告が起訴されたケースでは、事件ごとにそれぞれ裁判員を選んで審理（区分審理）し、その事件に限った「部分判決」を言い渡せることになった。

同じ裁判員がすべての事件を担当すれば審理は長期化し、裁判員の引き受け手が少なくなる。区分審理で負担を軽減、裁判員の選任をスムーズにしようという狙いだ。最高裁事務総局のある判事は「検察官がどれだけ起訴してくるかにもよるが、部分判決はあくまで例外的という位置付け。ただし連続的な性犯罪などは件数が多いと罪が重くなるので、そういう事件には使わざるを得ないかもしれない」と話す。

区分審理をするかどうかは公判前整理手続きの際、検察側、弁護側の請求か職権で地裁の裁判官が決定する。例えばＡ、Ｂ、Ｃの三事件がある場合、まずＡ事件の裁判員を選び、有罪か無罪かだけを判断して部分判決を言い渡す。判決文には犯行の動機など量刑判断の参考となる事実を記載できる。続いてＢ事件の裁判員を選んで同様に判決。最後にＣ事件でも有罪か無罪かを判断した後、Ａ、Ｂ両事件の部分判決を踏まえて量刑を決め、全体判決を言い渡す。

三事件は同じ裁判官三人が担当する。部分判決に対しては検察側、弁護側とも控訴ができない。

部分判決制度

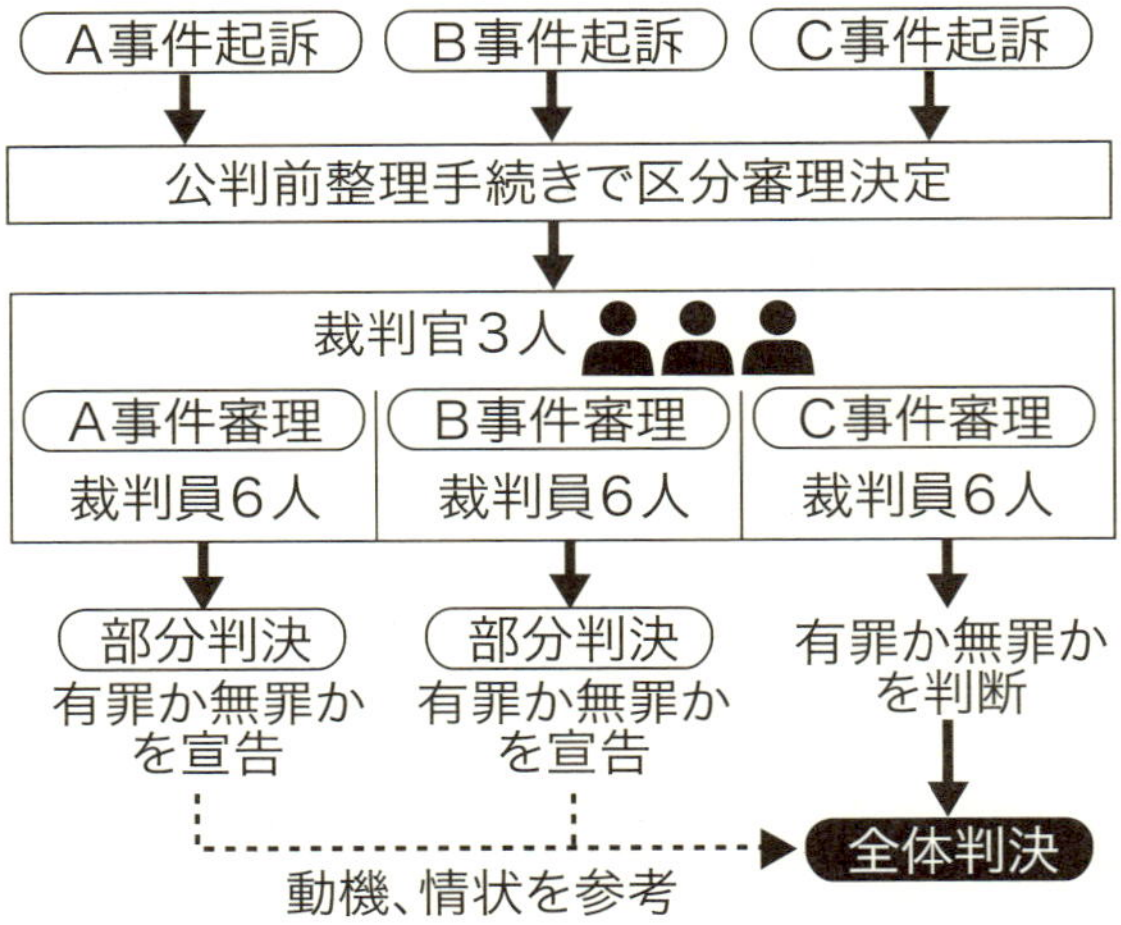

実際に部分判決は使われるのだろうか。各事件の証拠を補充し合うことで全体として有罪の判断が期待できるようなケースでは、検察側が反対するに違いない。逆に、一つの事件で違法収集の疑いが濃厚な証拠があり、それを根拠に無罪を主張しようとする場合は、弁護側が反対するだろう。

区分審理の決定に検察側、弁護側は即時抗告ができる。裁判官の訴訟指揮が強硬過ぎると、かえってその後の手続きが紛糾する恐れもある。

新倉修・青山学院大法科大学院教授は区分審理を料理に例え、「〝フグは食いたし命は惜しい〟という矛盾が前提になっている」と指摘、「裁判員は全体像が実感できないまま切り身を食べさせられるようなものだ。一尾の生きの良い尾頭付きの魚を賞味するという裁判本来の在り方が損なわれる」と懸念している。

（二〇〇八年一月一二日配信）

42 「判決」

「革命的に」変わる判決書──理由も簡潔に

裁判員制度の下での評議、判決の在り方を明らかにした最高裁試案が二〇〇五年一一月、法律雑誌『判例タイムズ』に掲載された。試案には、数年後に見られるだろう判決書の一例が添えられている。今までならA四判で数十ページになると予想される殺人事件の判決だが、分量は二ページしかない。

最高裁事務総局のある判事は「裁判員を交えた評議は従来の裁判官だけの場合と様子が違ってくるし、長い時間をかけるわけにもいかない。詳細な判決理由を書くのは無理であり、簡潔になるのは確実。革命的と言ってもよいほど変わるのではないか」と話す。

判決書例には被告の氏名などの個人情報のほか主文と理由が記載されている。理由の中身は起訴事実、証拠の目録、補足説明、量刑の理由などに分かれ、補足説明では争点と裁判所の判断が記される。検察官と弁護人の氏名が載るが、裁判員の個人情報は伏せられる。

裁判官の中には、「刑事訴訟法上、判決書に求められるのは主文と証拠の目録だけ」と指摘し、「これでも詳し過ぎる」という意見もある。しかし「検察側、弁護側が控訴理由を書ける程度の簡明な理由は必要」とする意見の方が多いようだ。

判決は評議がまとまり次第、その日のうちにも言い渡される。事実認定が微妙な事件では、別の日を指定する

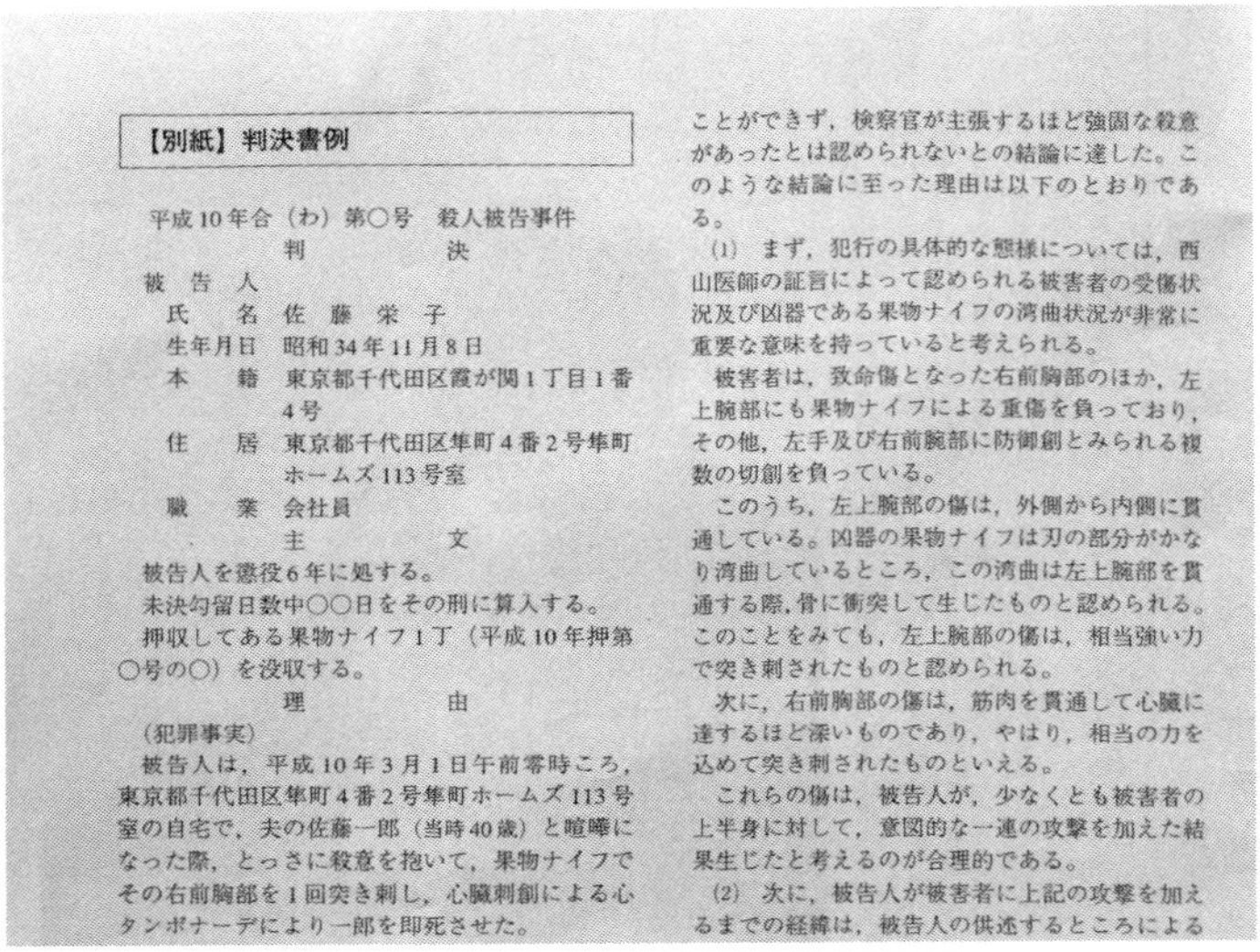

【別紙】判決書例

平成10年合（わ）第○号　殺人被告事件

判　　決

被告人

氏　名　佐藤栄子

生年月日　昭和34年11月8日

本　籍　東京都千代田区霞が関1丁目1番4号

住　居　東京都千代田区隼町4番2号隼町ホームズ113号室

職　業　会社員

主　　文

被告人を懲役6年に処する。

未決勾留日数中○○日をその刑に算入する。

押収してある果物ナイフ1丁（平成10年押第○号の○）を没収する。

理　　由

（犯罪事実）

被告人は，平成10年3月1日午前零時ころ，東京都千代田区隼町4番2号隼町ホームズ113号室の自宅で，夫の佐藤一郎（当時40歳）と喧嘩になった際，とっさに殺意を抱いて，果物ナイフでその右前胸部を1回突き刺し，心臓刺創による心タンポナーデにより一郎を即死させた。

ことができず，検察官が主張するほど強固な殺意があったとは認められないとの結論に達した。このような結論に至った理由は以下のとおりである。

(1)　まず，犯行の具体的な態様については，西山医師の証言によって認められる被害者の受傷状況及び凶器である果物ナイフの湾曲状況が非常に重要な意味を持っていると考えられる。

被害者は，致命傷となった右前胸部のほか，左上腕部にも果物ナイフによる重傷を負っており，その他，左手及び右前腕部に防御創とみられる複数の切創を負っている。

このうち，左上腕部の傷は，外側から内側に貫通している。凶器の果物ナイフは刃の部分がかなり湾曲しているところ，この湾曲は左上腕部を貫通する際，骨に衝突して生じたものと認められる。このことをみても，左上腕部の傷は，相当強い力で突き刺されたものと認められる。

次に，右前胸部の傷は，筋肉を貫通して心臓に達するほど深いものであり，やはり，相当の力を込めて突き刺されたものといえる。

これらの傷は，被告人が，少なくとも被害者の上半身に対して，意図的な一連の攻撃を加えた結果生じたと考えるのが合理的である。

(2)　次に，被告人が被害者に上記の攻撃を加えるまでの経緯は，被告人の供述するところによる

2005年11月発行の法律雑誌「判例タイムズ」で紹介された最高裁試案の判決書例

ことになりそうだ。

言い渡しには裁判員も同席する。ただし裁判員法では、裁判員が出廷しなくても言い渡しはできるとされている。離島など遠方から来る裁判員の負担を考えての措置だ。

判決書は裁判官が作成する。即日判決のときは評議のメモを基に言い渡し、判決書は後日、関係者に交付する。期日を別に指定したときは、判決書を作成しておき、当日、裁判員に示して了解を得ることになりそうだ。

記されるのは多数意見だけ。最高裁事務総局の判事は「少数意見を記すと、裁判員法が定めている『評議の秘密』を守る義務に抵触する恐れがある」と説明する。しかし憲法学者の間では「最高裁の判決には少数意見が明記されており、下級審で少数意見を明らかにしないというのは判決書の唯一の在り方ではない」という批判もある。

（二〇〇八年一月一九日配信）

43 「任務の終了」

原則は判決言い渡しまで――評議の秘密漏らせば解任

裁判員の任務は判決言い渡しで終了するのが原則だ。このほかに、審理する事件が裁判員裁判の対象事件でなくなったり、裁判官だけで審理することが決まったりした場合にも任務は終わる。部分判決のときも同じだ。ただし任務の途中でも、裁判員が評議の秘密を外部に漏らすなどしたときには、地裁の決定で解任されることがある。

裁判員法によると、検察官、被告、弁護人は裁判員、補充裁判員が①法廷へ来なかった②宣誓を拒んだ③選ばれる資格がないことが判明した④法廷で裁判長の指示に従わなかった――などの場合に解任を求めることが可能だ。地裁は職権で解任を決定できる。

また、選任手続きで、うその回答をしたことが判明したときや、選任後に被告の友人と分かるなど「不公平な裁判」をする恐れがあることが明らかになったときなどには、裁判長が地裁へ理由を付けて通知する。地裁は別の合議体で判断し、解任を決定できる。

裁判員、補充裁判員が重病になったり、急に冠婚葬祭や仕事上の重要な用務などで地裁へ来られなくなったりした場合は辞任の申し立てができ、地裁が解任を決定する。

国民参加を行っている海外の国々では、陪審員や参審員の経験者がこれから任務に就く人の相談に乗り、支援などをする組織ができている。

裁判官一人と参審員三人で比較的軽い刑事事件の裁判を担当しているフィンランドにも、その組織がある。ヘルシンキ地裁を二〇〇二年に訪れたとき、参審員の経験者で組織する「参審員協会」の女性会長、ルル・ネノネン(LULU・NENONEN)さんは「慣れない裁判と取り組む中で自分たちが味わったさまざまな体験を生かしてもらうことがとても大事」と話した。この協会は参審員を相手に年七回程度の研修会を開き、刑務所や警察署の訪問、犯罪・薬物に関する勉強会などを行っていた。

日弁連の市民会議でも「裁判員協会」(仮称)とでも呼ぶような組織づくりが提案されている。裁判員として味わった悩み、充実感などさまざまな経験の伝達と、これから裁判をする人たちへの支援に取り組む組織は重要だ。真剣に検討してもよい課題ではないか。

(二〇〇八年一月二六日配信)

44 「控訴・上告」

国民参加の判断を覆せるか――難しい控訴審の判断

「控訴審の問題は最も難しい」。最高裁刑事局の判事がこう指摘する。裁判官の間では「国民参加で行った事実認定を、高裁が事実調べもせずに審理できるか」という疑問がかなりあるという。

地裁の判決に不満な検察側、弁護側は高裁へ控訴できる。高裁では三人の裁判官だけで原判決の是非を審理。ある地裁の所長は「同種の事件でも、それぞれの人が良心に基づいて判断するのだから、地裁によって、どの程度の刑にすべきかの判断などにばらつきはあり得る。違いが大き過ぎれば是正していたのが控訴審であり、その機能は今後も残る」と言う。

裁判員制度になっても高裁が裁判官だけで原判決をチェックすることに変わりはない。しかし地裁の事実認定は裁判員が加わった上での結論だ。それを裁判官だけで覆してよければ、わざわざ国民が加わる意味はない。

海外では控訴審にも国民参加を導入している国がある。フランスでは日本の高裁レベルに相当する重罪院が重大事件を三人の裁判官と九人の国民（参審員）で審理するが、二〇〇〇年から控訴審は別の重罪院で参審員を一二人に増やして行うことにした。

〇四年のパリ重罪院。法廷が終わった後、ある司法官は重罪事件の控訴について「国民が参加して下した結論を裁判官だけでは覆せない。しかしもっと多い人数で原判決を点検するならば、その判決は国民に納得してもら

元宮殿の建物を利用しているパリ重罪院＝ 2004 年 11 月

える」と説明した。

日本では国民の負担に配慮して控訴審への参加は見送られた。裁判員裁判は地裁だけで行われるため地裁判決は従来よりもずっと重みを増す。高裁は事実認定が妥当でないと考えた場合、自ら判決をせず、地裁へ差し戻す公算がかなり大きい。

差し戻し審は新たに裁判員を選んで行われる。しかし何を根拠に後の判決の方が正しいと言えるのかなどの問題が残る。

国民参加は検察側の控訴の在り方にも影響する。検察首脳は「裁判員が加わった判断である以上、国民を納得させられる理由がなければ控訴はできない」と話している。

高裁判決に納得できなければ、重大な事実誤認、憲法違反などを理由に最高裁へ上告できることに変わりはない。

（二〇〇八年二月二日配信）

45　「裁判員の保護」

個人特定情報の公表を禁止――判決書にも記載せず

「どこの誰かは教えられないのです」。二〇〇四年、フランスのパリ重罪院。国民から選ばれて刑事裁判に参加する参審員の身元を書記官に尋ねたとき、すまなさそうな表情で断られた。法廷入り口の廊下の壁に張り出されている開廷表を見ても裁判官の氏名はあるが、参審員の氏名はない。

国民参加を行っている海外諸国では個人情報の保護法令を定めているところが多い。外部からの不当な干渉を避け、公正な裁判が行われるようにするとともに、陪審員や参審員らの身の安全を確保するためだ。

日本の裁判員制度でも裁判員らの個人情報は保護される。裁判員法は裁判員、補充裁判員、裁判員候補者、裁判員候補予定者の「氏名、住所その他の個人を特定するに足りる情報」を公にすることを禁じている。

このため裁判員選任手続きの際、候補者は「一番さん」などと受け付け番号で呼ばれる可能性がある。もちろん裁判員、補充裁判員が選任された後、評議のときに自己紹介するなどして、氏名を呼び合うことは許される。しかし個人情報は裁判関係者の秘密事項であり、裁判員らの氏名などは判決書にさえ記載されないことになりそうだ。

過去にこれらの職を務めた人についても個人情報は公表してはならないのが原則だ。しかし任務終了後は、本人が同意するなら公表してもよい。

別記様式（第12条関係）

平成　　年　裁判員候補者名簿

地方裁判所

番　号	市町村コード	選管ごと通し番号	氏　名	住　所	生年月日

最高裁が規則で定めた裁判員候補者名簿の書式

全国の各地裁は二〇〇八年八月ごろ、管内の市町村選挙管理委員会に裁判員候補者名簿の作成を依頼する。最高裁が規則で定めた書式では、名簿に載るのは氏名、住所、生年月日だけ。性別、職業などは分からない仕組みだ。

裁判員法には「裁判員の氏名等漏示罪」がある。現職の検察官、弁護人、被告が正当な理由なしに①裁判員候補者の氏名②裁判員候補者が裁判所から送られてきた質問票に記入した内容③裁判員らの選任手続きでの裁判員候補者の陳述内容――を外部に漏らすと、一年以下の懲役か五〇万円以下の罰金とされている。かつて検察官、弁護人、被告であった者も同様だ。

裁判員らには「職務上知り得た秘密」を守る義務があり、他の裁判員らの個人情報を漏らせば、守秘義務違反で処罰されることになる。

（二〇〇八年二月九日配信）

46「接触の規制」

面談、電話、メールを禁止――解雇などの不利益も

裁判員が参加して刑事裁判が適切に行われるには、裁判員が不安を覚えたり、危害にさらされたりすることなく、安心して職務を果たせなければならない。このため裁判員法は裁判員らの個人情報を保護するほかに二つの措置を定めている。

第一は「裁判員等に対する接触の規制」だ。現職の裁判員、補充裁判員、区分審理の選任予定裁判員に担当事件に関して接触してはならない。任務を終えた裁判員、補充裁判員にも、事件関係者のプライバシーなど「職務上知り得た秘密を知る目的で」接触することは禁じられている。

ここで「接触」というのは面会に限らない。電話をかけたり、メール、ファクスを送ったりする行為もすべて含まれる。

米国では二〇〇四年、人気歌手マイケル・ジャクソン被告の裁判に多数の記者、カメラマンが押し掛けたことから、裁判長が被告ら関係者にメディアとの接触を禁じる命令を出すなどしている。

日本でも裁判員法に基づき関係者へ強く要請される可能性がある。しかし裁判員法では接触禁止の違反に刑事罰はない。

第二は、労働者が裁判員の職務を行うのに必要な休暇を取るなどを理由として事業主が解雇など「不利益な取

裁判員らの保護措置

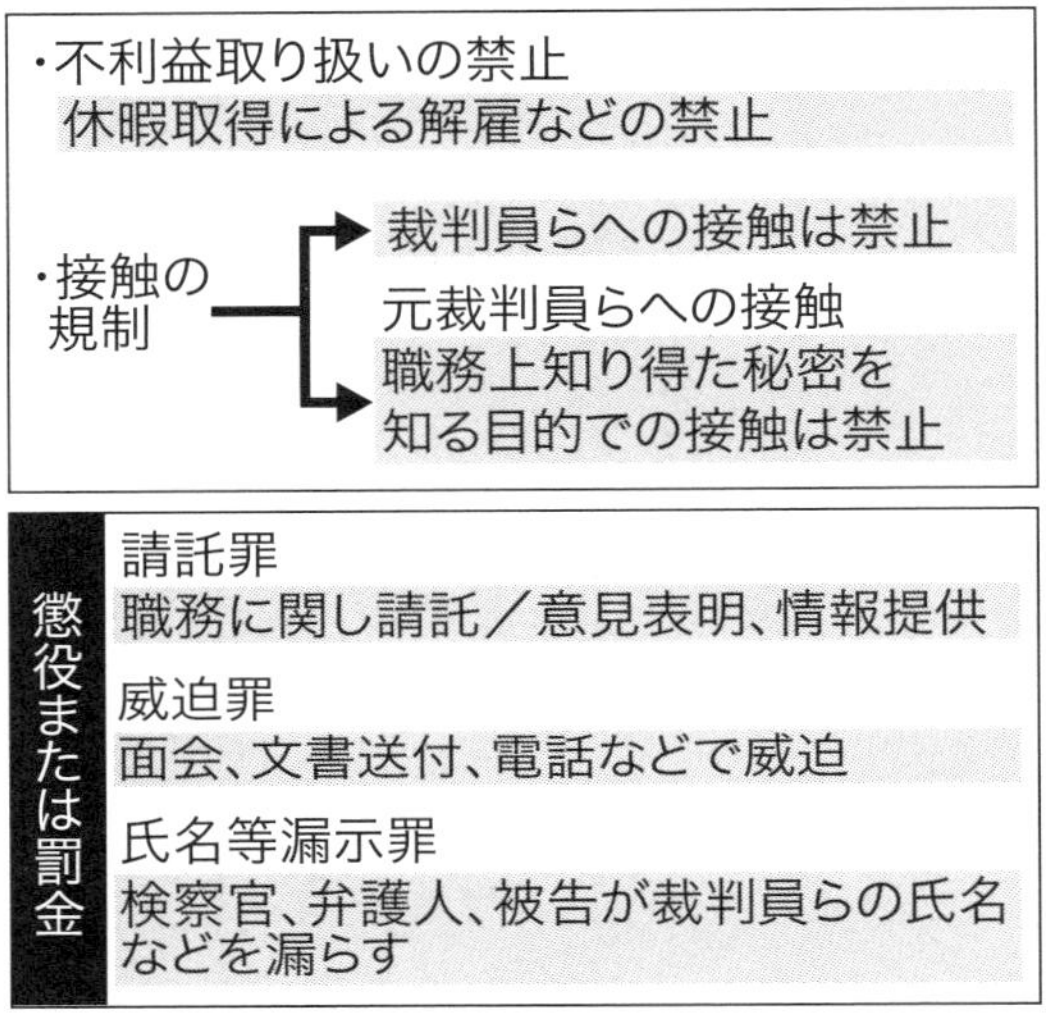
・不利益取り扱いの禁止
休暇取得による解雇などの禁止
・接触の規制
裁判員らへの接触は禁止
元裁判員らへの接触
職務上知り得た秘密を知る目的での接触は禁止
懲役または罰金
請託罪
職務に関し請託／意見表明、情報提供
威迫罪
面会、文書送付、電話などで威迫
氏名等漏示罪
検察官、弁護人、被告が裁判員らの氏名などを漏らす

り扱い」をしてはならないことだ。この規定は現職の裁判員、補充裁判員だけではなく、既に裁判員、補充裁判員の職務を終えた人や裁判員候補者にも適用される。この規定違反にも刑事罰はない。

処罰されるのは、公正な裁判をゆがめる場合だ。裁判員や補充裁判員、選任予定裁判員に有利な裁判をしてもらおうと働き掛けるなど、職務に関する請託（特定行為の依頼）をすると懲役か罰金とされている。審理に影響を及ぼす目的で事実の認定、量刑などについて意見を述べたり、情報を提供したりした者も同様に処罰を受ける。

また面会などによって現職の裁判員、補充裁判員、その親族を不安に陥れ、困惑させる行為（威迫）をしたら、それも懲役か罰金に処される。威迫行為は裁判員、補充裁判員の任務を終えた人や、まだ裁判員候補者にすぎない人、その家族に行うことも禁じられ、処罰される。

（二〇〇八年二月一四日配信）

47 「報道の指針」

自白報道配慮を判事が要請――新聞協会は取材・報道指針

「憲法が保障する報道の自由は大変重要だが、公正な裁判の保障も大切だ。双方のバランスを図るにはメディアの側が配慮をし、報道のガイドラインを作るのが重要ではないか」。最高裁刑事局総括参事官の平木正洋判事が問題提起した。

二〇〇七年九月、福井市で開かれたマスコミ倫理懇談会全国協議会の全国大会。平木判事は被告の自白などについての報道が行われると「容疑者・被告イコール犯人」という印象が刷り込まれ、容疑者・被告は有罪判決が確定するまで無罪と推定される刑事裁判の原則が無意味になるという。

懸念が表明されたのは①捜査機関から得た情報②自白の内容③被告の弁解は不合理という指摘④被告を犯人視する報道⑤前科・前歴⑥被告の生い立ちや対人関係の報道⑦有識者・専門家のコメント――の七項目。

報道への懸念が最高裁側から公の席で述べられたのは恐らく初めてだ。日本新聞協会（新聞、通信、放送各社が加盟）では〇七年春から、ガイドライン作りの議論を始めていたが、その後、作業は加速した。

新聞協会は〇八年一月「裁判員制度開始にあたっての取材・報道指針」を公表した。まず「公正な裁判と報道の自由の調和」を図るという基本姿勢を表明。事件報道には真相解明などの意義があることを確認した上で①容疑者の供述内容がすべて真実との印象を与えないよう十分配慮する②容疑者のプロフィルは事件の本質、背景を

マスコミ倫理懇談会の全国大会で、マイクを握り、事件・事故の報道について七項目の懸念を説明する最高裁刑事局総括参事官の平木正洋判事（奥左から３人目）＝ 2007 年 9 月 27 日、福井市

理解する上で必要な範囲で報じる③識者コメントは被疑者が犯人との印象を植え付けることのないよう十分留意する——としている。

民放テレビ各社がメンバーの民放連も翌日、従来の報道指針を補足する八項目を公表、一定の配慮を表明した。一方、日本雑誌協会は「ルール作りが必要とは考えていない」としている。

新聞協会の指針について山田健太・専修大学准教授（言論法）は「犯人視報道の危険性を認め、具体的な改善点を明らかにした」と評価する。しかし「警察や検察が、事件・裁判報道の大目的である権力チェックの対象であると同時に、実際は報道の主たる情報源であるという矛盾を具体的にどう解消していくのかが、今後、報道各社に問われる」と話している。

（二〇〇八年一月二一日配信）

48 「被告の服装」

ジャケットを被告に貸与——革靴に見えるサンダルも

「一九九〇年代半ばのこと。ある裁判を傍聴したところ、被告が手錠、腰縄付きの姿で入廷する姿を見て、大変ショックを受けた。ジャージの上下姿は、背広を着た検察官や弁護人に比べて、明らかにみじめな服装だった」

漫画「家栽の人」などの作品がある作家、毛利甚八さんは「そのような姿で裁判に引き出されている状況そのものが、被告は有罪の判決が確定するまで『無罪の推定』を受けるという原則を踏みにじっている」と話す。

公判では裁判官が着席した後、拘置所の刑務官が被告を連れて入廷する。手錠を外し、被告の腰に付けていた縄を解いて被告席に座らせてから、裁判長が開廷を宣言する。男性被告はサンダル履きで、拘置所に拘束されているときのジャージ姿のまま審理を受ける。

裁判員制度が始まったとき、被告の服装、身だしなみをどうしたものか、法務省、日弁連を中心に協議が続いている。関係者の話では①入廷前に地裁の別室で男性にはジャケット、ズボンを貸し、着用させるなど、被告の服装を一般人に近いものにする②着席位置は弁護人のすぐ近くにする——ことになりそうだ。

ただし「ネクタイ、ベルト、靴などを認めると逃亡、自殺の道具に使われる恐れがある」として、法務省が強い難色を示していることから、革靴のように見えるサンダルを使う方向だという。

日弁連の「市民会議」は二〇〇五年、委員をしていた毛利さんの呼び掛けで会長あてに要望書を提出、裁判員が被告の外見から受ける印象で心証をゆがめられることなく「中立で公平な判断ができる環境を整備する」よう改善を求めた。要望書は①被告が希望する服装、理美容で裁判を受けられるようにする②被告と弁護人のコミュニケーションを保障する観点から法廷内での着席位置と刑務官の配置を再考する――という二つを要望した。

毛利さんは「判決が下されていない以上、服装は被告の日常生活と変わらない、誇りを保てるものにするべきだ。服装を改善することは、裁判員が被告に対する偏見や予断を持つことを防いでくれる」と話している。

（二〇〇八年二月二八日配信）

49　「問われる捜査」

四月から六〇地検に試行拡大――取り調べのＤＶＤ録画

東京地裁で二〇〇八年二月に開かれた夫殺害事件の公判で、検察側が、被告の自白部分などが記された捜査段階での供述調書の証拠請求をほぼ全部取り下げた。「犯罪事実は被告人質問で十分立証できた」と検察幹部は説明する。極めて異例の撤回だ。裁判員制度の実施に備え、「裁判を迅速にするための一環」だという。最高検が〇七年まとめた捜査・公判対策の「検察試案新版」に基づく措置であり、全国の地検が同様の対応をとるとみられる。

最高検は〇六年七月、東京、大阪など主な地検で取り調べの一部をＤＶＤに録音・録画する試行を始めた。〇八年二月に公表した「中間取りまとめ」は「供述が任意に行われたことを立証する手段としての有効性が認められる」と評価し、真犯人の適切な処罰に向けた「取り調べの機能」の確保も「おおむね可能」だとしている。四月からは裁判員裁判の対象事件を扱う全国六〇の地検に試行を拡大する予定だ。

検察当局の立証活動の変化は大きい。それが波及し、今後、警察の捜査の在り方も見直しを迫られる可能性が出てきた。

警察庁は一月、「警察捜査における取り調べ適正化指針」を公表、裁判員の心証形成に役立つよう、捜査手続きに「一層の適正性の確保が求められている」と述べた。

指針は①深夜や長時間にわたる取り調べは避けることを犯罪捜査規範に盛り込む②警察本部の総務・警務部門

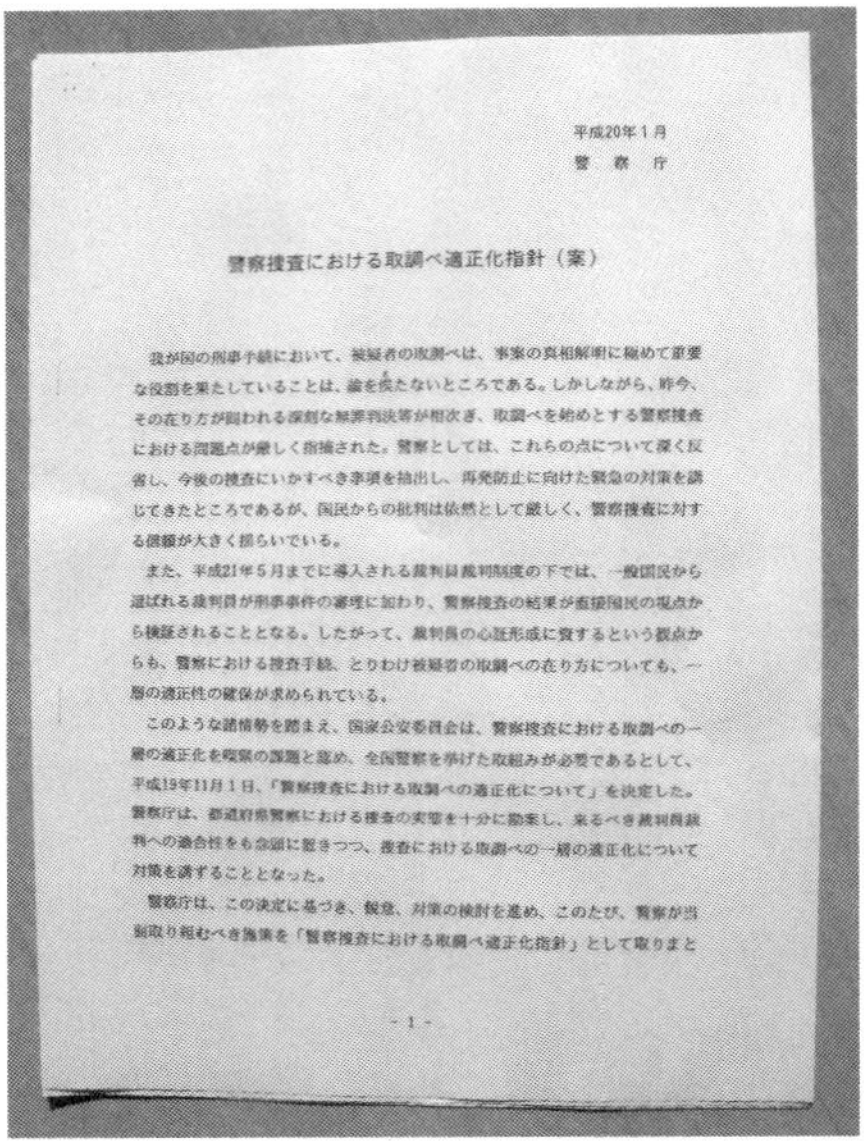

平成20年1月
警 察 庁

警察捜査における取調べ適正化指針（案）

我が国の刑事手続において、被疑者の取調べは、事案の真相解明に極めて重要な役割を果たしていることは、論を俟たないところである。しかしながら、昨今、その在り方が問われる深刻な無罪判決等が相次ぎ、取調べを始めとする警察捜査における問題点が厳しく指摘された。警察としては、これらの点について深く反省し、今後の捜査にいかすべき事項を抽出し、再発防止に向けた緊急の対策を講じてきたところであるが、国民からの批判は依然として厳しく、警察捜査に対する信頼が大きく揺らいでいる。

また、平成21年5月までに導入される裁判員裁判制度の下では、一般国民から選ばれる裁判員が刑事事件の審理に加わり、警察捜査の結果が直接国民の視点から検証されることとなる。したがって、裁判員の心証形成に資するという観点からも、警察における捜査手続、とりわけ被疑者の取調べの在り方についても、一層の適正性の確保が求められている。

このような諸情勢を踏まえ、国家公安委員会は、警察捜査における取調べの一層の適正化を喫緊の課題と認め、全国警察を挙げた取組みが必要であるとして、平成19年11月1日、「警察捜査における取調べの適正化について」を決定した。警察庁は、都道府県警察における捜査の実態を十分に勘案し、来るべき裁判員裁判への適合性をも念頭に置きつつ、捜査における取調べの一層の適正化について対策を講ずることとなった。

警察庁は、この決定に基づき、鋭意、対策の検討を進め、このたび、警察が当面取り組むべき施策を「警察捜査における取調べ適正化指針」として取りまと

- 1 -

警察庁が公表した「警察捜査における取り調べ適正化指針」

に担当課を設置し、取り調べ状況を監督・監視する③取調室に透視鏡を設け、担当者が内部の状況を確認する――と定めた。容疑者の体に触れることや「有形力」の行使などは「監督対象行為」と規定し、それが確認された場合は中止させ、懲戒処分にすることもあるとしている。

警察庁の米田壮・刑事局長は「裁判員裁判が始まるまでには、透視鏡の設置を除き、指針を完全実施する」と言う。透視鏡も予算が付き次第、全国の警察署などにある約一万の取調室全部に順次、設置していく方針だ。

取り調べの録音・録画は日弁連が強く要求している。米田局長は「全過程をＤＶＤ録画するのは、事件関係者のプライバシーが記録されてしまう恐れなどがあって無理だが、議論を避けては通れない」と話している。

（二〇〇八年三月六日配信）

50 「見直し規定」

実施までに四つの重要課題――審理見直し、環境整備など

裁判員法は付則で、施行後三年を経過したときに検討を加え、必要なら措置を取るとしている。国会の審議で、見直し条項と施行に向けた環境整備が明記されるなど、重要な修正が政府案に加えられた。運用状況を見て、具合の悪いところは手直しする趣旨だが、裁判員制度に反対する人々は制度廃止に動くタイミングとみている。

最高裁の小川正持・刑事局長は実施まで約一年に迫った時点での重要課題は①争点をはっきりさせ、証拠を本当に必要なものに絞って審理期間を短くし、分かりやすい刑事裁判を実現する②国民の負担に配慮した適切で円滑な裁判員らの選任手続きにする③国民の幅広い参加を得るため広報活動を行う④国民に参加してもらえる環境整備を進める――の四つだという。「制度改革なので、はじめから理想的で問題点は何もないということは考えられない。長い目で見てほしい」と小川局長。

国会では二〇〇四年、裁判員法の可決に際し「（裁判員らの）守秘義務の範囲の明確化や裁判員に分かりやすい立証・説明等の工夫」をし、制度の趣旨が十二分に生かされる運用となるよう政府と最高裁に格段の配慮を求めるという付帯決議をした。裁判員法の付則には国が環境整備を行う努力義務が書き込まれた。

厚生労働省は〇八年三月一一日付で、子育て期の保護者が裁判員を引き受けられるよう全国の自治体に一時保育などで積極的な対応をとることを依頼する事務連絡文書を送った。一時保育は保護者の急病時などに市町村の

米カリフォルニア州の地方裁判所（右）と連邦大陪審（起訴陪審）の「陪審員ハンドブック」

責任で一時的に就学前の子供を保育所などで預かる制度だ。約六七〇〇カ所の保育所が実施している。経費は平均一日約二〇〇〇円。裁判員の日当（上限一万円）の範囲でまかなえる。

しかし環境整備はまだ十分とは言えない。米国には、被告は有罪判決が確定するまでは無罪だとされる「無罪の推定」をはじめ刑事裁判の原則の解説や法廷での注意事項を記した「陪審員ハンドブック」がある。日本でも裁判員用小冊子や制度を説明するＤＶＤが必要だ。

小川局長は「きちんと準備すれば、参加の障害が減り、国民に理解もしていただける。来春、良いスタートを切り、法曹三者と国民が育てていけば、きっと良い制度になる」と話している。

（二〇〇八年三月一三日配信）

第３章　裁判員制度の詳細

第1節　裁判員制度の基本構造

第1．合議体の構成

(1) 原則的合議体と例外的合議体

裁判員が参加する刑事裁判は「裁判員裁判」と呼ばれる。裁判員制度の紹介は第1章、2章で一応終わってはいるが、連載は一本の記事に費やせる字数が九〇〇字前後に限定されている。本章では、その内容をもう少し詳しく紹介し、新しいこの制度がどのように、より良い刑事裁判の実現に寄与し、また、どのような問題点を抱えているか、について私の考えを述べてみたい。第1章と第2章を踏まえ、さらに問題と考えられる点に踏み込んで、裁判員制度の骨格とその課題を取り上げることとする。

裁判員裁判が実施されるのは一審、つまり全国の地方裁判所本庁五〇カ所（都道府県庁所在地と函館、旭川、釧路）と主な支部一〇カ所［郡山（福島県）、八王子（東京都）、小田原（神奈川県）、沼津（静岡県）、浜松（静岡県）、松本（長野県）、岡崎（愛知県）、堺（大阪府）、姫路（兵庫県）、小倉（福岡県）］で行われる刑事裁判だけとされている（裁判員の参加する刑事裁判に関する規則第二条）。年間の事件数が多く、裁判官や職員も揃っている規模の大きな地方裁判所に限られた。今まで、これ以外の支部にかかっていた事件は、これらの本庁・支部へ移して裁判が行われる。全国八カ所の高等裁判所へも裁判員制度を導入する意見があったが、他県から通わなければならない国民の負担などを考慮して、見送られた。高等裁判所、最高裁判所では裁判員裁判は行われない。

裁判員が参加する合議体は「裁判官の員数は三人、裁判員の員数は六人とし、裁判官のうち一人を裁判長とする」とされている（裁判員法第二条第二項）。

ただし、「裁判官一人に裁判員四人」の〝小さな法廷〟を設けることもできる。第一回公判期日前の準備手続（公判前整理手続）の結果、①被告人が公訴事実を認めていて、②検察側、弁護側双方に異議がなく、③事件の内容等を考慮して裁判所が適当と認める――という三つの条件が整っているときは、裁判所の判断によって〝小さな法廷〟で取り扱ってもよいとされている（裁判員法第二条第三項から第七項）。

裁判員制度・刑事検討会の委員を務めた池田修判事（東京地方裁判所所長）は裁判官三人と裁判員六人の合議体を「原則的合議体」、裁判官一人に裁判員四人の合議体を「例外的合議体」と呼んだ（池田修『解説　裁判員法』［弘文堂、二〇〇五年］一九頁）。あくまで九人制が「原則」という裁判官側の認識が示されている。

合議体の呼称はいろいろあり、田口守一・早稲田大学教授は九人制の合議体を「大合議体」、五人制の合議体を「小合議体」と呼んでいる（田口守一『刑事訴訟法第四版』［弘文堂、二〇〇五年］二二七頁）。これは単に人数の大小で呼び方を変えただけのように見えるが、実は「必ずしも九人制が原則ではない」という主張が込められているように受け取れる。

（２）合議体運営の工夫

例外的合議体にすることは被告人の人権を軽視することにならないかという疑問があるかもしれない。被告人は法廷で十分な審理を受ける権利を持つが、小さい法廷には審理を簡略化した印象があり、十分な審理をしたとはいえないという指摘が出されるかもしれない。また、公訴事実の認否で法廷を分けることは、被告人の選択に事件の処分を委ねてしまうことになり、好ましくないという意見もあることだろう。そのような批判を招かないよう、小さな法廷でも、入念な審理をしなければならない。それには、慎重な運用が必要になる。

池田判事は『解説　裁判員法』で、合議体の運営に関して裁判官の目から見た三つの課題を挙げている。

一つは「実質的合議の確保」であり、「九人という多人数では、各人が論点の全般にわたって意見を述べ、疑問点があればそれを指摘し、議論を重ねることによって疑問点を解消させながら、各人が納得できる結論に集約させていくというような実質的な合議を確保することはかなり困難であり、各人が感想的な意見を述べ合うにとどまり、争点に関する議論が十分に深まらないのではないかと懸念される」と言う。訴訟当事者（検察官と被告人）には裁判員が争点に関して十分理解できるような分かりやすい審理の実現を、また裁判官には法令や解釈などを丁寧に説明して、議論を整理し、裁判員が気兼ねなく意見や疑問を述べられるような雰囲気づくりを求めている。訴訟関係者らの「超弩級の努力と工夫」が必要だという。

二つ目は「裁判の質の確保」だ。池田判事は「多くの事案では、これまで行われてきた程の精緻さはなくても、『核心司法』といわれるような、事件の核心的な部分の判断が正しければ、枝葉にまでこだわらなくても足りると思われる。特に、裁判に関与する裁判員の支持も得られれば、国民の健全な社会常識にも沿っていることになるから、その正統性を精緻に検証し詳細に説明するという必要も少なくなるであろう」と説明し、「通常の事件ではその精緻さを断念する必要があり、それによって裁判の質が低下することにはならない」と述べている。

三つ目は「例外的合議体の活用の可能性」であり、争点が複雑な場合などには利用されにくく、また、法律の解釈などをめぐって予想していなかった重大な論点が生じたときには決定を取り消して原則的合議体を召集しなければならないことなどを考えると、例外的合議体で審理されるのは「嬰児殺等のように、類型的で量刑もそれほど重くない犯罪に限られるように思われる」という見方を示している（池田修『解説　裁判員法』一一二頁以下）。

裁判員裁判は、裁判官、検察官、弁護士が従来の裁判実務の延長のようなことをしていたのでは、とてもこなしきれない制度だ。池田判事が指摘するように、訴訟関係者が「発想を転換して検討、工夫する」ことに努めていってほしい。例外的合議体の積極的活用を検討し、そこで生まれた余力を原則的合議体の審理に振り向け、特に被告人が起訴事実を否認している事件に全力を傾注することを心掛けてほしいと思う。人材も、時間も、財源も、使える限度が必ずある。それを有効に振り分ける発想がもっと司法界にあってもよいのではないかと感じる。もちろん、被告人の人権が粗略な審理で損なわれるようなことがあってはならないことは言うまでもない。

第2．対象事件

(1) 重大事件

裁判員が参加するのは、地方裁判所が対象事件から除外すると決定した事件を除く、二種類の重大事件の裁判に限られる。裁判員法第二条によると、一つは「死刑又は無期の懲役若しくは禁錮に当たる罪に係る事件」だ。もう一つは、「裁判所法第二六条第二項第二号に掲げる事件であって、故意の犯罪行為により被害者を死亡させた罪に係るもの」とされている。裁判所法第二六条第二項第二号に掲げる事件というのは、同法が三人の裁判官で裁判するべきだとしている事件（法定合議事件）のうち、「死刑又は無期若しくは短期一年以上の懲役若しくは禁錮にあたる罪に係る事件」だ。つまり、被害者を死なせて、懲役・禁錮一年以上の刑が言い渡される可能性がある事件ということになる。公務員の贈収賄、選挙違反などの事件はこのいずれにも当たらないので、これらは対象にならない。

該当する事件は「裁判員対象事件」と呼ばれる。いずれも国民から関心が寄せられ、社会的影響も大きい事件であり、年間の発生事件数、参加する国民の負担の大きさ、集中審理に対応できる検察側と弁護側の対応能力などが考慮されて絞り込まれた。

余談になるが、いま例に引いた裁判所法第二六条の「又は」と「若しくは」の違いがお分かりになるだろうか。どちらも、いわゆる選択的接続詞であり、日常用語としては違いがないが、法令用語では厳格に使い分けられている。内閣法制局長官を務めた林修三氏の著書『新版法令用語の常識』によると、AかBかという単純な選択の場合は「又は」が使われる。「電信又は電話」というのが一例だ。しかし選択の段階が二段階、三段階というように複雑になる場合には、「若しくは」が登場する。「A又はB」というグループがまずあって、それとCというグループを対比しなければならないときは、「A若しくはB又はC」というように、小さい接続の方に「若しくは」を使い、大きい接続の方には「又は」が使われる（林修三『新版法令用語の常識』〔日本評論社、一九六四年〕七頁以下）。

第二六条を例に取ると、「死刑」と「無期若しくは短期一年以上の懲役若しくは禁錮」という二つのグループがまずあり、その間が〝大きい接続〟になるので「又は」で結ばれる。第二段階の小さいグループは「無期若しくは短期一年以上の懲役若しくは禁錮」だが、これは〝小さい接続〟であり、「懲役」と「禁錮」の二つのグループが「若しくは」で結ばれている。その中で、さらに期限の選択肢が「無期」と「短期一年以上の期限付き」の二つに分かれ、それは〝小さい接続〟なので、再び「若しくは」で結ばれるという構造だ。

「懲役」と「禁錮」がどう違うかというと、「懲役」は、刑務所に収容して、自動車修理、家具製作、印刷など所定の作業（刑務作業）をする。無期と有期があり、有期の場合は一月以上二〇年以下とされているが、複数の罪で有罪になったりすると、三〇年まで加重される。「禁錮」は、刑務所に収容されるが、刑務作業は科されない。ただし、刑務作業を願い出れば許され、ほとんどの禁錮受刑者は刑務作業をしている。禁錮の場合も懲役と同じ

最高裁判所作成資料「裁判員制度の対象事件」（平成一八年）

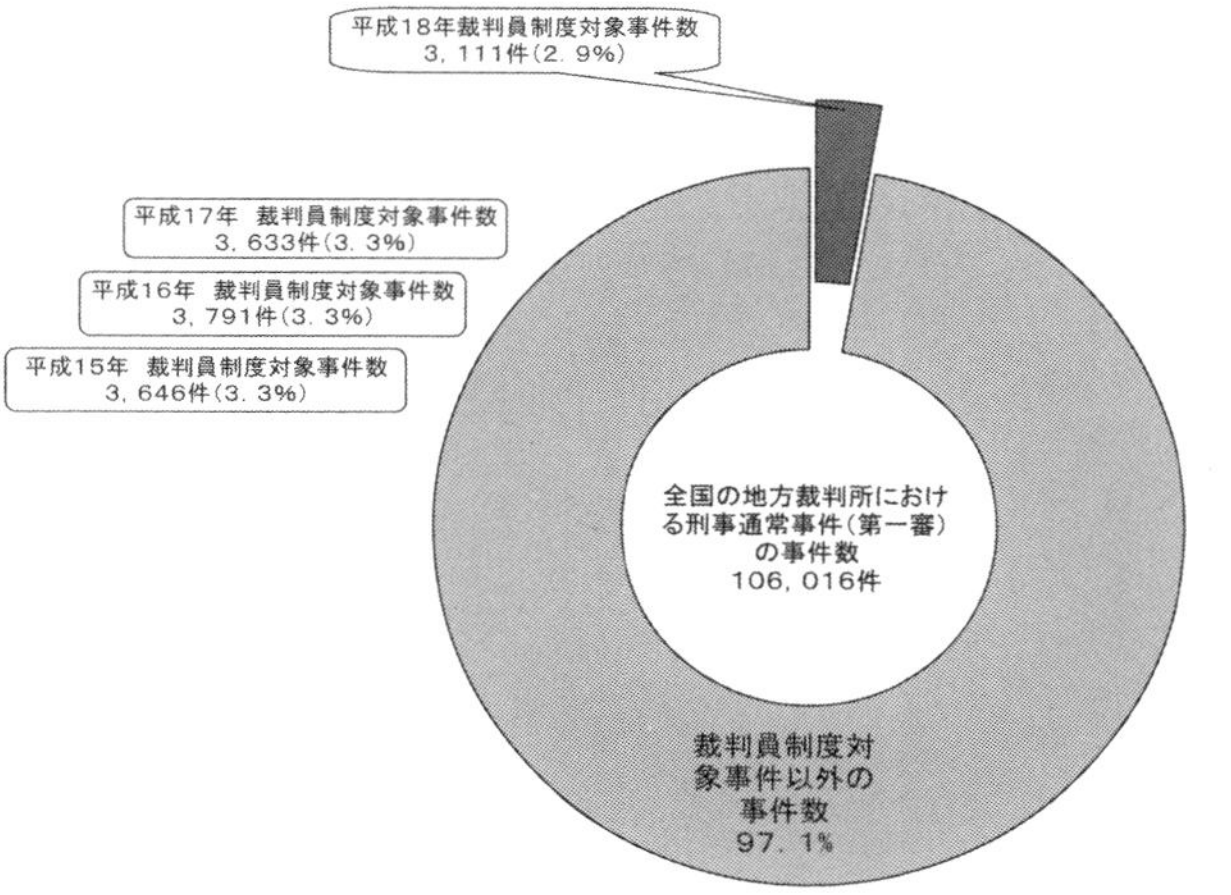

※上記事件数は，平成18年に地方裁判所で受理した事件の概数である。
同一被告人につき複数の起訴があった場合，起訴ごとにそれぞれ1件として計上している

無期と有期の刑がある。

裁判員対象事件を具体的に挙げると、人を殺した場合（殺人罪）、人にけがをさせて死なせた場合（傷害致死罪）、強盗が人を死亡させたり人にけがをさせたりした場合（強盗致死傷罪）、強盗が女性を強姦した場合（強盗強姦罪）、人に暴行脅迫を加えてわいせつな行為をし、死なせたりけがをさせたりした場合（強制わいせつ致死傷罪）、ひどく酒に酔った状態で自動車を運転し人を轢いて死なせた場合（危険運転致死罪）、現に人が住んでいる家に火をつけた場合（現住建造物等放火罪）、身代金を取る目的で人を誘拐した場合（身代金目的誘拐罪）、紙幣や硬貨を偽造した場合（通貨偽造罪）、偽造された紙幣や硬貨を使った場合（偽造通貨行使罪）、子どもに食べ物をやらずに放置して死なせた場合（保護責任者遺棄等致死罪）などとなる。

最高裁判所の統計によると、これらの条件に該当する対象事件は二〇〇六年に全国で計三一一一件あった。最も多いのは強盗致傷罪で九三九件。次いで殺人罪の六四

最高裁判所作成資料「罪名別に見た対象事件数」（平成15年から18年）

罪名 ＼ 年次	平成１５年	平成１６年	平成１７年	平成１８年
総数	3,646	3,791	3,633	3,111
強盗致傷	1,042	1,140	1,111	939
殺人	819	759	690	642
現住建造物等放火	382	357	322	331
強姦致死傷	363	316	274	240
傷害致死	268	229	205	181
強制わいせつ致死傷	145	166	132	161
強盗強姦	132	197	165	153
覚せい剤取締法違反	87	145	118	125
強盗致死（強盗殺人）	113	136	123	72
危険運転致死	62	38	43	56
偽造通貨行使	78	151	244	40
銃砲刀剣類所持等取締法違反	34	23	37	40
通貨偽造	38	53	76	30
組織的な犯罪の処罰及び犯罪収益の規制等に関する法律違反	–	2	6	18
集団強姦致死傷	＼	＼	14	16
保護責任者遺棄致死	9	8	8	14
麻薬特例法（略称）違反	8	20	19	14
麻薬及び向精神薬取締法違反	26	28	10	13
逮捕監禁致死	6	5	7	11
その他	34	18	29	15

1　特別法犯（刑法以外の犯罪）については，裁判員制度対象事件に限定した件数である。
2　上記事件数は，地方裁判所で受理した事件の概数である。同一被告人につき複数の起訴があった場合，起訴ごとにそれぞれ1件として計上している。

二件、現住建造物等放火罪の三三一件、強姦致死傷罪の二四〇件、傷害致死罪の一八一件、強制わいせつ致死傷罪の一六一件、強盗強姦罪一五三件、覚せい剤取締法違反（営利目的の輸出入、製造）一二五件の順に一〇〇件を超えた。強盗致死罪の七二件、危険運転致死罪五六件、偽造通貨行使罪四〇件、銃砲刀剣類所持等取締法違反（拳銃発射、営利目的輸入）四〇件、通貨偽造三〇件も多い。対象事件は二〇〇〇年には二五九八件だったが、その後、漸増傾向にある。

実際の裁判では、これらの事件の審理を経験する裁判員が多くなる。地方裁判所別に見た対象事件の起訴数は次頁のようになっている。

対象事件以外は今まで通り裁判官が担当する。対象事件を除いた残りの法定合議事件は裁判官三人の合議体で行われる。これらより軽い罪の事件を裁く単独裁判官による裁判も残る。

(2) 除外事件

対象事件であっても、裁判員とその家族らに危害が及ぶ危険性の高い事件は、検察官、被告人・弁護人の請求によるか裁判官の職権で、これを裁判官だけの合議体で取り扱う決定をしなければならないとされた（裁判員法第三条）。このような対象事件からの除外は、危害が及ぶ危険性の高いテロ行為、暴力団やマフィアなどによる組織犯罪が想定されている。

第三条の規定は複雑で、素人には分かりにくいが、要するに、こういうことだ。まず一定の「事情」がなければならない。それは①被告人の実際の言動②被告人がその構成員である団体の主張③その団体の他の構成員の言動④現に裁判員候補者や裁判員に危害が加えられたか、その告知が行われたこと⑤その他の事情――が必要になる。その上で裁判員候補者、現職の裁判員、元裁判員、その親族かこれに準ずる者の生命、身体、財産に危害が

最高裁判所作成資料「地方裁判所別に見た対象事件数」
(平成15年から18年)

裁判所＼年次	平成１５年	平成１６年	平成１７年	平成１８年
総数	3, 646	3, 791	3, 633	3, 111
札幌	65	87	75	79
函館	11	13	9	9
旭川	17	16	12	15
釧路	9	17	13	13
青森	23	17	27	25
秋田	9	15	15	15
盛岡	23	16	21	20
仙台	46	47	63	54
山形	36	23	21	21
福島	43	38	50	42
水戸	122	122	99	74
宇都宮	80	64	58	52
前橋	78	91	69	60
さいたま	203	235	184	121
千葉	273	288	276	238
東京	405	400	487	388
横浜	189	255	254	187
新潟	42	43	27	39
富山	17	34	31	17
金沢	25	10	27	8
福井	15	9	10	13
甲府	30	17	29	12
長野	43	36	47	36
岐阜	43	45	37	46
静岡	73	80	95	80
名古屋	247	275	289	216
津	56	53	75	60
大津	64	31	40	34
京都	76	46	72	47
大阪	328	427	327	345
神戸	147	167	116	133
奈良	30	35	37	27
和歌山	36	35	25	19
松江	16	17	12	9
鳥取	16	12	11	10
岡山	51	36	41	39
広島	68	71	52	51
山口	34	25	29	33
徳島	26	21	22	18
高松	25	32	44	32
松山	34	45	32	29
高知	17	29	34	24
福岡	209	205	138	145
佐賀	20	12	13	18
長崎	45	34	31	24
熊本	44	35	36	47
大分	25	40	27	14
宮崎	51	18	32	20
鹿児島	22	33	28	29
那覇	39	39	34	24

1. 平成15年～18年の地裁管内別の統計である。
2. 上記事件数は，地方裁判所で受理した事件の概数である。同一被告人につき複数の起訴があった場合，起訴ごとにそれぞれ1件として計上している。
3. 平成17年以前の数値については，数値が一部修正されている。

加えられるおそれがあるか、これらの人の生活の平穏が著しく侵害されるおそれがなければならない。これらの危険性によって裁判員候補者や裁判員が「畏怖」してしまい、裁判員候補者の出頭が困難な状況にあり、あるいは、裁判員の職務の遂行ができず、代わりの裁判員の選任も困難であると裁判所が認めるときは、裁判員裁判の対象事件から除外するのが義務となる。

（３）選任の確率

裁判員裁判の対象事件は最近、やや増加傾向にあるので、年間三一〇〇件程度と推定するのが妥当だろう。地域的には東京地方裁判所と大阪地方裁判所の合計が全体の二三％を占めている。国民は一体、何人に一人の割合で裁判所へ行くことになるのか、この数字を基に試算してみるとどうなるか。

裁判員候補者として裁判所に呼ばれるのは、事件ごとに必要な裁判員、補充裁判員の五倍程度とみられている。通常の事件ならば五〇人、長期化が予想される難しい事件では一〇〇人程度とされている。最高裁判所が試算した数字があるので、ご紹介しよう。

衆院選の有権者総数は二〇〇六年九月二日の時点で約一億三五五五万人だった。二〇〇六年の対象事件数は三一一一件。事件ごとに裁判員六人、補充裁判員二人が選ばれると仮定して計算すると、全国平均で四一六〇人に一人が、くじに当たることになる。候補者として各地方裁判所へ呼ばれるのは一事件当たり五〇人とすると、全国で約一五万五〇〇〇人に上り、六六五人に一人の割合になる。

一人の人が、裁判員候補者となる資格を得る二〇歳から、辞退が認められる七〇歳までの五〇年間、裁判員候補者になる可能性があるとすれば、一生のうちに、候補者として地方裁判所へ呼ばれるのは、その五〇分の一に当たる一三人に一人程度ということになる。

最高裁判所作成資料「裁判員候補者数の試算表」（平成 18 年）

年次／裁判所	平成１８年（※１）	裁判員候補者数〔１事件50～100人と仮定〕A	選挙人名簿登録者数〔平成１８年９月２日現在〕B（※２）	候補者の割合〔A／B〕
札幌	79	3,950 ～ 7,900	2,788,514	0.14% ～ 0.28%
函館	9	450 ～ 900	421,170	0.11% ～ 0.21%
旭川	15	750 ～ 1,500	629,849	0.12% ～ 0.24%
釧路	13	650 ～ 1,300	806,581	0.08% ～ 0.16%
青森	25	1,250 ～ 2,500	1,186,999	0.11% ～ 0.21%
秋田	15	750 ～ 1,500	955,790	0.08% ～ 0.16%
盛岡	20	1,000 ～ 2,000	1,127,830	0.09% ～ 0.18%
仙台	54	2,700 ～ 5,400	1,903,472	0.14% ～ 0.28%
山形	21	1,050 ～ 2,100	984,096	0.11% ～ 0.21%
福島	42	2,100 ～ 4,200	1,676,907	0.13% ～ 0.25%
水戸	74	3,700 ～ 7,400	2,413,570	0.15% ～ 0.31%
宇都宮	52	2,600 ～ 5,200	1,623,027	0.16% ～ 0.32%
前橋	60	3,000 ～ 6,000	1,631,383	0.18% ～ 0.37%
さいたま	121	6,050 ～ 12,100	5,710,160	0.11% ～ 0.21%
千葉	238	11,900 ～ 23,800	4,943,187	0.24% ～ 0.48%
東京	388	19,400 ～ 38,800	10,374,574	0.19% ～ 0.37%
横浜	187	9,350 ～ 18,700	7,143,495	0.13% ～ 0.26%
新潟	39	1,950 ～ 3,900	1,985,173	0.10% ～ 0.20%
富山	17	850 ～ 1,700	913,362	0.09% ～ 0.19%
金沢	8	400 ～ 800	947,444	0.04% ～ 0.08%
福井	13	650 ～ 1,300	657,644	0.10% ～ 0.20%
甲府	12	600 ～ 1,200	707,246	0.08% ～ 0.17%
長野	36	1,800 ～ 3,600	1,772,391	0.10% ～ 0.20%
岐阜	46	2,300 ～ 4,600	1,695,267	0.14% ～ 0.27%
静岡	80	4,000 ～ 8,000	3,062,482	0.13% ～ 0.26%
名古屋	216	10,800 ～ 21,600	5,713,207	0.19% ～ 0.38%
津	60	3,000 ～ 6,000	1,501,745	0.20% ～ 0.40%
大津	34	1,700 ～ 3,400	1,082,725	0.16% ～ 0.31%
京都	47	2,350 ～ 4,700	2,104,685	0.11% ～ 0.22%
大阪	345	17,250 ～ 34,500	7,069,218	0.24% ～ 0.49%
神戸	133	6,650 ～ 13,300	4,519,056	0.15% ～ 0.29%
奈良	27	1,350 ～ 2,700	1,159,357	0.12% ～ 0.23%
和歌山	19	950 ～ 1,900	863,076	0.11% ～ 0.22%
松江	9	450 ～ 900	604,021	0.07% ～ 0.15%
鳥取	10	500 ～ 1,000	493,143	0.10% ～ 0.20%
岡山	39	1,950 ～ 3,900	1,580,640	0.12% ～ 0.25%
広島	51	2,550 ～ 5,100	2,326,021	0.11% ～ 0.22%
山口	33	1,650 ～ 3,300	1,230,305	0.13% ～ 0.27%
徳島	18	900 ～ 1,800	668,801	0.13% ～ 0.27%
高松	32	1,600 ～ 3,200	835,656	0.19% ～ 0.38%
松山	29	1,450 ～ 2,900	1,212,554	0.12% ～ 0.24%
高知	24	1,200 ～ 2,400	657,795	0.18% ～ 0.36%
福岡	145	7,250 ～ 14,500	4,075,831	0.18% ～ 0.36%
佐賀	18	900 ～ 1,800	692,554	0.13% ～ 0.26%
長崎	24	1,200 ～ 2,400	1,199,040	0.10% ～ 0.20%
熊本	47	2,350 ～ 4,700	1,497,543	0.16% ～ 0.31%
大分	14	700 ～ 1,400	996,351	0.07% ～ 0.14%
宮崎	20	1,000 ～ 2,000	940,947	0.11% ～ 0.21%
鹿児島	29	1,450 ～ 2,900	1,417,288	0.10% ～ 0.20%
那覇	24	1,200 ～ 2,400	1,044,284	0.11% ～ 0.23%
計	3,111	155,550 ～ 311,100	103,547,456	0.15% ～ 0.30%

※１　事件数は，平成１８年に地方裁判所で受理したものの概数である。
　　　同一被告人につき複数の起訴があった場合，起訴ごとにそれぞれ１件として計上している。
※２　札幌・函館・旭川・釧路については，平成１９年３月２日現在のものである。

ただし、この試算は不確定要素が多くて正確ではない。七〇歳まで裁判員をできる人は全員ではあり得ないし、裁判官一人に裁判員四人の〝小さな法廷〟も使われるから、裁判員、補充裁判員に当たる可能性はもっと小さくなるとみるのが妥当だろう。

地方裁判所本庁別に裁判員に選ばれる割合を見ると、最も高いのは大阪で二五六〇人に一人。次いで千葉が二六〇〇人に一人、津が三一三〇人に一人、高松が三二六〇人に一人、名古屋が三三一〇人に一人と続く。これとは反対に最も低いのは金沢で一万四八〇〇人に一人、その次が大分で八九〇〇人に一人、松江八三九〇人に一人、秋田七九六〇人に一人などとなっている。

最も高い大阪地方裁判所管内と、最も低い金沢地方裁判所管内では、裁判員に選ばれる割合は約六倍も違っている。裁判員制度が実際に始まった時、地域の治安情勢、犯罪発生の動向が試算当時と大きく変わっている可能性はあるが、このような格差の大きさを是正する方策が考えられてもいいだろう。米国などでは、地元では冷静な陪審裁判が行われない可能性が高い事件は、他の裁判所へ移して審理することが行われている。日本では、特別な事情がない限り、事件の移送は認められないが、あまりに地域的偏りが大きいようならば、移送を可能にする措置が検討されてもよいのではないか。

第３．裁判員の権限

(1) 判断事項

裁判員は「独立してその職権を行う」(裁判員法第八条)とされている。憲法七六条第三項(裁判官の独立)が「すべて裁判官は、その良心に従ひ独立してその職権を行ひ、この憲法及び法律にのみ拘束される」と定めているのと同じ趣旨であり、裁判員にも同様の保障をすることによって「裁判の公正」を確保する狙いがある。

裁判官と裁判員が合議で行う判断事項は「事実の認定」「法令の適用」「刑の量定」(裁判員法第六条第一項)であり、法令の適用、刑の量定にも関与する点では参審制度に似ている。具体的には有罪判決、無罪判決、少年事件の家庭裁判所移送決定に関する判断をする。そして、裁判員が関与する判断については、証拠の証明力が、それぞれの裁判官と裁判員の「自由な判断」に委ねられる(裁判員法第六二条)。これは刑事訴訟法第三一八条が裁判官について「証拠の証明力は、裁判官の自由な判断に委ねる」としているのと同趣旨であり、いわゆる「自由心証主義」(証拠の証明力などの評価について法律上何も拘束を設けず、裁判官の自由な判断にゆだねる主義)を明らかにした規定だ。

一方、専門的・技術的判断が求められる事項は、合議を構成する裁判官(構成裁判官)だけに委ねられる(裁判員法第六条第二項)。法令の解釈に関する判断、訴訟手続に関する判断などだ。この場合でも裁判長は、必要と認めるときは、裁判員に対し、構成裁判官の合議による法令の解釈に関する判断と訴訟手続に関する判断を示さなければならないとされている(裁判員法第六六条三項)。また裁判員法は、裁判官による審理にも裁判員の立ち会いを許すことができるとしている(裁判員法第六〇条)など、構成裁判官の合議についても裁判員に参加の機会を与えている。こうした趣旨からすると、裁判員が審理内容を深く理解し、疎外感を抱かないようにするためにも、できる限り裁判員を立ち会わせるのが妥当だろう。その方が、スムーズな合議ができるはずだ。

(2) 権利と義務

裁判員には被告人、証人、鑑定人、通訳人、翻訳人に対する質問権が認められている。裁判長に告げてから、判断に必要な事項について尋問することができる。被害者の意見陳述の後、その趣旨を明確にするため質問をすることも認められている（裁判員法第五六条から第五九条）。

裁判員には四つの義務が定められている（裁判員法第九条）。それは①法令に従い公平誠実にその職務を行うこと②評議の秘密その他の職務上知り得た秘密を漏らしてはならないこと（守秘義務）③裁判の公正さに対する信頼を損なうおそれのある行為はしてはならないこと④品位を害するような行為をしてはならないこと――の四つだ。

これらの義務などに違反すると認められる場合、裁判所は検察官、被告人、弁護人からの請求か職権によって、その裁判員の解任を決定する（裁判員法第四一条、第四三条）。それだけではなく、守秘義務違反は秘密漏示罪として処罰される（裁判員法第一〇八条）。罰則などについては後述する。

（3）補充裁判員

裁判員が急病になった場合などに備えて、裁判所は裁判員と同数までの「補充裁判員」を置くことができる（裁判員法第一〇条）とされているが、裁判員法では一定数の裁判員の関与を最後まで必要としており、補充裁判員を置く必要性は高い。

補充裁判員も法廷に入って審理に立ち会い、訴訟の書類や証拠物などを閲覧することができる。ただし、証人等に直接尋問することまでは認められておらず、裁判長に言って質問してもらうことになる。

第2節　裁判員の選任

第1．裁判員の資格

(1) 衆院選の有権者

裁判員は「衆議院議員の選挙権を有する者」の中から選ばれる（裁判員法第一三条）。公職選挙法によると、二〇歳以上の日本国民に選挙権が与えられるから、二〇歳以上の成人ということになる。裁判員に選ばれたら、基本的には引き受けるのが前提とされている。

(2) 欠格事由・就職禁止事由

しかし裁判員法には、裁判員から除外される事由がいろいろと定められている。まず中学卒業と同程度の学識がない人、心身の故障で裁判員ができない人、禁錮以上の刑に処されたことがある人は「欠格事由」（裁判員法第一四条）に該当する。もし欠格事由に該当する人が裁判員になり、判決が言い渡された場合は、「絶対的控訴理由」となる。控訴を受けた裁判所は、判決への具体的な影響の有無にかかわらず、判決を当然、破棄しなければならないとされている。

「就職禁止事由」（裁判員法第一五条）も設けられている。国会議員、閣僚、知事、市町村長、国の行政機関の幹部職員などは就任できず、また裁判官、検察官、弁護士、弁理士、司法書士、公証人、警察官、裁判所職員、法務省職員、警察職員など司法関係者、自衛官らも就職禁止になった。立法、行政、司法の三権分立を尊重する立場に立つと、立法権や行政権の行使に深く関わっているこれらの人々が司法権に関係することは望ましくなく、また、裁判員制度は法律の素人を参加させることに意味があるので、法律関係者は除くのだと説明されている。自衛官は有事に備えるために就職禁止とされた。

しかし裁判員制度・刑事検討会では「米国では大統領や弁護士でも裁判員候補者として裁判所へ呼ばれる」などとして、国会議員や法律家、自衛官らを就職禁止事由の中に含めることには反対の意見がかなりあった。

(3) 辞退事由

1. 身体上、精神上、経済上の重大な不利益

裁判員法第一六条は、裁判員の辞退を申し立てできる場合を次の八つに該当する者と定めている。

① 七〇歳以上の者
② 地方公共団体の議会の議員（ただし、会期中に限る）
③ 大学、高等専門学校などの学生又は生徒
④ 過去五年以内に裁判員又は補充裁判員の職にあった者
⑤ 過去三年以内に区分審理の選任予定裁判員であった者
⑥ 過去一年以内に裁判員候補者として裁判員等選任手続の期日に地方裁判所へ出頭したことがある者
⑦ 過去五年以内に検察審査員又は補充員の職にあった者
⑧ 次に掲げる事由その他政令で定めるやむを得ない事由があり、裁判員の職務を行うこと又は裁判員候補者として裁判員等選任手続の期日に出頭することが困難な者
　ア　重い疾病又は傷害により裁判所へ出頭することが困難な者
　イ　介護又は養育が行われなければ日常生活を営むのに支障がある同居の親族の介護又は養育を行う必要が

あること
ウ　従事する事業における重要な用務であって自ら処理しなければ事業に著しい損害が生じるおそれがあること
エ　父母の葬式への出席その他の社会生活上の重要な用務であって他の期日に行うことができないものがあること
本人の申し立てがあれば地方裁判所が事情を聴き、診断書や通院記録などの資料によって申し立てが裏付けられると、辞退が認められる。

2．辞退事由の政令

どのような場合に裁判員を辞退できるのか、細かい辞退事由を定める政令について政府は二〇〇八年一月一一日、閣議決定を行い、一七日に公布した。「妊娠中か出産から八週間未満」など以下の六つのケースが該当するとされた。
① 妊娠中であること又は出産の日から八週間を経過していないこと
② 介護又は養育が行われなければ日常生活を営むのに支障がある親族（同居の親族を除く）又は親族以外の同居人であって自らが継続的に介護又は養育を行っているものの介護又は養育を行う必要があること
③ 配偶者（届出をしていないが、事実上婚姻関係と同様の事情にある者を含む）、直系の親族若しくは兄弟姉妹又はこれらの者以外の同居人が重い疾病又は傷害の治療を受ける場合において、その治療に伴い必要と認められる通院、入院又は退院に自らが付き添う必要があること
④ 妻（届出をしていないが、事実上婚姻関係と同様の事情にある者を含む）又は子が出産する場合において、

その出産に伴い必要と認められる入院若しくは退院に自らが付き添い、又は出産に自らが立ち会う必要があること

⑤　住所又は居所が裁判所の管轄区域外の遠隔地にあり、裁判所に出頭することが困難であること

⑥　裁判員の職務を行い、又は裁判員候補者として裁判員等選任手続の期日に出頭することにより、自己又は第三者に身体上、精神上又は経済上の重大な不利益が生ずると認めるに足りる相当の理由があること

この辞退事由の政令が定めた内容については、憲法が保障する「思想・信条の自由」との関係で憲法違反とする意見がある。

（４）不適格事由

被告人と被害者の親族、同居人、雇い人、事件の告発者、証人、鑑定人らのほか、裁判所が不公平な裁判をするおそれがあると判断した者は「不適格事由」（裁判員法第一七条、第一八条）に当たり、外される。裁判所が行う裁判員等選任手続の際、検察側や弁護側から、選任は望ましくないとして「理由を示さない不選任請求」をされた者も、裁判員となることができない（裁判員法第三六条）。この「理由を示さない不選任請求」（裁判員法第三六条）は、「裁判官三人と裁判員六人」の合議体の場合はそれぞれ四人まで、「裁判官一人と裁判員四人」の合議体の場合はそれぞれ三人まで認められる。これらに該当する人が裁判員に加わって行った判決も、欠格事由の該当者が加わった判決と同様、絶対的破棄事由とされ、理由の如何を問わず破棄される。

第2. 選任手続

(1) 裁判員候補者名簿の作成

どのようにして裁判員は選ばれるのだろうか。選任の基礎となるのは、各市町村の選挙管理委員会が作成している衆議院議員の選挙人名簿だ。裁判員法は珍しい法律で、裁判員候補者名簿の作成期限となる日付を条文に明記している。

地方裁判所は毎年九月一日までに、翌年一年間に必要な裁判員候補者の員数を管轄区域内の市町村に割り当てなければならない(裁判員法第二〇条)。市町村の選挙管理委員会は、選挙人名簿に登録されている者の中から「くじ」で、裁判所から通知された人数を選び、「裁判員候補者予定者名簿」を磁気ディスクに記録するなどして作成し(同第二一条)、一〇月一五日までに、「裁判員候補者予定者名簿」を地方裁判所へ送り返さなければならない(同第二二条)。この名簿に基づいて、地方裁判所は住所、氏名、生年月日を記録した「裁判員候補者名簿」を、磁気ディスクなどを用いて作成する(同第二三条)。「裁判員候補者名簿」に載せられた者には、地方裁判所がそのことを通知しなければならない(同第二五条)。

政府は二〇〇八年四月一五日の閣議で、裁判員候補者名簿の作成開始日を二〇〇八年七月一五日と決定した。この結果、手続は以下のように流れていくことになった。裁判員裁判を行う全国の地方裁判所本庁五〇カ所と支部一〇カ所は、二〇〇八年七月一五日から九月一日までの間に、二〇〇九年の裁判員候補者名簿作成に必要な人数を管内の市区町村選挙管理委員会に割り当て、「通知」する。各市区町村選挙管理委員会は二〇〇八年一〇月一五日までに、通知された人数を選挙人名簿から、コンピューターを使うなどして、それぞれにふさわしい方法の「くじ」で選び、氏名、住所、生年月日を記載した名簿を各地方裁判所へ提出する。各地方裁判所は管内の市区町村選挙管理委員会が提出した名簿を基に二〇〇九年の「裁判員候補者名簿」を作成する。名簿に記載されるのは全国で約三〇万人とみられる。

（2）通知と調査票

1．調査票

最高裁判所によると、各地方裁判所は毎年一一月から一二月にかけて、翌年の裁判員候補者名簿に記載された人たちへ、候補者になっているという通知とともに「調査票」を送り、就職禁止事由（裁判員法第一五条一項）の有無などについて質問することにしている。

調査票では、以下に該当するかどうかを質問される。

a．警察職員、自衛官等の裁判員法の定める就職禁止事由に該当するか

b．七〇歳以上（裁判員法第一六条一号）、学生又は生徒（同条三号）、過去五年以内の裁判員、検察審査員等経験者（同条四号、七号）で、一年を通じて辞退を希望するか

c．重い疾病又は傷害があるため裁判員としての参加が困難で（裁判員法一六条第八号イ）、かつ、一年を通じて辞退を希望するか

d．一年のうちの特定の時期（月）について、特に参加が困難となるため、その特定の時期については辞退を希望するか

2．調査票で得られた情報の利用

調査票による調査の結果、aに該当する人は、地方裁判所で裁判員候補者名簿から除かれる（裁判員法第二三条三項）。辞退を希望する警察職員、自衛官らは質問票の回答に身分証明書のコピーなどを添えて返送すれば、

辞退が認められることだろう。b、c、dに該当する人は、将来、個別の事件でくじにより候補者として選ばれた場合、その事件を担当する裁判所が調査票を検討し、辞退が認められると考える場合には、呼び出しをしない。b、cに該当する場合には、介護保険証のコピーなど裏付け資料を送れば、辞退が認められることになるだろう。dに該当する時期にくじに当たった場合には、担当の裁判所が調査票の記載内容を見て、裁判員法が定める辞退事由に該当すると認めて呼び出しをしないかどうかを決める。農繁期の農家、漁期を迎える漁船員、決算期の企業経理部員らは、その時期には辞退できることになる。

（3）呼出状と事前質問票

1．お知らせ（呼出状）

裁判員裁判の対象となる事件が地方裁判所にかかった場合、地方裁判所は、裁判員候補者名簿を基に、個別の事件の裁判員候補者を「くじ」によって選ぶ（裁判員法第二六条三項）。その事件を担当する裁判所は、調査の結果に基づき、呼び出しをしないことになった候補者を除き、くじによって選ばれた裁判員候補者へ「呼出状」を送付する（裁判員法第二七条）とされている。

「呼出状」という言葉には、お上が国民を呼び付けるという語感がある。最高裁判所は、この名称は裁判員法で決まっているため使わざるを得ないが、企業関係者らから「国民はあれこれ都合をやりくりして参加するのに、呼び出しとは失礼ではないか。企業なら絶対に使わず、〝お願い状〟〝依頼状〟などとする」という批判が出されたのを考慮し、「裁判員等選任手続期日のお知らせ（呼出状）」と書くことを決めた。こういう細かい気配りが、どうして立法段階でできなかったのだろうか。無神経な用語は、国民参加という制度の趣旨を正確に伝えず、誤解を生む基になる。

送付の時期は、原則として裁判員等選任手続期日（ほとんどの場合、初公判と同じ日になる）の六週間程度前とすることが予定されている。「お知らせ（呼出状）」には、裁判員候補者があらかじめ日程の調整がしやすいよう、もし裁判員に選ばれた場合には、いつからどの程度の期間、裁判員として務めてもらうのか、「職務従事予定期間」も記載される。

2．事前質問票

「お知らせ」を送る際には、欠格事由、就職禁止事由、辞退事由、不適格事由などに該当するか、不公平な裁判をするおそれがないか、などの判断をするために、「質問票」を使うことができる（裁判員法第三〇条）。これは「事前質問票」と呼ばれる。

事前質問票では、この職務従事予定期間に、以下の事由に該当するかどうかのほか、欠格事由の一部や就職禁止事由、その他の辞退事由について質問する。

a．重い疾病又は傷害により裁判所に出頭することが困難か（裁判員法第一六条八号イ）。これを理由に辞退を希望するか。

b．介護又は養育が行われなければ日常生活を営むのに支障がある同居の親族の介護又は養育を行う必要があるか（裁判員法第一六条八号ロ）。これを理由に辞退を希望するか。

c．その従事する事業における重要な用務であって自らがこれを処理しなければ当該事業に著しい損害が生じるおそれがあるものがあるか（裁判員法第一六条八号ハ）。これを理由に辞退を希望するか。

d．社会生活上の重要な用務であって他の期日に行うことができないものがあるか（裁判員法第一六条八号ニ）。これを理由に辞退を希望するか。

3．事前質問票により得られた情報の利用

質問票の記載で、ａからｄに明らかに該当すると判断できる場合には、裁判所は、辞退を認めて、その人の呼び出しを取り消し、選任手続のためわざわざ裁判所まで来てもらわなくてもよいようにする。呼び出しの取り消しを希望する人は、その裏付けとなる資料の添付を求められることになるだろう。

候補者は事前質問票に回答を記入して送り返す。裁判員候補者の氏名を記載した名簿は裁判員等選任手続の二日前までに検察官と弁護人に送付される（裁判員法第三一条）。

（４）裁判員等選任手続

1．当日用質問票

お知らせ(呼出状)を受け取った裁判員候補者は、指定された裁判員等選任手続期日の当日、地方裁判所へ出向く。地方裁判所では、本人であることを確認した上、裁判員候補者待機室（大部屋）で待つ。担当の係員が、これから行われる手続について、ビデオなどを利用しながら説明を行い、また、裁判員に選任された場合に担当する事件の概要が説明される。

裁判員候補者には「当日用質問票」が渡され、質問事項に記入して提出してもらうことになっている。事前質問票と当日用質問票への回答は、辞退事由の有無や「不公平な裁判をするおそれ」を判断するのに参考とされる。辞退事由が微妙な人には直接、どのような具体的事情があるのか、質問される。

最高裁判所が検討した結果、当日用質問票で尋ねる「不公平な裁判をするおそれ」に関する質問は以下のようなものが想定されている。

① あなたは、被告人又は被害者と関係があったり、事件の捜査に関与するなど、この事件と特別の関係があ

ります か。（ある。 ない。）

② あなた又は家族などの身近な人が今回の事件と同じような犯罪の被害にあったことがありますか。（ある。ない。）

ある場合には、その被害の内容を差し支えない範囲でお書きください。

③ 今回の事件のことを報道などを通じて知っていますか。

a. 知らない。

b. ある程度知っている。

c. 詳しく知っている。

2. 裁判長の質問手続

裁判員等選任手続は裁判官と裁判所書記官が列席し、検察官と弁護人が出席して行い、必要なときは被告人も出席させることができる（裁判員法第三二条）。手続は裁判長が指揮し、非公開で行われる（裁判員法第三三条）。裁判長は候補者に裁判員の資格などに関する質問をし、陪席の裁判官、検察官、被告人、弁護人も必要と考える質問を裁判長がするように求めることができる（裁判員法第三四条二項）。

欠格事由、辞退事由など所定の事由があったり、不公平な裁判をするおそれがあったりするときは、裁判所は検察官、被告人、弁護人の請求か職権によって、裁判員に選任しないことを決定しなければならない（裁判員法第三四条四項）。

また原則的合議体では、検察官と弁護人は理由を示さずにそれぞれ四人、例外的合議体ではそれぞれ三人まで不選任の請求ができる（裁判員法第三六条）。これは英米法の陪審制度で採られている「専断的忌避」の制度にならったものだ。このようにして裁判所は、「くじその他の作為の加わらない方法」（裁判員法第三七条）で、不選任の決定がされなかった候補者の中から、所定の員数の裁判員と補充裁判員の選任決定をする。

3．裁判長の質問

質問手続で裁判長が口頭で聞く質問は次のような内容だ。

① 事件との特別の関係

a．この事件と特別の関係について「なし」と回答した場合は、この点について何も質問しない。

b．この事件と特別の関係に「ある」と回答した場合は、事件関連の不適格事由（裁判員法第一七条）について明確な疎明資料がある場合は別として、質問手続でそれが事実であるか確認し、事件関連不適格事由の該当性を判断する。

c．事件関連不適格事由以外の事由を特別の関係として記載していた場合（例えば、被告人と同じ会社に勤めているなど）には、「事件との関係を離れて、この裁判で証拠に基づいて公平に判断することができますか」と質問し、その回答によって不公平な裁判をするおそれの有無を判断する。

② 同じような犯罪被害の有無

a．同じような犯罪被害を受けたかどうかの質問に「なし」と回答した場合は、この点について何も質問しない。

b．「あり」と回答した場合は、被害の程度などについて追加して聞くことはせず、「ご自身や身近な人の被害の経験を離れて、この裁判で証拠に基づいて公平に判断することに支障がありますか」と質問し、その回答によって不公平な裁判のおそれの有無を判断する。

③　報道などによる影響の有無

ａ．事件のことについて報道などを通じて知っているかどうかの質問に対し「知らない」か「ある程度知っている」と答えた人には、この点について何も質問しない。

ｂ．「詳しく知っている」と回答した人には「報道などに左右されることなく、法廷で見たり聞いたりした証拠だけに基づいて判断できますか」と質問し、その回答によって不公平な裁判をするおそれの有無を判断する。状況に応じて「どの程度知っているか」「この事件についてどのように考えているか」といった質問も交える。

④　特別の事情

①～③以外に、全員に対し「その他この事件について公平な判断をできない特別の事情がありますか」と質問する。「はい」と回答した場合には特別の事情が何かを質問した上で、不公平な裁判をするおそれの有無について判断する。

⑤　事件類型に応じて追加する質問

ａ．警察官等の捜査官証人が予定されている事件

捜査官証人が予定されている事件で当事者の求めがある場合、裁判長は口頭で「あなたには警察等の捜査は特に信用できると思うような事情、あるいは逆に、特に信用できないと思うような事情がありますか」と質問をし、「いいえ」と回答した場合には、何も質問しない。「はい」と回答した場合には「それはどのような事情ですか」と質問をする。その回答によって必要がある場合には「そのような事情があっても警察官等の証言の内容を検討して公平に判断することができますか」と質問をし、不公平な裁判をするおそ

れの有無を判断する。

b．死刑の適用が問題となる事件

死刑の適用が問題となる事件で当事者の求めがある場合、裁判長は口頭で「起訴されている〇〇罪について法律は『死刑又は無期若しくは〇年以上の懲役に処する』と定めています。今回の事件で有罪とされた場合はこの法律で定まっている刑を前提に量刑を判断できますか」という質問をし、「はい」と回答した場合か、特に異論を述べない場合には、この点については何も質問しない。

裁判員候補者から積極的に異論が出た場合には「今回の事件の裁判で、証拠によってどのような事実が明らかになったとしても、評議では絶対に死刑を選択しないと決めていますか」という質問をし、「いいえ」と回答した場合にはこの点についてはさらに質問をしない。しかし、「はい」と回答した場合には、回答に応じてさらに質問を行って、不公平な裁判をするおそれの有無を判断する。

4．くじによる選任

最高裁判所が二〇〇七年七月五日付で公布した「裁判員の参加する刑事裁判に関する規則」（裁判員規則）は、くじによる選任方法について原則と例外の二通りの方法を定めている。

原則は、裁判員等選任手続期日に地方裁判所へ出頭した裁判員候補者のうち「質問をする必要があるすべての裁判員候補者に」（規則第三三条一項）質問を行う方法だ。まず、質問の前に当日用質問票に回答してもらい、それを基に裁判長が全員に質問、その結果、裁判員法第三四条に定められた不選任にすべき理由があると判断される候補者について裁判長が不選任の決定（理由付き不選任の決定）をする。裁判所は全員への質問を終える前に、この決定をしてもよい。さらに、残った候補者のうちから検察官と被告人は、好ましくないと思われる候補者を裁判員法所定の人数の範囲内で「理由を示さない不選任」の請求をし、これらの人も裁判所が不選任を決定し、除外する。この結果、残った候補者から再び、くじで裁判員と補充裁判員を必要な人数だけ選び出し、選任を決定する。

例外的な方法は、最初に、くじで裁判員と補充裁判員に選任される順序を決めておき、その順序に従って候補者に質問をしていき、必要な人数が満たされれば、そこで選任手続を打ち切るやり方だ。「候補者の出頭状況及び質問票の記載状況等に照らし、（中略）すべての裁判員候補者に対し質問することが、迅速に裁判員等選任手続を終えるために相当でないと認める場合」（裁判員規則第三三条二項）に行われる。現実的には、出頭した候補者の数が多く、余ってしまうときに例外的な方法が採られることになりそうだ。

まず裁判長は原則と同様、当日用質問票などを基に、あらかじめ決めておいた順序に従って候補者へ質問していく。一人ずつ理由付き不選任と辞退事由の当否を判断し、候補者が必要な人数になったときに質問をやめる。その後、検察官と被告人が「理由を示さない不選任」の請求をし、裁判所が不選任を決定すれば除外される。このようにして、最初にくじで付けた順序に従い裁判員と補充裁判員が選任される。

検察官と弁護人は選任手続の当日、事前質問票と当日質問票への候補者の回答コピーを見ることができる。回答の開示を質問の直前とし、また、選任手続の二日前までに裁判所から送る名簿に住所、生年月日を記さないのは、検察官と弁護人に自分たちに有利な人を選ぶための調査をさせない狙いがある。

５．裁判長の説明

ａ．最高裁判所モデル案

裁判長が審理に先立ち、裁判員に口頭で説明する内容の最高裁判所モデル案が二〇〇七年五月二三日、最高裁判所規則制定のための諮問委員会で報告され、了承された。裁判員への説明は、裁判員法で「裁判長は、裁判員及び補充裁判員に対し、最高裁判所規則で定めるところにより、裁判員及び補充裁判員の権限、義務その他必要な事項を説明する」（裁判員法第三九条）と規定されている。これを受けて裁判員、補充裁判員は、法令に従い公平誠実にその職務を行うことを宣誓しなければならない（同条）。

このモデル案は諮問委員会準備会で法曹三者（最高裁判所、法務省、日本弁護士連合会）、法学者らから意見を聴いた上で、東京地方裁判所を中心に作成された。その後、全国の裁判官に配布されており、裁判員制度が始まれば、全国の地方裁判所で用いられるとみられている。ただ、最高裁判所は、説明するのは裁判員と補充裁判員の権限、義務のほか、「事実の認定は証拠によること」（証拠裁判主義）、「事件について犯罪の証明をすべき者」（立証責任の所在）。「事実の認定に必要な証明の程度」という大枠を示すだけにとどめた（裁判員規則第三四条）。具体的な説明内容は各地方裁判所に任せる方針だ。

モデル案はまず、裁判員は裁判官と一緒に審理することを伝える「前置き」をすることとし、その際、裁判官が自己紹介を行うことも想定されている。続いて「被告人が起訴状記載の犯罪を本当に行ったかどうかを判断する」「検察官と弁護人から法廷に提出された証拠だけで判断する」「新聞、テレビで見聞きしたことは証拠ではない」「検察官の証明で間違いないと考えられる場合は有罪に、証明できない場合や有罪に疑問があるときは無罪にする」などと、刑事裁判のルールを解説する。その説明に当たっては、証拠として「凶器などの証拠品」「現場見取り図などの書類」「証人や被告人の話」を例示する。

その上で「ふだんの生活でも関係者の話などから事実の有無を判断している場合がある」として「常識による判断」を求め、裁判官と一緒に判決内容を決める評議では「自分の意見を述べ、それは裁判官の意見と同じ重み」

を持つことを説明する。また、評議の内容や事件関係者のプライバシーは、「評議での率直な意見交換」ができるようにしたり、「裁判員の安全保護」を確保したりすることにも関わるので秘密にするように注意する。ただ「裁判員、補充裁判員を務めた印象は話しても構わない」としている。

法律の解釈問題は「裁判官が説明するので安心してください」と説明する。しかし、最高裁判所のアンケートなどで指摘が多かった「他人の人生を左右する不安」や「恨まれたり脅かされたりする心配」をどう払拭するかについては、説明はない。

b．モデル案の要旨

裁判長が裁判員に説明する内容のモデル案要旨は以下の通りだ。

【前置き】

皆さんはこの事件の裁判員に選任されました。これから、私たち裁判官と一緒に裁判を行うことになります。

【裁判のルール】

まず皆さんに裁判に参加していただくに当たって、あらかじめ知っておいていただきたい裁判のルールを説明します。

裁判は、被告人が起訴状に書かれている犯罪を本当に行ったかどうかを判断するために行われます。その判断を行うために検察官と弁護人から証拠が提出されますが、被告人が有罪であることは検察官が証拠に基づいて明らかにすべきこと、つまり証明すべきことになっています。ですから検察官が有罪であることを証明できない場合には、無罪の判断を行うことになります。

被告人が有罪か無罪かは、法廷に提出された証拠だけに基づいて判断しなければいけません。新聞やテレビなどで見たり聞いたりしたことは、証拠ではありません。そうした情報に基づいて判断してはいけないのです。

また検察官や弁護人は事実がどうであったか、証拠をどのように見るべきかについて、意見を述べます。これも裁判員の皆さんと裁判官の判断の参考にするために述べられるのであって、証拠ではありません。

証拠としては、例えば凶器などの証拠品、現場見取り図などの書類、証人や被告人の話があります。証人や被告人から話を聞く際には、裁判員の皆さんにも質問の機会があります。質問があるときは、その機会に私に申し出てください。

法廷での手続が終わると、裁判員の皆さんと裁判官は、被告人が本当に起訴状に書いてある罪を犯したかどうかを判断します。

過去にある事実があったかどうかは直接確認できませんが、ふだんの生活でも、関係者の話などをもとに、事実があったのかなかったのかを判断している場合があるはずです。

ただ裁判では、不確かなことで人を処罰することは許されませんから、証拠を検討した結果、常識に従って判断し、被告人が起訴状に書かれている罪を犯したことは間違いないと考えられる場合に、有罪とすることになります。逆に、常識に従って判断し、有罪とすることについて疑問があるときは、無罪としなければなりません。

有罪とするときには、被告人をどのような刑にするのかを決めます。

結論は、裁判員の皆さんと裁判官が一緒に話し合いをしながら出していきます。裁判員の皆さんには、今述べてきたようなルールに従って、自分の判断に基づいて意見を述べていただきます。裁判官も同じルールに従って意見を述べます。裁判員と裁判官の意見は同じ重みです。

なお法律の解釈が問題となる場合には、裁判官がその解釈について説明しますので、安心してください。

【注意事項】

評議で誰が何を言ったかといったことは秘密にしてください。評議の秘密が漏れると、率直に意見を交換することが難しくなります。評議の秘密が漏れないようにすることは、皆さんのプライバシーや安全を保護することにもなります。

また記録に出てくる事件関係者のプライバシー情報も漏らさないようにしてください。

ただ公開の法廷で見たり聞いたりしたことや、裁判員を務めた印象といったことは、ほかの方に話しても構いません。

【まとめ】

手続の途中でも、もし分からないことが出てきたときは、遠慮なく言ってください。

最後に、裁判員の皆さんには、今の説明を了解し、法令に従って、公平誠実に職務を行う旨の宣誓をしていただきます。

第３．裁判員の職務の終了

(1)　職務の終了

裁判員と補充裁判員の任務は「終局裁判を告知したとき」（裁判員法第四八条一号）に終了する。このほかに、審理する事件が裁判員裁判の対象事件でなくなったり、裁判官だけで審理することが決まったりした場合にも終了する（同二号）。

判決言い渡しで終了するとしたのは、裁判官による判決書の完成まで待つような負担は裁判員に負わせず、できるだけ早くその職務から解放するためとされている。任務の終了については部分判決のときも同じだ。

（２）解任

裁判員は、公判期日への出頭等の義務を負う。一定の義務違反があったら、裁判員は解任される。検察官、被告人、弁護人は裁判員、補充裁判員が①法廷へ来なかった②宣誓を拒んだ③選ばれる資格がないことが判明した④法廷で裁判長の指示に従わなかった――などの場合に解任を求めることが可能だ。地方裁判所は職権で解任を決定できる（裁判員法第四一条など）。

また、選任手続の際、質問票への回答、裁判長の質問に虚偽の回答、陳述をしたことが判明したときや、選任後に被告の友人と分かるなど「不公平な裁判」をするおそれがあることが明らかになったときなどには、裁判長が地方裁判所へ理由を付けて通知する。地方裁判所は別の合議体で判断し、解任を決定できる。

裁判員、補充裁判員が重病になったり、急に冠婚葬祭や仕事上の重要な用務などで地方裁判所へ来られなくなったりした場合は辞任の申し立てができ、地方裁判所が解任を決定する（裁判員法第四四条）。

第３節　裁判員の保護

第１．裁判員等の保護措置

（１）不利益取扱いの禁止

裁判員法は「裁判員等の保護のための措置」という一章を置き、①不利益取扱いの禁止②裁判員らの個人情報の保護③裁判員等に対する接触の規制――という三つの措置を定めている。これも、裁判員が不安を覚えたり、危害に曝されたりすることなく、安心して職務を果たせるための欠かせない条件だ。

裁判員法第一〇〇条は「労働者が裁判員の職務を行うために休暇を取得したことその他裁判員、補充裁判員、選任予定裁判員若しくは裁判員候補者であること又はこれらの者であったことを理由として、解雇その他不利益な取扱いをしてはならない」としている。つまり、労働者が「裁判員休暇」を取るなどしたことで事業主が解雇などをしてはいけないということだ。こうした「不利益取扱いの禁止」は裁判員、補充裁判員だけではなく、裁判員に選ばれる前の候補者や既に裁判員、補充裁判員の仕事を終えた人にも適用される。ただし、この違反には罰則はない。

(2) 個人情報の保護

個人情報の保護も定められた。裁判員法第一〇一条では、誰であっても、裁判員、補充裁判員、裁判員候補者、裁判員候補予定者の「氏名、住所その他の個人を特定するに足りる情報を公にしてはならない」とされた。過去にこれらの職を務めた人についても「個人を特定するに足りる情報」は公にしてはならないが、本人が公表に同意している場合は構わない。「裁判員の氏名等漏示罪」(裁判員法第一〇九条)が設けられており、検察官、弁護人、被告人や、かつて検察官、弁護人、被告人であった者が、正当な理由なしに、裁判員候補者の氏名、裁判員候補者が裁判所から送られてきた質問票に記入した内容、裁判員等選任手続での裁判員候補者の陳述内容を外部に漏らすと、一年以下の懲役か五〇万円以下の罰金とされている。

(3) 裁判員等に対する接触の規制

裁判員等への接触は規制される。裁判員法第一〇二条では、現職の裁判員、補充裁判員に担当事件に関して接触することは、何人であってもしてはならないし、既にその職を終えた裁判員、補充裁判員に対しても、事件関係者のプライバシーなど「職務上知り得た秘密を知る目的で」接触することは禁じられている。この違反にも罰則はない。

第2. 日当、旅費、宿泊費など

(1) 日当上限一万円

裁判員候補者や裁判員は無給のボランティアではなく、日当、旅費、宿泊費が支払われる（裁判員法第二九条）。日当などの額は、最高裁判所が裁判員規則で定めた。日当は、裁判員と補充裁判員の場合、検察審査会の審査員よりやや高く、上限が一日当たり一万円、裁判員候補者の場合は一日当たり八〇〇〇円以内とされている（裁判員規則第七条）。選任手続で落選した候補者にも四〇〇〇円程度が支払われる。

裁判員らの宿泊料は地域の宿泊料金相場に応じて違いがあり、一晩当たり八七〇〇円または七八〇〇円が支給される（裁判員規則第八条）。

旅費は鉄道、船を利用する場合、旅客運賃に上中下の三等級があるときは中級の料金を、上下二等級があるときは下級の運賃になる。鉄道を片道一〇〇キロ以上の区間乗る場合は特急料金と座席指定料金、片道五〇キロ以上の場合は急行料金が支給され、船便の場合も座席指定料金が加算される。離島などから航空機を利用したとき、支給される航空賃は実際に支払った費用になる。

マイカーなど車を利用した時は一キロメートルについて三七円が支給される。いずれにしろ「最も経済的な通常の経路」で交通費を計算するのが原則だ（裁判員規則第六条及び第九条）。

(2) 一時保育の活用

裁判員を引き受けようと考えても、幼児がいたりすると、なかなか思い通りにはいかない。そのような夫婦をどう支援したらいいか、最高裁判所と厚生労働省が協議を続けていた。その結果がまとまり、厚生労働省が二〇〇八年三月一一日付で、子育て期の保護者が裁判員を引き受けられるよう、全国の自治体に一時保育などで積極的な対応をとることを依頼する事務連絡文書を送った。

厚生労働省雇用均等・児童家庭局保育課によると、一時保育は保護者の急病時などに市町村の責任で一時的に就学前の子供を保育所などで預かる制度で、全国では公設と民間を含め、約六七〇〇カ所の保育所が実施している。保育料は施設によってバラバラなのが実情だが、一日当たり最高で五〇〇〇円、平均すると約二〇〇〇円であり、裁判員の日当（上限一万円）の範囲でまかなえるという。

第３．罰則

（１）裁判員等に対する請託罪

裁判員や補充裁判員に、有利な裁判をしてもらおうと働き掛けるなど、その職務に関して請託をした者は、請託罪で二年以下の懲役か二〇万円以下の罰金に処される（裁判員法第一〇六条）。裁判の公正をゆがめる不正な行為だからだ。審理に影響を及ぼす目的で事実の認定、刑の量定などの裁判員として行う判断について、意見を述べたり、情報を提供したりした者も同様に処罰される。

（２）裁判員等に対する威迫罪

現職の裁判員・補充裁判員のほか、既に裁判員・補充裁判員の仕事を終えた人や、それらの人たちの親族に面会、文書送付、電話をかけるなど「いかなる方法によってするかを問わず」、担当の事件に関して威迫する行為をしたら、それも二年以下の懲役か二〇万円以下の罰金になる（裁判員法第一〇七条）。まだ裁判員候補者にすぎない人とその親族に威迫行為を働いても同様だ。裁判員や補充裁判員が安心して裁判に専念できなければ、公正な裁判は期待できないからとされている。

（3）裁判員候補者による虚偽記載罪

誤った裁判を招きかねない裁判員候補者の行為を処罰する規定も置かれている。裁判員候補者が、裁判員選任手続に先立って裁判所から送られてくる事前質問票に虚偽の記載をして裁判所へ提出したり、選任手続で裁判長の質問に虚偽の陳述をしたりしたときは五〇万円以下の罰金に処される（裁判員法第一一〇条）。

（4）裁判員候補者の虚偽記載等に対する過料

裁判員候補者が事前質問票に虚偽の記載をしたり、選任手続で裁判長の質問に対して、正当な理由なしに陳述を拒むなどしたときは三〇万円以下の過料に処される（裁判員法第一一一条）。

（5）裁判員候補者の不出頭等に対する過料

裁判員候補者が裁判所から呼び出しを受けても、正当な理由なしに出頭しなかった場合や、裁判員または補充裁判員が公平誠実に職務を行うとの宣誓を拒んだり、公判期日に正当な理由なしに欠席したりした場合は、一〇万円以下の過料となる（裁判員法第一一二条）。

第4．裁判員等の守秘義務

（1）評議の秘密

公務員には、職務上知ることのできた秘密を漏らしてはならないとする義務（守秘義務）がある。この義務は退職後も続き、違反したときは国家公務員法や地方公務員法で一年以下の懲役か罰金に処される。刑法では弁護士、医師、薬剤師らについても同趣旨の規定（秘密漏示罪）があり、違反は六月以下の懲役か罰金とされている（刑法第一三四条）。

裁判官は憲法で身分を保障されているため、違反には裁判官弾劾法に基づく罷免や裁判官分限法による懲戒が行われる。裁判員の場合は義務の範囲と罰則をどう定めるか、裁判員制度・刑事検討会や国会などの議論では、意見が大きく分かれた。最終的に裁判員法は、裁判員と補充裁判員が「評議の秘密その他の職務上知り得た秘密」（第一〇八条）を守ることを法的な義務とし、裁判の過程で示されたあらゆる秘密を守る義務を裁判員、補充裁判員に課した。

「評議の秘密」というのは、「構成裁判官及び裁判員が行う評議並びに構成裁判官のみが行う評議であって裁判員の傍聴が許されたものの経過並びにそれぞれの裁判官及び裁判員の意見並びにその多少の数」（第七〇条）と定義されている。つまり、どのような判決をするかについて①協議した経過②各人が述べた意見③何対何での裁決だったか——という三つが中身になる。これに「その他の職務上知り得た秘密」が加わるから、実質的に、裁判の進行中は一切、その内容を外部に漏らしてはならないということになるだろう。

秘密を守る義務は、裁判への信頼を確保するのに欠かせないと説明されている。評議の内容が不正確に伝わると、「そういうことなら信用できない」と言われる恐れがあるという。

しかし、裁判への信頼はむしろ、評議の内容をある程度明らかにすることによって達成されるべき性質のものではないか。また、裁判員等に任務終了後も自分の意見を述べることを禁じることは、「表現の自由」を保障した憲法の趣旨に悖る気もする。「あの人はこう言った」と暴露するのは良くないが、少なくとも、裁判終了後に自分の意見を述べることは許されてしかるべきではないか。
守秘義務については、秘密を守るべき期間を判決確定までに限るなど、その範囲と期間を限定するべきだと思う。全部を禁止してしまうと、過去の裁判を学問研究の対象にしたり、弁護士が研修材料にしたりすることなども不可能になり、かえって、社会的な不利益の方が大きくなる。

（2）秘密漏示罪

職務遂行中の裁判員、補充裁判員が「評議の秘密」や関係者のプライバシーなど「職務上知り得た秘密」を漏らせば秘密漏示罪が適用され、六月以下の懲役か五〇万円以下の罰金になる（裁判員法第一〇八条一項）。これは区分審理をした裁判員、補充裁判員にも適用され、最終判決が言い渡されるまでは現職扱いになる（同条四項）。

守秘義務は裁判員や補充裁判員の職務を終えた後も続き、各人の意見の中身と多少の数を明らかにしたり、「財産上の利益を得る目的」で評議の経過を漏らしたりすると、六月以下の懲役か五〇万円以下の罰金になる（同条二項）。ただし、評議の経過を漏らしたことについて「財産上の利益を得る目的」がなかった場合は、五〇万円以下の罰金に軽くなる（同条三項）。

また、職務遂行中の裁判員や補充裁判員が、一緒に事件を担当している構成裁判官、他の裁判員、補充裁判員以外の者に、「認定すべきであると考える事実」「量定すべきであると考える刑」を述べたときや、「裁判所により認定されると考える事実」「量定されると考える刑」を述べたときは、六月以下の懲役か五〇万円以下の罰金とされている（同条五項）。

職務を終えた裁判員や補充裁判員が、一緒に事件を担当していた構成裁判官、他の裁判員、補充裁判員以外の者に、裁判所による事実の認定、刑の量定について、その当否を述べたときも六月以下の懲役か五〇万円以下の罰金になる（同条六項）。区分審理をした裁判員、補充裁判員も最終判決が言い渡されるまでは職務遂行中の扱いになり、一緒に事件を担当していた構成裁判官、他の裁判員、補充裁判員以外の者に、裁判所によって認定されると考える事実、このくらいの量刑になると考える刑を述べたときも同様だ（同条七項）。

欧米諸国では陪審員、参審員の守秘義務違反には自由刑を含む罰則がある。評議の秘密を外部に漏らす行為は重大な違法行為だとする立場に立てば、裁判員に懲役刑、罰金刑があっても何ら不思議はない。しかし、国民参加の実を挙げるためには政策的な配慮を加え、懲役刑はやめて、せめて罰金にとどめるのが妥当だったと考える。罰則を重くすれば、国民は裁判員になるのを避けたがるだろう。裁判所の呼び出しがあっても出頭せず、不出頭の場合に課される「一〇万円以下の過料」（第一一二条）に甘んじる道を選ぶかもしれない。その方が処罰は軽く済むからだ。評議で出たことは全部秘密にしてしまうことすら問題だと考えるのに、それに違反したら懲役刑も科されかねないというのでは、どうも納得しかねる。

第4節　国選弁護制度

第1．被疑者の国選弁護

(1) 勾留段階にも拡大

総合法律支援法は、資力が乏しくて弁護人を頼めない被疑者・被告人に対する「国選弁護人の選任態勢の確保」（総合法律支援法第五条）を「日本司法支援センター」（愛称・法テラス）の業務として明記した。国選弁護制度は、憲法第三七条三項が「刑事被告人は、いかなる場合にも、資格を有する弁護人を依頼することができる。被告人が自らこれを依頼することができないときは、国でこれを附する」と定めた被告人の「弁護を受ける権利」を拡充し、裁判員制度を実施する上での前提ともなる重要な新制度だ。

「刑事訴訟法などの一部を改正する法律」では、「死刑又は無期若しくは短期一年以上の懲役若しくは禁錮に当たる事件について被疑者に対して勾留状が発せられている場合において、被疑者が貧困その他の事由により弁護人を選任できないときは、裁判官は、その請求により、被疑者のため弁護人を付さなければならない」(刑事訴訟法第三七条の二)とされた。これまでは、起訴された後でなければ裁判所は国選弁護人をつけられなかったが、その仕組みを前倒しして、警察署や検察庁などで取り調べ中の被疑者にも、裁判所が、身柄拘束を認める「勾留」(新聞用語では「拘置」)の段階から、公費で弁護士をつけられるようにし、被疑者の人権保障を高めた点に意義がある。

(2) 資力要件

「貧困その他の事由」に当たるかどうかの判断は、明確な資力基準を定め、被疑者に「資力申告書」の作成・提出を義務付けて、それを基に行う。一定の資力がある場合は、私選弁護の申出を行ったものの弁護人を選任できなかったことが、国選弁護の要件とされる。被告人についても、被疑者の場合に準じて、国選弁護人の選任要件と選任手続が整備された。二〇〇六年一〇月から二〇〇八年三月までの半年間に、全国で九八九二件が、この新制度で選任された。

(3) 被疑者の請求権

改正刑事訴訟法は、被疑者に「請求権」を与えており、被疑者の人権を守る上で非常に重要な改正といえる。しかも早い段階で弁護人がつけば、事件の争点は早く明確化され、裁判の充実・迅速化が実現できる。分かりやすい裁判を行うことは国民参加を容易にすることにもつながる。起訴事実を認めて、裁判官一人と裁判員四人の〝小さな裁判体〟を選ぶかなどの重大な選択は、初公判の前に弁護士と相談しなければできない仕組みになっている。

おそらく、被疑者段階で選任された国選弁護人は、これらの判断をするのに協力する重大な責務を担うことになるだろう。これまで行われてきたような、情状酌量だけを裁判所に求めていると思えることもある、おざなりな国選弁護は通用しなくなる。

第2. 国選弁護人の選任態勢

(1) 法定合議事件の段階

被疑者、被告人の国選弁護制度のうち、被疑者の国選弁護制度は二段階に分けて実施される。二〇〇六年一〇月二日に始まった第一段階は、「死刑又は無期若しくは短期一年以上の懲役若しくは禁錮に当たる事件」（主に法定合議事件）を対象とする。しかし、二〇〇九年五月二一日に実施される第二段階では、対象事件が「死刑又は無期若しくは長期三年以上の懲役若しくは禁錮に当たる事件」（必要的弁護事件）へと拡大される。

少し古いデータだが、二〇〇二年には第一段階は全国の勾留件数約一四万件のうち年間約七四〇〇件にすぎなかった（日本弁護士連合会『弁護士白書二〇〇五年版』、一九頁以下）。これを担う全国弁護士会の負担には驚くほどの違いがあった。第一段階の負担が全国で最も軽いのは、弁護士人口のほぼ半数を抱える東京で、負担率（弁護士一人当たりの担当件数）は〇・一〇、つまり一〇人に一人しか公的弁護を担当しない。ところが、全国で最も負担率の高い水戸は一・四一、一人の弁護士が二年で三件をこなさなければならない計算だった。最高率と最低率の弁護士会で負担の差は実に一四倍にも上るアンバランスだ。

（2）必要的弁護事件への拡大

これでは、第二段階はどうなるのか、不安がぬぐえない。全国の弁護士のうち国選弁護を引き受ける弁護士がまだ少なかった状況からすると、第一段階が小さい規模でスタートするのはやむを得なかった。しかし、その規模を将来的に拡大させていく必要性があるのは、被疑者・被告人の防御権行使を保障する観点からは当然のことだ。

弁護士白書二〇〇七年版によると、弁護士人口は二〇〇七年四月一日現在で二万三一五四人に増え、被疑者の国選弁護を引き受ける契約を法テラスとした弁護士は六五四四人になった。しかし、二〇〇六年のデータによると、第二段階の必要的弁護事件は一挙に第一段階の約一〇倍の年間約一一万八〇〇〇件に広がり、そのうち約九万二〇〇〇件が被疑者国選弁護事件になると推測されている（一四二頁）。これだけの負担の急増に各地の弁護士会は堪えなければならない。総合法律支援法が「迅速かつ確実に国選弁護人の選任が行われる態勢の確保が図られなければならない」（第五条）としているように、国選弁護制度が安定的に運用されるためには、契約弁護士の数をもっと増やし、地域的バランスもとれるようにしていかなければならない。

第5節　公判開始までの手続

第1．捜査

（1）捜査の問題点

日本の刑事裁判は「自白偏重」だと、さまざまなところから指摘されている。そのため警察などの捜査では、いるようだ。

被疑者からまず自白を得ようと、時に無理な捜査も行われる。そのような捜査から、多くの誤判事件が生まれている。

刑事訴訟法によると、警察に逮捕された被疑者は身柄拘束から四八時間以内に書類、証拠物とともに検察官に送られる（刑事訴訟法第二〇三条）。検察官は弁護人の選任ができることを告げ、弁解の機会を与えた上、留置の必要があると考えるときは、被疑者を受け取った時から二四時間以内で、かつ身柄拘束から七二時間以内に裁判官に被疑者の勾留を請求しなければならないとされている（刑事訴訟法第二〇五条）。裁判官は身柄拘束の理由があると認めたときは、請求から一〇日間の勾留を決め、さらに、やむを得ない理由がある場合は、一〇日以内の勾留延長ができる（刑事訴訟法第二〇八条）。内乱罪など特別な罪は、さらに五日の再延長も可能だ。

捜査について多くの問題が起きるのは、逮捕後の二日間と勾留中の二〇日間であることが多い。この間に、犯行を認める被疑者の警察官面前調書、検察官面前調書が作成され、公判で否認しても、捜査段階の調書が持ち出されて、そちらの方が信用できるという理由で判決に至るパターンだ。

裁判官、検察官などの面前で行われた供述を記録し、作成された供述調書、供述録取書で供述者の署名か押印があるものは、一定の条件があれば証拠にできる。例えば、刑事訴訟法の中でも最も有名な条項である第三二一条一項二号は、検察官の面前で行われた供述を録取した書面（いわゆる「二号書面」）は①供述者が死亡していたり、精神・身体に故障があったり、所在不明か国外にいたりする事情があり、そのために公判準備や公判期日の供述ができない②公判準備や公判期日に前の供述と相反するか実質的に異なる供述をした――場合には、公判準備段階や公判期日の供述よりも「前の供述を信用すべき特別の情況」（特信性）がある時に限って、証拠にできるとしている。もちろん供述が強制されたものではなくて、供述者が自発的に述べたものでなければならない（任意性）。そこで、検察官面前調書（検面調書）の任意性、信用性、特信性が激しく争われることになるわけだ。

（2）誤判の原因

誤った裁判が行われる原因は何だろうか。小田中聰樹・東北大学名誉教授は再審事件を分析した結果、その主要なものは①捜査機関の治安維持的地位から生じる意識的または無意識的な見込や判断の誤り②その誤った見込や判断を根拠づけるために行われる違法な捜査（虚偽自白や虚偽証言の強要・誘導、物証の偽造・変造とそれによる鑑定過誤の誘発など）や誤った見込・判断に意識的又は無意識的に迎合して行われる鑑定の誤り③誤った違法な捜査（とりわけ取調）に無批判に依存し、自由心証主義の名の下に有罪証拠にひそむ矛盾を意識的又は無意識的に無視ないし軽視し、「疑わしきは被告人の利益に」の鉄則をはじめとする証拠法則をルーズに適用して行われる裁判所の事実認定である——と述べている（小田中聰樹『誤判救済と再審』〔日本評論社、一九八二年〕、二一八、二一九頁）。

そして小田中教授は「誤判を防ぐためには構造的な誤判原因を生み出している糾問的な刑事手続の構造的特質そのものを克服しなければならない。すなわち、捜査に対する司法的抑制（令状主義）の実質化、代用監獄の廃止、接見交通の完全自由化、被疑者に対する国選弁護制度の採用、被疑者取調への弁護人立会権の付与、検察側手持ち証拠の事前全面開示、自白の証拠能力（任意性）の規制の厳格化、補強法則の実質化（適用範囲を犯人と被告人の同一性にまで拡大する）、伝聞証拠排除法則の厳格な運用などにより、糾問的捜査依存型の裁判を克服しなければならない」（同書二二二頁）とした。

ここに挙げられた多くの問題点は、かなりの部分が捜査の在り方に関係している。それにもかかわらず、この指摘が行われた後の二〇年余りの間、改善されたものはほとんどなかった。今回の司法制度改革でも、被疑者に対する国選弁護制度の採用と証拠開示の拡大が、ようやく行われたものの、捜査の改革については、ほとんど手付かずの状態で終わっている。最近になってやっと、取り調べの録音・録画が試行されるなど、捜査の在り方を見直す機運が出てきた。

しかし、刑事裁判の公判が変わり、新しい証拠開示方法によって法廷に出される証拠が裁判員の目にも触れるようになると、証人等の供述調書なども変わらざるを得ないのではないか。それによって、いずれは捜査の在り方も変革を迫られることになるはずだ。

第2. 公判前整理手続

(1) 国民参加の準備運動

刑事裁判の基本的なルールを定めた刑事訴訟法は戦後、一九五三年と五四年に小規模な改正が行われた。裁判員制度が始まるのと関連して二〇〇四年五月に行われた今回の改正は、実質的には半世紀ぶりといえる大規模な改正だったことに注意しておかなければならない。刑事訴訟法の誕生以来、刑事裁判は裁判官、検察官、弁護士というプロの法律家だけが法廷に出ている状態を想定して作られているが、国民に裁判所へきてもらい、裁判員制度を実施していくには、その構造を根本から見直さなければならなくなった。現在の刑事裁判手続は裁判官、検察

それは、現在の刑事裁判の欠点を克服しようとする試みでもある。従来のプロのための「精密司法」から、参加する国民が理解しやすく、判断しやすいように事件の核心に審理の焦点をしぼる刑事裁判に今、変わろうとしている。

刑事訴訟法学者の、平野龍一東京大学教授は一九九〇年ごろ、刑事司法の展望は「ほとんど絶望的」と言い、

裁判官と国民が一緒に裁判を行う参審制度の実施を主張して法曹関係者に衝撃を与えた。没後にまとめられた遺稿集『刑事法研究　最終巻』（有斐閣、二〇〇五年）に収められた論文「国民の司法参加を語る」（一九九二年）では「刑事手続の欠点」として①裁判がキャリア裁判官だけで行われている②警察の取り調べが克明であって、その調書が裁判官の心証を支配している――という二点を指摘した（同書一四三頁）。

平野教授は、現在の裁判は、実際には、警察官や検察官が作成した被疑者・被告人の供述調書、参考人調書などを自宅に持ち帰って読むなどして心証を取っており、「強力な捜査に基づく、調書裁判、精密司法に堕している」（同書二〇五頁）と厳しく批判した。そして「参審制の採用による『核心司法』を」（一九九九年）という論文で、日本の刑事司法は国民参加によって「精密司法」から、事件の核心を突いた「核心司法」へと変わる必要があることを強調した（同書一九〇頁）。

そのような方向が今、現実化しようとしている。改正された刑事訴訟法と、その細部の約束事について最高裁判所が定める刑事訴訟規則が、二〇〇五年一一月一日から施行され、一足先に、国民参加の準備運動が始まった。

（2）裁判員制度での義務づけ

刑事訴訟法の改正は刑事裁判の「充実・迅速化」を大きな狙いとしている。それは、裁判員制度を実施する上で、どうしても必要な法整備だった。仕事を持った裁判員が裁判所へ通える期間は限定されるから、連日的な開廷や集中審理が欠かせず、初公判の前に事件の争点、証拠の整理などを徹底し、綿密な審理計画を立てておくことが必要になる。このような観点から、新しく導入されたのが「公判前整理手続」だった。

この手続は、裁判所が「充実した公判の審理を継続的、計画的かつ迅速に行うため必要があると認めるとき」に、検察官と被告人・弁護人の意見を聴いた上、決定で「第一回公判期日前に、事件の争点及び証拠を整理するための公判準備として」行うことができる（刑事訴訟法第三一六条の二）。また、裁判所は審理の経過から必要を認めるときは、検察官と被告人・弁護人の意見を聴いて、第一回公判後に、事件の争点と証拠を整理するために、公判前整理手続と同じような「期日間整理手続」を行うこともできる（刑事訴訟法第三一六条の二八）。いずれも、やるかやらないかは、裁判官の判断に任せるということになっていて、必ずしも義務付けられてはいないが、実際には裁判官が相当積極的に試すはずだ。裁判員法で「対象事件については、第一回の公判期日前に、これを公判前整理手続に付さなければならない」（裁判員法第四九条）と定められており、裁判員制度は二〇〇九年五月二一日に始まる。裁判官たちもそのときに備えて公判前整理手続に習熟していなければならない。

公判前整理手続や期日間整理手続を行った事件は、弁護人なしには開廷できない（刑事訴訟法第三一六条の四）。「必要的弁護」と呼ばれる規定だが、公判前整理手続や期日間整理手続は、被告人の立場を大きく左右する重大な決定が行われることから、専門家である弁護士の法的な助言を開廷の不可欠の条件とした。これによって、被告人の守られるべき権利が不当に制限される事態は回避できる。この規定は被疑者・被告人の国選弁護制度とリンクしていることにも注意しておいてほしい。国選弁護の業務を担う「日本司法支援センター」の常勤弁護士、契約弁護士らが公判前整理手続や期日間整理手続に立ち会うケースが増えてくることだろう。

公判前整理手続は裁判員制度より一足早く、二〇〇五年一一月一日から開始された。この手続の主眼は、争点整理、検察側・弁護側の主張の明示、証人の採否、審理計画の策定にあり、主張の追加・変更、証拠調べ請求の追加、訴因・罰条の追加・撤回・変更などを行うことも可能だ（刑事訴訟法第三一六条の五、二一、二二）。そこでは当事者の自由なやりとりが想定されており、そのような自由なやりとりを通じて、実質的な争点が徐々に明らかにされ、それぞれの主張も固まってくる。こうして争点の明確化と証拠の整理が順調に行われれば、この手続の場で、その後の審理の展開については、ほとんどすべて決まってしまう可能性があり、その意味で、今後の刑事裁判にとって最も重要な新手続になるといえるだろう。

（3）証明予定事実記載書面

公判前整理手続は、公訴提起を受けた裁判所が主宰して行い、裁判官が検察官、弁護士ら訴訟関係人を出頭させるか、訴訟関係人に書面を提出させる方法で進める（刑事訴訟法第三一六条の二）。公判が始まる前、裁判所が証拠や当事者の主張に触れることは、予断排除の原則に抵触しないかどうか、裁判員制度・刑事検討会でも論議されたが、公判前整理手続は審理計画策定という目的のために、検察官と被告人・弁護人の両当事者を立ち会わせて行うのだから、裁判所が一方の当事者に偏って不公平な判断をするおそれはないだろう。また争点と証拠の整理は、あくまで証拠能力や証拠開示要件の判定のために行われるのであって、証拠の中身に触れるのではない。証拠の中身は公判の証拠調べで初めて明らかになるのだから、手続の趣旨を逸脱しない限り、公判前整理手続の段階では予断を持つことになるはずはないし、そのようなことがあってはならない。

裁判所は、公判を担当する裁判官に命じて、公判前整理手続を行わせることができ（刑事訴訟法第三一六条の一一）、期日には裁判所職員を立ち会わせ、「公判前整理手続調書」を作成しなければならない（刑事訴訟法第三一六条の一二）。この手続は被告人に弁護人が付いていなければ行うことができず、弁護人がいないときは、裁判長は職権で弁護人を付けなければならないとされている（刑事訴訟法第三一六条の四）。

裁判長が決めた公判前整理手続期日に、検察官は、その後の公判期日に証拠によって証明しようとする「証明予定事実」を記載した書面を裁判所へ提出し、それを証明するために用いる証拠の取り調べも請求する（刑事訴訟法第三一六条の一三）。この書面には「裁判所に事件について偏見又は予断を生じさせるおそれのある事項」

を記載することはできない。裁判の公正を確保するための措置であり、裁判長であっても公判前に、証拠の中身に触れることはできないようになっている。

（４）証拠開示

重要なのは、検察側と弁護側がそれぞれ手持ちの証拠を相手方に示す「証拠開示」だ。検察官による証拠開示は①「検察官請求証拠」の開示②「類型証拠」の開示③「争点関連証拠」の開示――の三段階に分けて行われる。第一段階の検察官請求証拠の開示は、検察官が公判で公訴事実の証明に使うことを予定している①証拠書類又は証拠物②証人、鑑定人、通訳人又は翻訳人らの供述録取書――などを弁護人に閲覧させ、コピー（謄写）をとる機会を与える方法で行われる（刑事訴訟法第三一六条の一四）。

弁護側が検察官請求証拠の検討を終えると、第二段階の類型証拠開示に移る。検察官請求証拠以外に①証拠物②被告人以外の者の裁判所での供述録取書と裁判所の検証結果を記載した書面③検察官、検察事務官、司法警察職員（警察官）の検証結果を記載した書面又はこれに準ずる書面④鑑定の経過・結果を記載した書面又はこれに準ずる書面⑤検察官が尋問を行う予定の証人等の供述録取書等⑥検察官が特定の請求証拠によって直接証明しようとする事項についての被告人以外の者の供述録取書等⑦被告人の供述録取書等⑧身体拘束を受けている者の取り調べ状況の記録（年月日、時間、場所など）――という八種類の「類型証拠」のどれかに該当し、特定の検察官請求証拠の証明力を判断するために重要と認められるものについて、被告人又は弁護人から開示請求があったときに、その「類型証拠」の開示が行われる。検察官は、開示の重要性の程度など被告人の防御の準備のために開示をすることの必要性の程度と、開示によって生じるおそれのある弊害の内容と程度を考慮し、相当と認めるときは、速やかに開示しなければならない（刑事訴訟法第三一六条の一五）。

ここで定められている証拠開示の要件は複雑で、「厚化粧」の要件と皮肉る弁護士もいる。確かに、類型証拠開示の請求は、弁護人が的確に類型、請求理由などの特定をしないと、検察官が出してこない仕組みであるかのように見える。新制度施行の当初は、刑事事件に精通した程度によって開示証拠に違いが出るかもしれず、その意味では、弁護人の力量が問われる仕組みといえるかもしれない。しかし、それも一時のことで、事例が積み重なってくれば、どのような請求の仕方をすれば証拠開示がされるのか、弁護側と検察側の間で慣行もできてくるだろう。

注目しなければならないのは、弁護側に証拠開示請求権が与えられたことだ。この請求権を活用し、弁護に必要ないろいろな証拠を検察側から引き出していけるような活動をすることが、弁護人に求められることになるだろう。

(5) 弁護側の主張の明示

この後が弁護側の出番になる。これらの証拠開示を受けた弁護側は、検察官請求証拠を裁判所の判断の材料となる証拠とすることに同意するかどうか、その取り調べ請求に異議がないかどうか、について意見を明らかにしなければならない(刑事訴訟法第三一六条の一六)。そして弁護側も、証明予定事実など公判期日で行うことを予定している事実上、法律上の主張があるときは、裁判所と検察官に明らかにし、証明に用いる証拠の取調べを請求しなければならない(刑事訴訟法第三一六条の一七)。証拠書類、証拠物、証人、鑑定人、通訳人、翻訳人らの供述録取書などの証拠も検察官に開示する必要がある(刑事訴訟法第三一六条の一八)。これを受けて検察官も弁護側の証拠に同意するか、証拠調べに異議がないかの意見を明らかにする(刑事訴訟法第三一六条の一九)。

ここから第三段階の争点関連証拠開示に入る。ここまでの過程で検察側、弁護側の双方が基本的な主張を明らかにしており、争点はかなり明確になってきているはずだ。検察官は、弁護側の主張に関連すると認められるものについて、被告人又は弁護人から開示請求があった場合は、関連性の程度と開示によって生じるおそれのある弊害の内容と程度を考慮し、相当と認めるときは、速やかに開示しなければならない（刑事訴訟法第三一六条の二〇）。その際、被告人又は弁護人は①開示請求証拠を識別できる事項②主張と開示請求証拠との関連性など被告人の防御の準備のために開示が必要である理由――を明らかにする必要がある。争点関連証拠も開示した後、検察官は証明予定事実の追加、変更ができる（刑事訴訟法第三一六条の二一）。弁護側も必要があれば主張や証明予定事実の追加、変更が可能だ（刑事訴訟法第三一六条の二二）。

このような開示請求と開示の手続が繰り返される。こうした一連の実務が定着すれば、開示範囲は現在よりもかなり広くなるのではないか。

整理手続の終了後は、やむを得ない事由がない限り、証拠調べの請求は基本的にできなくなる（刑事訴訟法第三一六条の三二）。できたはずの請求をせずに、後になって請求してくるのを認めたのでは、整理手続をする意味がなくなってしまうからだ。それは、お互いの防御方針構築を無にしかねない不信行為ともいうべきだろう。ただし、争点整理の拘束力については規定が設けられなかった。「裁判は生き物」と言われるように、公判で証人や被告人が予想外のことを話し始めるなどして、事前に想定していた証拠関係などが大きく変わってしまうことがある。そういう場合には、新たな証拠請求が必要になるから、新しい争点が浮上すれば、それに伴って証拠調べが行われることもあり得る。

（６）裁判所の命令

今回の刑事訴訟法改正の大きな特徴の一つは、裁判長の訴訟指揮権強化だといえる（刑事訴訟法第二九五条）。

証拠開示についても、検察官や被告人・弁護人が開示すべき証拠を開示しないときは、裁判所が証拠開示命令を出すことができる（刑事訴訟法第三一六条の二六）。さらに、裁判所が必要と認めるときは、検察官や被告人・弁護人に閲覧・謄写はさせない条件で証拠の提示を命じることも可能で、被告人・弁護人から証拠開示命令の請求があったときは、検察官に「その保管する証拠であって、裁判所の指定する範囲に属するものの標目を記載した一覧表」の提示命令も出せる（刑事訴訟法第三一六条の二七）。

これは、今回の改正で弁護側が手にできた最大のメリットだろう。仮に裁判所から命令が出されない場合、被告人・弁護人は裁判所に不服申し立てができ、その決定に対しては高等裁判所へ即時抗告して争えるからだ。裁判所が証拠開示に消極的な訴訟指揮をするのではないかという心配もあるようだが、裁判所にしてみれば、証拠開示が進まなければ、争点整理はできず、審理計画も立てられない。証拠開示に消極的な姿勢を取ることは、自らの首を絞めるに等しい行為であるから、実際には裁判所が開示命令を積極的に出す可能性の方が高いだろう。

裁判長の命令などに従わない行為があると、それは検察庁、日本弁護士連合会へ裁判所から処置要求として通知される可能性がある。検察庁内部の処分、日本弁護士連合会の綱紀・懲戒制度とリンクすることで実効性を保とうとしているが、処分によっては紛糾することもあるかもしれない。

（7）「目的外使用」の禁止と処罰

被告人や弁護人が、検察官が審理の準備のために閲覧、謄写を認めた証拠の複製は、裁判以外の目的で人に交付したり、電気通信回線を通じて提供したりすることができない（刑事訴訟法第二八一条の四第一項）。「開示証拠の目的外使用」といい、改正刑事訴訟法に新しく追加された。この規定に違反した場合にどのような措置をとるかは「被告人の防御権を踏まえ、複製等の内容、行為の目的及び態様、関係人の名誉、その私生活又は業務の平穏を害されているかどうか、当該複製に係る証拠が公判期日において取り調べられたものであるかどうか、その取調べの方法その他の事情を考慮する」とされている（同条第二項）。学問研究、弁護士会の研修、裁判の報道、無罪を訴える被告人が支援を求める文書などへの使用などは、これらの条件に照らして適法性が判断されることになるとみられる。

この規定は、含みを持たせた微妙な規定であって、どこまで罰則の網がかかるか、見極めにくいところがある。改正刑事訴訟法の立法を担当した辻裕教検事は「開示証拠の複製等が暴力団関係者に流出したり、雑誌やインターネット等で公開された事例」を例示している（辻裕教『裁判員法／刑事訴訟法、司法制度改革概説⑥』〔商事法務、二〇〇五年〕、三四頁）。この点は、報道の自由とも抵触するおそれがある重大なところだ。

（8）第一回公判期日前の鑑定

公判前整理手続で鑑定を行うことが決まったとき、その鑑定の結果が報告されるまでに相当長期間かかる場合、裁判所は第一回公判期日前に鑑定の手続を行うことを決定することができる（裁判員法第五〇条）。この決定は「鑑定手続実施決定」と呼ばれるが、ここで行われることの中には、鑑定の経過と結果の報告という鑑定の中身は含まれない。精神鑑定を例に取ると、鑑定人にできるのは、被告人の問診・検査、親族などからの事情聴取、資料の収集・調査などの事実行為だけで、その結果は、裁判員の関与する公判審理で初めて明らかにされる。

これまでの公判は、審理が始まってから、鑑定を実施するため、長期間にわたり審理が中断することが珍しくない。しかし、裁判員が参加することになれば、長期にわたる審理中断は記憶の散逸を招き、望ましくない。いずれ実施する可能性が大きい鑑定であれば、裁判所は公判前整理手続で積極的に鑑定手続実施決定をするべきだろう。実務的には、これまでよりも多少、広めに鑑定が行われるようになるのではないかともみられている。

(9)審理計画の提示

公判前整理手続では「公判期日を定め、又は変更することその他公判手続の進行上必要な事項を定める」(刑事訴訟法第三一六条の五)とされている。裁判官は、審理計画を立て、審理に必要な見込み日数をあらかじめ明らかにする。

このように十分な準備をした後、裁判員の出頭を求めて初公判が始まる。

第3. 刑事裁判の原則

(1)無罪の推定

刑事裁判には基本的な原則がいくつかある。実際の裁判の流れに入る前に、裁判員として心得ておかなければならない基本原則に触れておきたい。これらの内容は、裁判員、補充裁判員に選任されると、まず裁判長から説明を受けることになるはずだ。

大原則は「無罪の推定」だ。捜査当局から犯罪の嫌疑を受けている被疑者や、検察官から起訴されて裁判所の審理を受けている被告人は、裁判所が有罪の判決をするまでは、「罪を犯していないもの」として扱われなければならないという原則をいい、一七八九年のフランス人権宣言第九条で初めて宣言された。被告人であっても、有罪判決が確定するまでは、無辜の市民として扱われなければならない。それは、また、有罪か無罪かがはっきりしないときは、無罪として扱われなければならないことも意味しており、ここから「疑わしきは被告人の利益に」という原則なども導かれる。

(2)起訴状一本主義

憲法第三七条一項は被告人に「公平な裁判所の迅速な公開裁判を受ける権利」を保障している。ここでいう「公平な裁判所」とは、偏頗や不公平のおそれのない組織と構成を持った裁判所だとされている（最高裁大法廷一九四八年五月二六日判決）。その実現のために設けられた制度の一つが「起訴状一本主義」だ。検察官が被告人を起訴する際、裁判所へは起訴状だけを提出し、裁判官が予断や偏見を抱くような書類などの添付を禁止することをいい、起訴状には検察側の証拠の内容を引用することも許されないのが原則とされる。

戦前の旧刑事訴訟法はドイツ法の影響下、職権主義的な色彩が強かった。公訴提起後に実質的な捜査を判事が継続する予審制度を置くなど、「警察官が被疑者を取り調べ、次の段階で事件を検察官に引き渡し、さらに次の段階で裁判官に引き渡す。常に国家権力が被告人を取り調べるという関係にある」といってよく、「捜査の主体と裁判の主体が連続していた」（池田修、前田雅英『刑事訴訟法講義　第二版』［東京大学出版会、二〇〇六年］一六頁）。しかし、戦後はアメリカ法の影響が強まり、旧刑訴法の下での被疑者・被告人の人権侵害に対する反省から、予審制度の廃止や、犯罪の構成要件に当てはめて法律的に構成された具体的事実（訴因）を表示する訴因制度の導入とともに起訴状一本主義が採用された。しかし、最近では、それが極端に主張され、起訴状一本主義が「物神化」（松尾浩也・東京大学名誉教授）されているとして、その行き過ぎを指摘する見解もある。

公判前整理手続では証拠調べ請求などが行われるが、これは「起訴状一本主義の理念が旧刑訴法との違いを強調し、心証の引継ぎを防止するために極めて抑制的に理解されてきたのを修正し、両当事者の関与を前提とすれば、争点整理のために具体的主張や証拠に接したとしても、予断排除の原則に反するものではないと考えられることによる」（池田、前田『刑事訴訟法講義』一八〇頁）。また、脅迫罪などの起訴状に脅迫文書の内容を引用する場合など、引用の程度が訴因の明示に必要なものであれば違反ではないとされている。

（3）当事者主義

現行の刑事訴訟法は、検察官や被告人・弁護人ら「当事者」が刑事訴訟の進行に主導的な役割を果たす「当事者主義」を採っている。当事者が主張を述べ合い、証拠を出し合って、それを裁判所が判断するのを原則的な理念とする。裁判所が主導権を持つ「職権主義」と対立する原理だ。戦前の刑事訴訟法は職権主義の色彩が濃かったが、敗戦により、英米法の強い影響下で作られた現行法で新たに導入された。

例えば、公判の証拠調べの際、裁判所の職権で行うことを大幅に認めるのが職権主義であり、もっぱら当事者の立証活動を中心に証拠調べが進行していくのが当事者主義だといわれる。当事者主義では、事件について、対立する主張や異なる見解が法廷に出されることから、真実の発見に近づくと考えられている。アメリカ、イギリス、イタリアなどで広く採用されている。

（4）直接主義

刑事裁判では、公判で直接取り調べた証拠にのみ基づいて事実を認定し、判決しなければならない。これは「直接主義」と呼ばれる。裁判官、裁判員が交代したら、公判手続を更新しなければならない（刑事訴訟法第三一五条、裁判員法第六一条）などの規定が、その例とされている。

（5）口頭主義

公判審理の在り方として、公判期日の手続は口頭で行わなければならないとする原則を「口頭主義」と呼んでいる。書面主義と対立する考え方で、裁判公開の原則を実現し、適正な事実認定をするためにも、法廷で被告人や証人らが口頭で述べた証拠から、有罪か、無罪かの心証を採るのが望ましい。

刑事訴訟法は、判決は原則として口頭弁論に基づいてしなければならない（第四三条）とし、証拠書類の取り調べ方法として朗読を求める（第三〇五条）などの規定を定めている。裁判員制度では「裁判員が記録を読み込んで心証を採るのを期待できないこと、継続的審理を行って迅速に結論を出す必要があることから、口頭主義は必須の原則になる」（白取祐司『刑事訴訟法第四版』［日本評論社、二〇〇七年］二八一頁）。

（6）証拠裁判主義

刑事訴訟法第三一七条は「事実の認定は、証拠による」と定める。事実の認定は、法廷に提出された客観的証拠と、それに基づく合理的な推論によって行われなければならない。犯罪事実の証明には、証拠能力が認められ、公判で適法に取り調べられた証拠によらなければならないという、いわゆる「厳格な証明」が原則として必要とされている（最高裁判所一九六三年一〇月一七日判決）。

ここで必要な証明の程度については「真実の高度の蓋然性」が求められる。最高裁判所の判決は「反対事実の存在の可能性を許さないほどの確実性を志向した上での『犯罪の証明は十分』であるという確信的な判断に基づくものでなければならない」（一九七三年一二月一三日）としている。

最高裁判所によると、公判が始まる前の段階では、裁判員に対し、必要な立証の程度について「証拠を十分に検討すべきことと併せて簡潔な説明にとどめておく」という。中間評議、最終評議で、あらためて裁判官が繰り返し説明をしていくが、特に評議の最終段階では「具体的な証拠との関係に言及しながら説明していくことが重要」だとしている。

（7）証拠法則

1．自白法則

憲法第三八条一項は被告人の黙秘権を定め、さらに二項で「強制、拷問若しくは脅迫による自白又は不当に長く抑留若しくは拘禁された後の自白は、これを証拠とすることができない」と定めている。「自白法則」と呼ばれる規定だ。

これは、自白を得る過程での適正手続を確保するための規定であって、具体的な取調方法が違法・不当であれば、それだけで、その自白は排除されると理解されている。任意性に疑いのある自白には、原則として、法廷で真実を証明する証拠としての資格（証拠能力）が認められない。

また憲法第三八条三項は「何人も、自己に不利益な唯一の証拠が本人の自白である場合には、有罪とされ、又は刑罰を科せられない」とも定めている。刑事訴訟法第三一九条にも同じ趣旨の規定が置かれている。仮に自白だけで有罪の心証が得られても、自白を補強する証拠がなければ有罪の認定はしてはならない。この原則は「自白の補強法則」と呼ばれている。被告人の自白だけでは「空中楼閣的な事実が犯罪としてでっちあげられる危険」（最高裁判所一九四九年四月七日判決）があるからだなどと説明される。

2．伝聞法則

もう一つの重要な証拠法則が「伝聞法則」だ。憲法第三七条二項は「刑事被告人は、すべての証人に対して審問する機会を充分に与へられ、又、公費で自己のために強制的手続により証人を求める権利を有する」と、すべての証人に対する反対尋問の機会を被告人に保障した。これを受けて刑事訴訟法第三二〇条も、反対尋問を経ない伝聞証拠や捜査過程で作成される供述調書の証拠能力を原則として否定している。

この結果、捜査段階での証人らの供述などは、法廷で直接、供述者への尋問が行われ、相手方当事者からの反対尋問によってチェックを受けなければ、証拠とするのが禁じられることになった。これによって、捜査書類を公判に持ち込むことは原則的にできなくなり、捜査から遮断された公判中心主義が実現するからだとされている。

第６節　初公判から結審まで

第１．新しい公判審理の特徴

(1) 裁判員裁判の流れ

第一回公判の直前、裁判員はまず裁判官から「裁判員の心得」について「教示」を受ける。無罪の推定など刑事裁判の原則が説明される。裁判員の公正な判断を確保するには、分かりやすく、適正な説明が行われなければならない。その上で裁判員が宣誓書を読み上げ、署名と押印をする。

続いて被告人が起訴された当事者かどうかを確認する「人定質問」が行われ、検察官が起訴状を朗読。その後、被告人が公訴事実を認めるかどうかの「罪状認否」が行われる。続いて検察官が「冒頭陳述」を行う。事前の準備手続で争点整理は済んでおり、冒頭陳述は争点中心に証拠との関係を具体的に示す内容になる。弁護人も直ちに冒頭陳述で主張を明示しなければならない。

証拠調べは争点に集中して計画的に行われる。検察、弁護双方とも証拠と証人を厳選し、それぞれの主張を裏付ける。証拠書類は、立証する内容を理解しやすく記し、証拠物の取調べも争点との関連が明らかになるようにする。証人尋問も争点中心に簡潔に行い、原則として主尋問の直後に反対尋問をしなければならない。弁論や証拠調べは「直接主義」「口頭主義」の原則が徹底される。

裁判員は検察側と弁護側の主張をよく聴き、証言と証拠を点検しながら、心証をとる。必要ならば、メモをしてもよいが、現場の図面や関係者の間柄など最低限の資料は配付されるので、あまりメモにとらわれない方がよい。疑問があれば、裁判長の了解を得て証人らに質問することもできる。重要な局面ごとに裁判官と中間的な評議を行い、弁論や証拠調べに対する判断を固めていくことになりそうだ。証拠調べの終了後、検察側の論告求刑が速やかに行われる。弁護側も直ちに最終弁論をして結審。その後、評議が行われ、判決の言い渡しになる。

濃密で迅速な審理が求められる裁判員裁判が、拙速な審理となり、被告人の防御権が損なわれる恐れがないように、裁判員裁判では、準備手続も公判も、弁護人がつかない状態では行われない。弁護士を頼む資力がない人らには、裁判所によって国選弁護人が選任される。公判が始まった後、弁護人が期日に出頭しないなど不測の事態が起きたときには、裁判長は職権で国選弁護人をつけることができる。

被告人、弁護人、検察官が出廷しない場合、裁判所は出頭命令を出せる。命令違反には裁判所が決定で過料を科したり、費用の賠償を命じたりすることもできる。一般市民を呼んでおきながら、開廷すらできないようでは困るからだ。

裁判所は制裁措置を取ったことを検察庁や日本弁護士連合会に通知し、「適当な処置」を請求しなければならず、これを受けて、検察庁や日本弁護士連合会は懲戒処分などの結果を裁判所へ知らせる義務がある。これは裁判官の「訴訟指揮の実効性」を保障する措置だが、弁護活動に一定の制約を加える効果もある。乱用されない配慮が必要になる。

（2）法廷内での被告人の処遇

公判は、裁判官が入廷後、拘置所か警察署の職員（監獄職員）が被告人を連れて入廷し、その手錠を外し、腰縄を解いて、被告人席に座らせてから、裁判長が開廷を宣言し、始まる。現在、被告人は手錠と腰縄をつけ、サンダル履きで出廷し、拘置所に拘束されている状態の体操服（いわゆるジャージ姿）のまま審理を受けるなどしているが、この慣行について日本弁護士連合会の市民会議は二〇〇五年四月一二日、法廷内での被告人の服装など被告人の処遇について配慮を求める要望書を会長あてに提出した。要望書は「裁判員が偏見を持つことなく中立で公平な判断ができる環境を整備する」よう改善を求め、①被告人が希望する服装や理美容で裁判を受けられるようにする②被告人と弁護人の十分なコミュニケーションを保障する観点から法廷内での被告人の着席位置と刑務官の配置を再考する——という二点を要望した。

被告人がジャージ姿で出廷しているのは、ネクタイやベルトなどを認めると、逃亡や自殺の道具に使われるおそれがあるためだとされている。私が当時、メンバーになっていた市民会議は、現在の状態では裁判員に大きな偏見を植えつける危険性をはらんでいると考えた。被告が犯人であるかのような予断を与えることはできるだけ慎むべきであり、それには服装から見直すべきだという発想だ。理美容については「普段は髪を黒く染めている人が、見慣れない白髪姿で座っていたり、きれいに化粧をしている女性が化粧なしで入廷したりする姿を見ると異様に感じる。被告人でも普段と同じ姿でいることが認められるべきだ」という意見があり、また、被告人の席については「弁護人の隣に座って意見交換などをしやすくするべきで、現在のように、被告人の両側に拘置所職員がつくやり方は、被告人の印象を悪くする」という意見が聞かれるなどし、前記のような提言にまとまった。

外見から受ける印象で、裁判員らの心証がゆがめられたりしないよう、細心の配慮をしなければならない。一見、ささいに思われることだが、それも、これからの裁判がどのようなものであるべきなのか、についてのイメージにかかわる重要な問題といえる。

（3）裁判員への配慮

裁判員法第五一条は「裁判官、検察官及び弁護人は、裁判員の負担が過重なものとならないようにしつつ、裁判員がその職責を十分に果たすことができるよう、審理を迅速で分かりやすいものとすることに努めなければならない」と定めている。罰則があるわけではないが、裁判員裁判が順調に行われるためには、欠かすことのできない重要な規定だ。ここで指摘されていることは、裁判員の負担の軽減、審理の迅速化、審理の分かりやすさという三つの要点であり、裁判員制度の成否は、これらが期待通りに実現できるかどうかにかかっていると言ってもいい。裁判官、検察官、弁護人が工夫を凝らし、新しい裁判の実現を目指してほしい。

裁判員は法律の素人だから、何よりも分かりやすい法廷にならなければ、その職責が果たせるわけはない。まず難解な法律用語を捨て、裁判員の資格を持っている人ならば誰にでも理解できる平易な用語を使うことに努めなければならない。法廷を傍聴していると、「未必の故意」（行為者が罪となる事実の発生を積極的に意図したり、希望したりしたのではないが、そのような事実が発生するかもしれないと思いながら、あえてその危険を冒して行為する場合の心理状態）とかいう、普通の社会生活では耳にしない用語に戸惑うことがある。また、法律家だけに通用する符丁のような独特の用語、例えば、「検面」（検察官に対する証人らの供述調書）、「員面」（警察官に対する供述調書）などという言葉もよく使われる。

しかし、これらの独特な用語を使用することは、裁判員裁判では避けなければならない。検察官も弁護人も、裁判員を説得しなければ、目指す判決は獲得できないのだから、略語を使うようでは、最初から裁判員の説得を放棄したようなもので、法律家として怠慢というしかない。「未必の故意」のように、どうしても使う必要がある法律用語は、丁寧にその意味を裁判員等に説明しなければならない。法廷で使用する頻度の高い法律用語はなるべく平易な表現に言い換えて使うことを、裁判官、検察官、弁護人は励行すべきだ。

第一回公判で検察官が読み上げる起訴状も、分かりやすく簡潔なものに変えなければならない。起訴状に記載される「公訴事実（犯罪事実）」も、従来のように、全文をワン・センテンスで書くことにこだわるのではなく、時には複数の短い文章に書き分けるなどして、裁判員らが理解しやすくしていく必要がある。

（４）連日的開廷

裁判員はそれぞれ仕事を持っているので、長期間、裁判に拘束することは不可能だ。もし、そのようなことが常態化すれば、裁判員制度は国民の支持を失うかもしれない。裁判員制度にとって、連日的開廷による集中審理は生命線だと言ってもよいだろう。

刑事訴訟法は、審理に二日以上かかる裁判では「できる限り、連日開廷し、継続して審理を行わなければならない」と定めている（刑事訴訟法第二八一条の六）。これまでも継続審理の規定は刑事訴訟規則に置かれていたが、それが法律に格上げされたことは、この規定がどれだけ重視されているかを物語っている。これまで理念的には理解されていても、実際にはなかなか実行されなかった理由の一つは、連日的開廷に応じられるような態勢が弁護士側になかったからだ。刑事事件、特に報酬の安い国選弁護事件を引き受ける弁護士の数は少なく、引き受けても、民事事件の間に五月雨的にしか刑事の期日は入れることができなかった。そうしなければ、法律事務所の経営が成り立たないからだ。しかし、これからは、法科大学院ができ、弁護士の数が増えるほか、被疑者・被告人の国選弁護人関係業務を扱う「日本司法支援センター」の稼働によって、徐々に弁護態勢も整ってくることだろう。また、そうしていかなければならない。

こうして弁護側に刑事事件へ専念することを可能にする態勢ができ、さらに公判前整理手続によって、十分に争点が整理され、明確な審理計画が立てられて、初めて連日的開廷は可能になる。それには、検察側、弁護側が十分な準備をしておくことが現在以上に重要になる。被告人質問や証人尋問は、事前に用意したメモを基に、計画的に行わなければならないし、思い付きのような、場当たり的な質問をしていたのでは、裁判員の共感は得られない。それに、これからは反対尋問を主尋問の直後に行わなければならなくなるから、問題点をきちんと整理できていなければ、適切な反対尋問をすることも不可能になる。事前準備が手厚くできているかどうかが直ちに、裁判の結果を分けることにつながることだろう。

証人などを請求した当事者は、予定通り、証人を出頭させる必要がある。そうでなければ、審理予定に狂いが生じ、裁判員らに迷惑を掛けるからだ。米国などでは証人の出頭確保ができなかった場合、無罪の判決も出されている。裁判関係者が努力して、連日的開廷、集中審理が実現する環境づくりに努めてほしい。

第2. 冒頭手続

(1) 物語型から争点型へ

裁判員法は、検察官が行う冒頭陳述について「公判前整理手続における争点及び証拠の整理の結果に基づき、証拠との関係を具体的に明示しなければならない」とし、それは被告人・弁護人の冒頭陳述も「同様とする」と定めている（裁判員法第五五条）。検察側は証拠調べの始めに冒頭陳述を行わなければならない（刑事訴訟法第二九六条）が、公判前整理手続に付された事件については、それに続いて弁護側も冒頭陳述をしなければならない（刑事訴訟法第三一六条の三〇）ことになった。裁判員の記憶が新鮮なうちに双方が主張や争点を明らかにするのが、その後の審理に効果的であるからだ。

その趣旨からすると、検察側と弁護側のいずれが行う場合も、争点中心の立証活動を行うことを前提とした冒頭陳述へと変えていかなければならないということになる。これまでの冒頭陳述は、時間的な流れに従って事件の背景などを説明していく「物語型」であって、被告人の生い立ち、生育環境に始まって、少年時代に警察に補導されるなどした前科・前歴、犯行を行うに至った状況、動機などを詳しく述べた後、具体的な犯行の様子、犯行後の逃走状況などに言及した。この方法によると、確かに事件全体の概要を早くのみ込みやすいのだが、その一方、何が最も重要な争点になっているのか、分かりにくい難点がある。今の法廷は、聞いているのは裁判官だから、漫然と何を言おうと構わないし、また、話したことがまだ証拠上、裏付けの行われていない事実であれば、その分を割り引いて聞いてくれるので、大きな問題は生じないのだろうが、裁判員が加わるとそうはいかない。何が争点で、今後の審理では何が焦点になるのか、はっきりと明らかにされていなければ、裁判員は戸惑ってしまう。

冒頭陳述は検察側、弁護側とも、何を主張し、相手の主張のどこを争うつもりなのか、そして、その主張にはどういう証拠の裏付けがあるのかを明確に示す「争点型」へと変わる必要がある。物語型だと、裁判員が事件の本筋よりも、枝葉の部分に興味を持ってしまい、一種の〝目くらまし〟に遭って、審理が混迷するおそれもある。それでは迅速で充実した審理は望めない。

裁判員制度・刑事検討会の委員だった池田修・東京地方裁判所所長は「今後の立証活動が争点中心のものとなった場合、争点によっては、証明すべき事項（主要事実と間接事実の両方）とそれを立証する手段（証拠方法）をいわば構造的に示す必要が生ずるものと思われる（いわゆる証拠構造）。ある証拠が何を立証するために取り調べられるのか理解しながら審理に臨まなければ、的確な心証形成は困難になると思われるからである」と述べている（池田修『解説　裁判員法』［弘文堂、二〇〇五年］、一〇六頁）。検察側は既に、佐賀地方裁判所で審理された連続保険金殺人事件（いわゆる「北方事件」）で、証明すべき事実と裏付け証拠を表形式にまとめた「証拠構造一覧表」を使うなど先駆的な取り決めを始めているが、今後は全国の裁判所で検察側、弁護側の双方に、このような書面の提出が求められるようになるだろう。

（2）「書面型」から「口頭型」へ

それだけではなく、冒頭陳述は、現在の「書面型」から「口頭型」へと大きく変化していくことだろう。検察官の冒頭陳述は、公判担当の検事が文書で原案を作成し、それを公判部副部長ら地検幹部が検討して添削した上、「冒頭陳述書」にまとめられ、それを法廷で朗読する形で行われてきた。ロッキード事件のように長文の場合、正式な冒頭陳述書は裁判所と弁護側に渡され、法廷では弁護側の了承を得て、要旨だけが朗読されることもある。このような書面型であれば内容は正確で、その後の審理でも、手元に置きながら何度も読み返して活用することができる。これは大きな利点だが、それはいわば書面審理を前提とした方式だ。

これからは裁判員が出廷し、冒頭陳述書を目で読むのではなく、検察官と弁護人の冒頭陳述を耳から聞く方式に変わっていく。そうなると、冒頭陳述も、聞かせて説得する「口頭型」へと本質的に変わっていかざるを得ない。耳で聞いて納得できる冒頭陳述を行った方が、その後の審理でも優位に立つことになるからだ。

最高検察庁は二〇〇三年七月一五日、「刑事裁判の充実・迅速化に向けた方策に関する提言」を公表、全国の検察庁に実行を指示した。裁判迅速化法によって、一審の訴訟手続を二年以内のできるだけ短い期間に終局させなければならないことへの対応が直接的な狙いだったが、それは将来の裁判員裁判もにらんだ内容になっている。提言によると、争いのない事件では冒頭陳述や論告求刑を原則的に口頭で行い、書面が必要な場合はチャート図を利用して分かりやすくするなど、「ビジュアル化」と「口頭化」が指示されている。

争いのない事件では、このような口頭での冒頭陳述が望ましいのは明らかだ。しかし、裁判員制度の対象となる重大事件では、犯罪事実に争いがあったり、証拠関係が複雑だったりすることが予想され、冒頭陳述を口頭だけで済ませてしまうことは恐らく不可能だろうと思われる。そのような場合は、聞いただけでは頭に入らない登場人物の相関図、現場の見取り図、事件の時系列的な展開図などをパワーポイントでスクリーンに投影したり、図面を裁判官と裁判員に提出したりすることが不可欠になり、各地の模擬裁判では積極的に実行に移されている。

（３）公判前整理手続の結果の説明（顕出）

公判前整理手続が行われた事件については、裁判所は当事者の冒頭陳述の後に、公判前整理手続の結果を明らかにしなければならない（刑事訴訟法第三一六条の三一）。公判前整理手続の終了時に、検察官と被告人・弁護人は事件の争点と証拠の整理結果を確認する（刑事訴訟法第三一六条の二四）。公判が始まると証拠調べ請求の制限などがあるため、慎重な手続になっている。これにより、裁判員らも審理をするに当たって、どのような争点整理、証拠整理が行われたのかを知ることができる。

ただ、注意しておかなければならないのは、裁判官がしなければならないことは公判前整理手続で行ったことをすべて繰り返して裁判員に説明するのではないことだ。整理の結果は冒頭陳述で検察側、弁護側の双方から明らかにされている。争点も冒頭陳述を聞けば、どこにあるのかが分かる。そうであれば、裁判官は「整理された主張と証拠だけを示せば足りる」「後から、裁判所が、公判前整理手続で行われた一部始終を裁判員に与えることは、混乱を招く以外の何者でもない」（後藤昭・四宮啓・西村健・工藤美香『実務家のための裁判員法入門』［現代人文社、二〇〇四年］、一一二頁）と言うべきだろう。

第3．証拠調べ

(1) 最高裁試案

最高裁判所刑事局が二〇〇五年に作成した「裁判員制度の下における審理、評議及び判決の在り方に関する試案」（最高裁試案）は審理についての基本的な考え方として次の二点を指摘した。

① 争点中心のめりはりのある審理が行われなければならず、そのためには、公判前整理手続において立証対象が的確に設定されなければならない。

② 証拠調べの範囲を必要かつ十分なものにとどめるとともに、公判中心の直接主義、口頭主義を徹底した、分かりやすい審理を実現するという観点から再検討する必要がある。

試案は、この立場に立ち、「証拠の厳選」をはじめとする「証拠調べの範囲、方法の見直し」を具体的に提案している。

供述調書などの捜査資料については「分かりやすさという観点から、その利用について慎重な吟味が求められることになろう。模擬裁判の経験に照らすと、裁判員にとって、捜査資料は、情報が過剰であり、また、朗読された内容が争点とどのように関係するのかが曖昧なまま取調べが終わってしまうことが少なくないように見受けられるからである」「法廷外で各裁判員に多量の書証を改めて熟読して検討してもらうという方法は、できる限り避けるべきであろう」「従来捜査段階で作成されてきた書類には、そのままの使用では不相当なものもあり、公判に提出する書証のありようについて、検察官に再検討を求める必要があろう」とした。

また、多数の図面や現場写真などを載せている捜査段階での検証調書、実況見分調書については「立証に真に必要な図面、写真を抽出して採用し、捜査官や関係者の証人尋問等の過程で同時にこれを取り調べるといった新たな工夫を今後検討していく必要があろう」と述べている。

裁判員が理解するには専門的で難しいと予想されるのが精神鑑定やＤＮＡ鑑定などの鑑定書だ。「裁判員の理解しやすさ、直接主義という観点からすると（中略）、検察官が、鑑定書添付の図面、写真等を示して鑑定結果について尋問し、弁護人がこれに対する反対尋問を実施する方がはるかに分かりやすい」という。

試案は証人が捜査段階の供述を公判では翻した場合の証拠調べの在り方は「今後最も問題となる点の一つ」と指摘し、「公判の供述に加えて供述調書をも認定の資料としなければならない事態は、一般的には、裁判員にとって大きな負担になることが予想され、審理の分かりやすさという観点からすると、そうした事態は、可能な限り回避されるべきものといえよう」「まずもって重要なのは、法廷で真実の証言をさせることであり、そのために現行法上採りうる手段が十分に活用される必要がある。具体的には、改正刑訴法第二二七条による公判前の証人尋問の活用や、明らかな偽証に対しては偽証罪による立件といったことも考えていかなければならない」とした。

最高検察庁が二〇〇六年三月に公表した「裁判員裁判の下における捜査・公判遂行の在り方に関する試案」は、「公判での主張・立証の具体的方策」として、分かりやすく、迅速で、的確な主張・立証のための方策や争点を絞った反証について記した。迅速な主張・立証のためには「裁判員裁判においても、（被告人が公訴事実を認めている）自白事件はもちろん、否認事件でも争いのない事実については、書証による立証を活用することが必要である。もとより、書証も、供述調書はできるだけ簡明なものを活用し、検証調書・実況見分調書や鑑定書も、可能であれば抄本や要約版を活用すべきである」としている。

日本弁護士連合会裁判員制度実施本部の「裁判員裁判における審理のあり方についての提言案」は「直接主義が特に求められるのは『争点』についての判断においてである」と、書証の取調が争いのない事実に限定されるべきだとする基本姿勢を示している。その上で、「捜査段階で作成される書類は、その性質（事件と関連する可能性があると判断される情報は全て記載して保全することを基本的役割としていることなど）からして証拠とすることが適切とされる場合は多くはない」と述べる。

提言案は、最高裁試案の二号書面をめぐる見解や被告人の公判供述を重視する方針を原則的に「妥当な指摘」などと評価した。検察官面前調書については「特信性や信用性を判断する作業を裁判員に求めることは困難」とし、「被疑者取り調べ過程の録音・録画制度の導入以外に、本質的な解決策は考えられない」と断言している。

この方向は、裁判員裁判が始まればさらに徹底されることだろう。検察官や警察官が作成した書類による審理ではなく、公判での証言から直接、有罪か無罪かの心証を取る方式に切り替わり、証拠調べは「争点中心主義」に変わる。証人らの取調調書など文書中心の審理から口述中心の審理へと重点が移る。

（2）反対尋問

証人調べは争点中心の主質問が行われ、反対尋問は原則的に主尋問の直後になる（刑事訴訟規則第一九九条の四二項）。反対尋問をする権利は、憲法が被告人に保障した証人審問権（憲法三七条二項）などに根拠づけられており、証人らの供述は、反対尋問にさらされて、初めて証拠として生きることになる。

反対尋問については、さまざまな法廷のエピソードを盛り込み、体験的な作法や方法などを記した米国の弁護士、フランシス・L・ウェルマンの『反対尋問』（旺文社文庫、一九七九年）が参考になる。ウェルマンは、後に大統領となって奴隷解放を実行したエイブラハム・リンカーンが弁護士時代の一八五七年八月二九日に殺人事件の弁護人として行い、鮮やかに無罪を勝ち取った有名な反対弁論の顚末を記述しているので、ここで紹介してみよう。

事件は八月九日夜、ある野外宗教集会で起き、犯人は男性を射殺し、逃走した。被告人の母親は年配の弁護士に頼むのに失敗し、仕方なく若いリンカーンに弁護を依頼した。リンカーンは「ピストルの発射を見たのですね」と聞き、証人から「そうです」という答えを引き出すと、いろいろな角度から質問し、証人がブナの林の中で二〇フィートほど離れているところに立ち、月が出ていたから被告人が射撃するところが見えたと証言させる。その後、証人が目撃証言を再び確認したところで、リンカーンは上衣の横ポケットから青表紙の暦を引き出して、ゆっくりと開き、証拠物として裁判官と陪審員に見せてから、そのある個所を読み上げた。月はその夜出ておらず、翌朝一時が月の出である、と。そして、偽証したこの証人を真犯人として逮捕するよう求めた、とされている（ウェルマン『反対尋問』［旺文社文庫、一九七九年］、八二―八八頁）。

この本には、検察官や弁護士の成功例ばかりではなく、下手な反対尋問をして、有利だった裁判の進行を台無しにしてしまった例も多数載っている。なぜ、米国では、このように反対尋問が重視されているのだろうか。巻末の解説で平野龍一・東京大学教授は「誰か、『りっぱな人』の報道や意見に頼るよりも、偏見や利害を持った多くの人が、ことばと論理によってその偏見をぶつけ合い、利害をあきらかにし合った方が、正しい事実、妥当な意見に到達できる、というのが、反対尋問のあるいは交互尋問制度の根底にある考え方である。それはまさにデモクラシーの思想にほかならない」（同書六二二頁）と述べている。法律家だけでなく、報道関係者にとっても興味深い指摘である。

東京地方裁判所判事から学者に転じた山室恵・東京大学法科大学院教授は、第二東京弁護士会の機関誌『ＮＩＢＥＮ　Ｆｒｏｎｔｉｅｒ』二〇〇五年六月号で、裁判官の経験から、やってはいけないと考える証人尋問の仕方について書いている。その名称が面白い。「北海盆歌尋問」というのは、「はあ〜、北海名物」で始まる民謡の合いの手にあるように「はあ、それからどうした」と聞く質問だ。これでは証人が質問者に不利な証言をしてしまうかもしれないし、どういう未知の話を始めるかも分からず、リスクが大きすぎる。質問は基本的に、相手が「イエス」か「ノー」かで答えられるようにしなければならない。「折伏（しゃくぶく）尋問」というのは、宗教心の厚い信者が入信させようと熱心に説得するような質問の仕方で、これは質問というよりも自分の意見の押し売りになってしまう。何か引っ掛かるかもしれないから、あてもなしにとりあえず聞いてみる「釣り糸尋問」、単に証人をいびるだけに終始する「いじめ尋問」、たいした得点でもないのに証言者のちょっとした失言をとらえて悦に入っている「揚げ足取り尋問」などがあるという。

法廷で傍聴していると、この手の尋問は決して珍しくない。そして、尋問技術の巧拙は、検察官や弁護人本人が感じている以上に、傍聴者には、はっきりと見える。裁判員裁判が始まったら、いままでのような主尋問、反対尋問をしていたのでは、相手に後れを取ることだけは明らかだ。

（3）検察官、弁護人の研修

法務省の法務総合研修所は二〇〇四年九月から、任官七、八年目の若手検察官を全国から東京に集める「専門研修」の中で、新しい証人尋問技術の研修を始めた。私は二〇〇四年一一月に、その様子を見学させてもらったが、大変興味深かった。検察官が約六人のチームに分かれ、各チームごとに模擬法廷を使い、教官の検察官が証人役、研修者の一人が検察官役、一人が弁護人役、一人が裁判官役などと分担し、実際の裁判記録を手に各人一時間ずつ証人尋問を行った。その様子は一人ずつビデオに録画され、翌日、教官から講評を受ける。それだけではなく、各人が自分の質問の仕方などについて、他の研修者から改めるべきところなどについて具体的に指摘を受け、〝採点〟されることになっていた。所定の用紙が全員に配布されており、互いに欠点や長所を指摘し合うことで、新しい刑事裁判に対応できる技術を身に付けようとしていることが見て取れた。

日本弁護士連合会も二〇〇五年一月二九日、全国の主な弁護士会を衛星中継で結び、東京の弁護士会館で新しい弁護技術の特別研修を実施した。これを皮切りに、その後も研修会を行っているが、このような取り組みはますます強化する必要があるだろう。今、法廷を傍聴すると、ほとんど準備ができていないかのように、手ぶらで尋問を始める弁護士もいる。しかし、今後は、そのような姿勢では裁判員や傍聴者から信用されなくなるはずだ。法廷に入る前に、主要な争点に関する想定問答集を作ってみるとか、そこまでは忙しくてできなくても、少なくとも質問の要点メモを用意するぐらいはしておかなければならないだろう。現在よりもはるかに十分な準備が求められるのが裁判員裁判だ。全国の弁護士がさらに証人尋問技術を高めていってほしいと思う。

（4）供述調書の信用性

今回の司法制度改革では、刑事訴訟手続のうち、証拠法の分野には全く手が付けられなかった。二号書面の証拠請求などは、従来通り行われる。今後は口答でのやりとりが重視されるようになると言っても、被告人の自白調書の任意性・信用性の判断や、第三者の検察官調書をめぐる特信性の判断が、直ちに重要性を失うわけではない。検察側が捜査段階での供述調書を証拠申請せざるを得ない事案も残るに違いない。

これまで検察側は、証人らの法廷供述が検察官面前調書などと違うと、供述調書の証拠採用を安易に申請し、裁判所もそれを認めてきた嫌いがある。しかし、裁判員制度の下で書面が重要な役割を演じるのでは、裁判員に分かりにくい裁判になってしまい、決して望ましい事態ではない。検察側は法廷での証言を立証の中核に据え、供述調書の内容と相反する供述をしている証人には以前行った供述の内容を指摘して証言を促すなどして、捜査官作成の供述調書を持ち出さなくてもすむような工夫をしなければならない。裁判員の心証形成は、証拠採用された供述調書からではなく、あくまで尋問を通じて行われるべきだからだ。

自白の任意性や検察官面前調書の特信性をめぐる判断は、証拠能力に関する法律判断なので、裁判官だけが行い、裁判員に判断権限はないとされている（裁判員法第六条二項二号）。しかし、これは単なる任意性、特信性の判断にはとどまらず、裁判員が立ち会う被告人質問や証人尋問にかかわることだから、裁判官は、できるだけ評議の席に裁判員を傍聴させ、その意見を聴くべきだと考える。

第4．手続の更新など

（1）公判手続の更新

裁判員が急病になったり、亡くなるなどして定員に満たない状態が生まれたときは、最初から審理に立ち会っていた補充裁判員が裁判員として加わる場合を除き、公判手続の更新をしなければならない。この場合、新たに加わった裁判員が、争点と取り調べ済みの証拠を、過重な負担なしに、理解できるようにしなければならない（裁判員法第六一条）。

具体的には、まず裁判長が公訴事実の要旨と争点を説明し、その後、検察官が冒頭陳述の内容を告げて、そのうち立証されたと考える部分と、それを裏付ける証拠の概要を述べ、さらに弁護人が同様に冒頭陳述の内容、証拠の概要を指摘するなどの方法も考えられる。

（2）弁論の分離・併合

一人の被告人がいくつもの事件に関与した場合に、いくつかの事件をまとめて審理する「弁論の併合」が行われる。また、一つの事件に複数の被告人が関与した場合、被告人ごとに別々の裁判をする「弁論の分離」も行われる。同一の被告人について、裁判員裁判の対象となる事件と対象にならない事件があるときは、併合ができるとされている（裁判員法第四条）が、対象事件が複数あるときにどうするかについては、裁判員制度・刑事検討会で大いに議論されたものの、結局、立法段階では検討を継続することとされた。理論的、技術的には大きな問題なのだが、ここでは簡単に触れるだけにする。

刑法には、二個以上の罪は「併合罪」とする規定（刑法第四五条）があり、併合罪のうち一個の罪について死刑か無期の懲役・禁錮を科すときは他の刑は科されない（刑法第四六条）し、併合罪のうちの二個以上の罪について有期の懲役・禁錮を科すときは、最も重い罪について定めた刑の長期にその二分の一を加えたものを長期とする（刑法第四七条）とされている。いわゆる「併合の利益」であって、複数の刑を合算したのでは量刑が重すぎるために執られた措置だ。

ところが、裁判員裁判の対象事件が複数あって、それを全て併合するとなると、一つの合議体がいくつもの大型事件を抱え込むことになり、審理は長期化して、裁判員の負担が極めて重くなる。分離すれば審理期間は短くなるが、いくつもの合議体で同じ証拠に基づいて裁判員裁判を行うことによる無駄が大きいし、被告人の「併合の利益」が失われて適切な量刑にはならない恐れもある。

この難問を解決する方法として、二〇〇七年五月二二日の裁判員法改正により「部分判決制度」が創設された。部分判決というのは、複数の事件で同じ被告人が起訴されたとき、事件ごとにそれぞれ別の裁判員を選び、審理を行って有罪か無罪かを決め、最後にそれらをまとめて判決を言い渡す制度だ。この手続を取るかどうかは、検察官か被告人・弁護人の請求、または裁判所の職権で裁判所が決定する(裁判員法第七一条)。事件ごとの審理は「区分審理」と呼ばれ、その結果まとまった判断は、担当した事件限りの「部分判決」として宣告される（裁判員法

第七八条など）。部分判決は有罪かどうかを言い渡すだけで、どのような刑にするかは、最後の事件を担当する合議体が総合的に判断し、最終的な終局判決を言い渡す。部分判決に不服でも、控訴はできない。

この部分判決制度が法制審議会に法務大臣から諮問されたとき、筆者は臨時委員を委嘱され、討議に参加した。現実に同一被告人によって複数の重大事件が起こされた事案があり、その審理が数年にも及んでいることを考えると、この制度を設けておくことは、今後の裁判員裁判を進めていく上で、安全装置のような意味があると考えた。しかし、刑事裁判は本来、一つ一つの事件を切り離してしまったのでは、全体の事件像がつかめず、適切な判断に至らないおそれがあるというのも事実だ。法制審議会では、弁護士委員らから「できるだけ適用しないように努力してほしい」という趣旨の発言が行われたが、筆者も同感だった。部分判決は例外中の例外と考えてほしい。

第5. 結審

(1) 論告・求刑

証拠調べが終わると、検察官が事実と法律の適用について意見を陳述する（刑事訴訟法第二九三条一項）。これが「論告」であり、通常は具体的な刑の量定についても意見を述べることができる。「求刑」と言われるが、訴訟法上の義務ではない。

論告は裁判員が証拠の内容をはっきり記憶しているうちに行うのが望ましい。証拠調べが終了した後、速やかに行うのを原則とするべきだろう。裁判員の負担を考えると、争いのない事件や争点の単純な事件は、証拠調べが終わった後、少し休憩して検察官が意見を整理し、その日のうちに論告をするようであってほしい。分かりやすい内容であることも、もちろん必要とされ、争点中心に、審理で明らかになった証拠を具体的に指摘して、その主張を展開しなければならない。

最高検察庁の提言は、論告も論告書を読み上げるのではなく、できる限り口頭で行うことを求めている。それには、証拠調べの進行に合わせて、論告の準備も進めておくことが大切になる。検察官の作業には、従来よりも機動性が求められることになるだろう。

（２）最終弁論・結審

その事情は弁護側も同じだ。論告・求刑の後、被告人と弁護人も意見を述べることができる（同条二項）。最終陳述権の保障であり、「最終弁論」と呼ばれる。これも、従来のように相当の日数をおいて準備し、弁論書面を書いておいて、それを読み上げるようなことにはならない。弁護人は、検察官の論告が終了後、直ちに行えるよう、周到な準備をしておかなければならない。事件によっては関係者の供述の対照表、図面、写真などを使うなどして、ビジュアルで説得力のある最終弁論にする必要がある。

これが終わると、弁論（公判の審理）は終結する。結審と呼ばれ、あとは裁判官と裁判員による評議、判決に移る。

第７節　判決言い渡し

第１．評議・評決

（１）評議

裁判員が関与する判断のための評議は、構成裁判官と裁判員によって行われ、裁判員は評議に出席し、意見を述べる義務がある（裁判員法第六六条二項）。裁判所法では「評議は、裁判長が、これを開き、且つこれを整理する」（裁判所法第七五条）とされているので、評議の主宰者は裁判長ということになる。裁判長はコミュニケーション能力を磨き、素人の裁判員との意思疎通を十分にできるようにする必要がある。

裁判員裁判では、「評議」も分かりやすいものでなければならない。分かりやすい評議にすることによって、この制度に期待されている市民感覚に基づいた意見の表明が可能になるからだ。裁判長は必要な法令に関する説明を丁寧に行うとともに、評議を分かりやすく整理し、裁判員が発言する機会を十分に設けるなど、裁判員がその職責を十分に果たせるように配慮をしなければならないとされている（裁判員法第六六条五項）。

裁判長が行う「整理」とは、事案に応じて問題点を摘出し、これを順序づけ、発言を促すなどの方法で評議の内容を秩序づけることをいい、それは基本的には裁判長の裁量とされている。改正刑事訴訟法によって争点中心の公判審理が行われるので、具体的な評議事項や評議順序の決定も、基本的には争点に即して決められることになるに違いない。公判審理の手続が罪体（公訴事実）審理と量刑審理に二分されるようであれば、評議の進め方も、まず罪体審理から行い、有罪か無罪かを決めてから、有罪であれば量刑審理を行う方法が妥当だろう。

評議の進め方は大変重要だ。市民参加の裁判を行っている外国では、まず市民から意見を述べ、次いで裁判官が意見を述べると法律で定めているところもある。市民の中でも年齢が若い順、裁判官の中でも裁判長は最後としている例も見られる。要は、意見の言いにくいと思われる人から話をさせ、裁判長など影響の大きい人の意見は後回しにするような運用上の工夫が必要だろう。その方が、公正な判断を導くことができると思う。

（2）評決

裁判官と裁判員はそれぞれ同等の評決権を持つ。裁判官と裁判員による「評決」は「合議体の員数の過半数」、つまり多数決で決めるが、有罪判決をするには「構成裁判官及び裁判員の双方の意見」を含んでいなければならない（裁判員法第六七条）。裁判所法第七七条が定める通常の過半数原則を修正した、いわゆる特別多数決だ。これは、裁判員だけの多数の賛成では有罪判決はできない特殊な多数決であって、憲法違反の疑念を招かないようにした慎重な枠組みといえるだろう。

専門的な法律知識が求められる訴訟手続に関する判断や法令の解釈については、裁判官だけの過半数で決定するが、裁判員の意見を聴くことはできる（裁判員法第六八条）。これも励行してほしい。

第2. 判決

(1) 判決書

判決書は評議に基づいて裁判官が書く。当事者が判決に不服ならば、現在と同じように高等裁判所へ控訴でき、高等裁判所では裁判官だけで控訴理由の有無などについて判断するとされていることから、控訴を可能とするような実質的な理由を示すには裁判官の専門的な知識と経験が必要になるためだ。

裁判員が参加した事件の判決文は、これまでの裁判官だけの判決文に比べると、平易で簡潔な内容になるとみられている。九人という「大きな合議体」で評議をするので、現在の裁判官三人だけの合議のときのように精緻な論議を尽くすことは難しいと考えられる。恐らく、公判前整理手続や公判審理で絞り込まれた主要な争点に関する必要不可欠な論議に、評議の大半の時間が費やされることになるだろう。裁判官が評議の際、裁判員に今のような長文の取りまとめ案を読み聞かせて承認を得ることは難しいだろうし、その結果、判決理由も核心的な争点についての結論と、そこに至った事実関係などについての判断を中心とした簡潔な記述になることが予想される。裁判員制度施行後の判決文が大きく様変わりすることは避けられない。

ただ、控訴、上告が可能なので、上級審で救済されることが可能になるだけの実質的理由は、最低限記されていなければならない。法曹界の一部には、判決の質が低下するのではないかと懸念する向きもある。しかし、現在の日本の判決書が世界でも例がないほどの緻密さ、詳細さで知られ、「精密司法」の極致とすら言われていることを考えると、それほどの度を過ぎた精緻さを維持していなくても、質の低下と呼ぶには当たらないと考える。米国のように、国民が有罪か無罪かを判断する「陪審制」の国々では法律の素人が事実認定するのだから、裁判官が書くような精密な理由付けをすることは不可能であり、最初から期待されてはいない。国民が裁判官と一緒に判決する「参審制」の国々でも判決書は薄く、ドイツ、フランスでは判決書に理由はあまり書かれていない。スウェーデンの判決文は争点ごとにかなり詳細な判断が示され、分かりやすく作られているが、それでも日本の判決文とは比べものにならないほど簡略だ。もちろん、裁判所はできる限り丁寧に判決理由を示すべきで、裁判官は質の低下と非難されないよう、内容のある評議を行うように努めなければならない。

（2）裁判員の出頭

裁判員は判決などの宣告期日には出頭しなければならないが、裁判員が出頭しないことは、宣告を妨げるものではないとされている（裁判員法第六三条）。判決書に署名押印するのは裁判官だけになりそうだ。判決書の文案ができたあと、裁判員が署名捺印して判決を言い渡すのでは宣告が遅くなり、身柄を拘束されている被告に不利益になる場合があるし、裁判員の負担も大きい。評議が終わり、結論が出ているのに、判決などの宣告が別の日になると、裁判員の都合がつかず、出頭が困難になる事態も予想されるため、裁判員がいなくても宣告だけはできるようになっている。裁判員の責任は、氏名などが公判調書などに記載される形で別に明確化される。

第８節　控訴審・差し戻し審

第１．控訴審

裁判員制度が行われるのは一審だけで、控訴審には導入されない。控訴審については何も特則が書かれていないので、現行法の通り、裁判官だけで構成する合議体が一審判決の当否を審理する。海外を見ると、裁判官と国民（参審員）が一緒に裁判を行う参審制度を実施している国々では、控訴審は裁判官が審理する仕組みになっているところが多い。

裁判員制度・刑事検討会では、控訴審に裁判員を入れる案も検討されたが、控訴審は新たに証拠を調べて独自に心証を形成するのではなく、一審判決を前提として、その内容に誤りがないかを点検する事後審査を行うものだと考えられ、裁判官だけの審査による原判決の破棄や自判も正当化できるという意見が多数を占めた。また、一審の記録の検討が中心になることから、そのような作業に不慣れな裁判員が加わると、その負担が重くなることも考慮された。

しかし、一審に国民参加を導入した趣旨を考えれば、事実誤認や量刑不当を理由とした原判決の破棄、自判には慎重であるべきだろう。控訴審で安易に第一審判決の事実認定が覆されるようであれば、国民参加の意味がなくなってしまうからであり、一審判決を尊重した運用に留意してほしい。特に、事実誤認を理由として原判決を破棄する場合は、再び国民参加の下で事実審理をやり直すという意味で、地方裁判所への審理の差し戻しを原則とすべきだろう。

第2．差し戻し審

差し戻し審についても特則はないから、現行法通り、裁判のやり直し（覆審）ではなく、前の裁判の継続（続審）という考え方になる。新たに裁判員を選び直し、最初からやり直すことになるが、期日間整理手続を使って争点整理を行い、審理計画を立ててから公判を開始し、公判手続の更新（裁判員法第六一条）が行われる。裁判長は、それまでの審理経過、証拠の内容、控訴審判決の拘束力が及ぶ点などについて裁判員に分かりやすく説明し、争点や取り調べた証拠を理解できるようにしなければならない。

第4章　裁判員制度の未来

第1節　変化の兆し

第1．捜査への波及

(1) 証言強制、刑事免責の導入

二〇〇一年八月一五日、当時の原田明夫検事総長にインタビューしたとき、原田氏が、検察だけでなく、刑事司法全体の改革の必要性を強調したのが強く記憶に残っている。原田氏は、裁判員制度の導入を求めた司法制度改革審議会の意見書について「現実性を持った意見として画期的なものになった。検察としても前向きに取り組んでいきたい」と評価し、「特に意味があるのは、伝統的な捜査や公判の在り方について全体的な見直しが求められたことです。犯罪の形態が変わってきて、いろいろな問題が出ている。事件をきちんと解明できる装置と能力を持った検察でないと、これからは国民が納得しないでしょう」と語った。

今日論議が高まっている捜査の適正化、公判審理の見直しなども既に見通していた発言だ。ロッキード事件当時、アメリカの日本大使館に勤務し、ロッキード社関係者の嘱託尋問などにかかわった経験があり、従来型の日本の捜査手法などには飽き足りないものを感じていたようだ。原田氏は「本当の悪い部分を摘出するため、急所をきちっと切れるメスを、つまり効果的な事実解明の装置を持たせてほしい。米国で行われている、証言強制、刑事免責を与えて証言させる制度などですね」と、アメリカ流の証言強制、刑事免責の導入にも言及した（拙著『市民の司法は実現したか』花伝社、二〇〇五年、一八三頁）。

アメリカ合衆国憲法修正第五条は、証言をすることで自分が刑事責任を負う可能性がある場合には、そのよう

な証言は拒否できるという「自己負罪拒否特権（Privilege against self-incrimination）」を保障している。証人がその特権を行使したとき、検察官は裁判所を通して、その証人に刑事免責（immunity）を与えることで証言を強制でき、免責を与えられた証人は証言をしなければならない。それを拒めば、法廷侮辱（Contempt）の罪に問われることになる。

（2）司法取引

日本には存在しない制度として有名なのが「プリー・バーゲニング（Plea Bargaining）」だ。「司法取引」あるいは「答弁取引」と訳されている。被告人が当初の訴因か、それより軽い訴因を認める「有罪答弁（Guilty Plea）」をし、さらに場合によっては、検察側証人として他の被告人の法廷で証言することなどを約束するのと引き換えに、検察官が被告人に何らかの譲歩を約束することをいう。実際に、マフィアなど犯罪組織による事件は、組織内部の協力者が司法取引に応じて証言することで、初めて首謀者や真相などが判明することが多い。

これまで日本では、司法取引に相当する機能を、警察・検察の取調が果たしてきた。被疑者を説得し、ときには威圧的な言辞も用いて被疑者を〝落とす〟のが、捜査官の誇るべき職人芸だと評価されてきた。そのような取調により、多くの疑獄事件などが解明されてきたのも、また事実といわなければならない。

このように功罪半ばする制度といえるが、捜査当局が取調の録音・録画の普及などによって従来の〝武器〟を封印されるようになると、それに代わる切れ味の捜査手法を要求するようになることだろう。そのとき、浮上してくるのが司法取引ではないかと考えられる。

（3）新しい捜査手法

1．取調の録音・録画

最高検察庁は二〇〇六年五月、取調の録音・録画を試行する方針を打ち出した。被告人が公判で「捜査段階で自白を強要された」などと供述の任意性を争った場合、自発的な供述だったことを証明する手段とするため、同年七月から東京、大阪、名古屋など主要な地方検察庁にＤＶＤ録画の専用機材を置いて試行を開始した。

試行に当たり最高検察庁は「裁判員裁判対象事件に関し、立証責任を有する検察官の判断と責任において、任意性の効果的・効率的な立証のため必要性が認められる事件について、取調の機能を損なわない範囲内で、検察官による被疑者の取調のうち相当と認められる部分の録音・録画を行うことについて、試行することとした」とする次長検事の談話を発表した。あくまで「取調の機能を損なわない範囲内」で検察官が「必要と認めた」場合に行うことが強調されていた。二〇〇八年度は裁判員裁判の対象事件を扱う全国六〇カ所の地方検察庁（一〇支部を含む）に試行を拡大。内部的に反対論が根強かった録音・録画だが、裁判員裁判に本格的に導入される方向性が強まった。

日本弁護士連合会は「被疑者が自白し、かつ取調官が自白調書を作成した後に、その自白調書の内容を確認する場面のみを録音・録画しているにすぎない。これでは被疑者が自白に至った経緯が客観的には全く明らかにされないだけでなく、調書の基となった捜査官の発問、被疑者自身のオリジナルの供述、さらには調書作成経過が全く不明なままであり、録音・録画をしていない場面での自白の強要等の問題を解決できない」と反発し、取調の全過程を録音・録画（全面可視化）するよう求めている。

しかし、検察首脳は「取調官は自分の人生経験、家族のことなども話しながら、容疑者が客観的な事実を話しだす環境づくりをしており、そういう個人的なプライバシーや共犯者をはじめ他の事件関係者のことなどが全て記録されると、共犯者の捜査などに支障が生じ、とても受け入れられない」と話す。検察側の試行は、全面的ではないとはいえ、自白など被疑者・被告人、証人らの供述が任意になされたものかどうかをめぐる弁護側と検察側の争いが裁判長期化の一因となっていたことを考えると、一定の評価に値する試みだ。例え一部の記録でも、ＤＶＤを見れば、供述がどの程度信用できるかの見当はつくだろう。そうであれば、しなくても済む争いは多少なりとも減るに違いない。

慎重な姿勢を取ってきた警察庁も、検察と歩調を合わせることとし、録音・録画の試行に踏み切った。二〇〇八年四月二日には、裁判員裁判の対象となる殺人や強盗傷害事件などの中から、裁判段階で容疑者が否認する可能性のある場合など、一部の事件を対象に試行することを正式に決め、国家公安委員会に報告した。準備が整い次第、二〇〇八年夏にも警視庁から先行実施し、その後、大阪府警や大規模県警へ拡大する方向だ。

２．取調適正化

富山冤罪事件や鹿児島県の選挙違反無罪判決を受けて警察庁は二〇〇八年一月二四日、両事件で明らかになった捜査上の問題点について検証結果を公表するとともに、「警察捜査における取調適正化指針」をまとめた。

指針によると、深夜や長時間にわたる取調は避けることを犯罪捜査規範に盛り込み、やむを得ず八時間を超える取調などは本部長らの許可を得る。また、警察本部の総務・警務部門に「本部監督担当課」などを設置、捜査部門以外の担当者が取調を監督・監視し、取調状況が分かるよう、すべての取調室に透視鏡を設けることとした。各警察署には監督担当者を置き、担当者が取調状況を随時確認するほか、容疑者からの苦情を受け付けた場合は調査に乗り出す。

監督対象行為として①容疑者の尊厳を著しく害する言動や体に触れること②有形力の行使③ことさら不安を覚えさせ困惑させる言動④一定の姿勢を取るよう強く要求すること⑤便宜供与の約束⑥警察本部長や署長の承認を

得ない取調――を定めた。こうした行為は自白強要など不適切行為につながる恐れがあると位置付け、これらが確認された場合は中止させ、懲戒対象とすることもあるとしている。

この指針は、取調の監視・監督によって自白強要につながる不適切な行為を防止するだけでなく、裁判員制度導入を見据え、取調が適正に行われることを裁判員に示す目的があるという。取調の全過程を録音・録画すべきだという主張に対抗する意味合いも含まれている。

警察庁が選んだ手段は、捜査部門の〝聖域〟だった取調を他部門から監視・監督させることで適正さを確保することだった。この制度が効果的に機能し、その状況が国民の目に見える形になれば、警察は富山冤罪事件などで失いかけた国民の信頼を取り戻すことができるだろう。

最高検察庁も二〇〇八年四月、「検察における取調適正確保方策」を明らかにした。取調中に被疑者が「弁護人と接見したい」と申し出た場合、検察官は直ちに弁護人へ連絡することや、弁護人が被疑者との接見を求めた場合にも、遅くとも直近の食事か休憩の時間に機会を設けることとした。また取調時間について「やむを得ない理由がある場合のほか、深夜に、または長時間にわたり取調を行うことを避ける」「取調では、少なくとも四時間ごとに休憩を与えるよう努める」などとしている。取調への不満が被疑者側から出されたときは、担当検察官の上司が調査し、その結果を被疑者側に説明するという。

検察官が被疑者を長時間にわたって拘束し、弁護人との接見も拒むやり方には、弁護側から、被疑者を人質に取る「人質司法」だとの強い批判が浴びせられてきた。そのような現実が、「証拠の王」と呼ばれる自白の獲得を目指す強引な取調を許す温床ともなったことは否定できない。接見への十分な配慮は、歪んだ取調を正す効果があり、ぜひとも実現しなければならない。接見がきちんと行われれば、弁護側が弁護方針を立てやすくなり、公判をにらんだとき、検察官にとっても結局は大きな利益となって返ってくることだろう。

３．新しい試み

裁判員制度の実施は、従来の捜査手法を大きく変える可能性がある。警察庁による取調適正化の表明、最高検察庁による録音・録画（可視化）試行の全国展開などは、その兆しの一端に過ぎないのではないだろうか。現に、ある検察幹部は「組織犯罪の捜査で首謀者の関与などを供述する代わりに免責するアメリカ流の司法取引の導入などがなければ、取調中心の捜査は変わりようがない。取調の録音・録画や、調書を使わない立証にも、限度がある」と話し、新しい捜査手法の導入を求めている。

録音・録画の試行、捜査の適正化などの新しい試みは始まったばかりで、裁判所による評価がどうなるのか、捜査当局内部での受け止め方はどうか、などチェックしなければならない点のほとんどがまだ不透明だ。その帰着点が見えないと、軽々に新しい捜査手法の導入には踏み込めない。しかし、裁判員裁判が実施され、法廷に新しい試みの成果が出されるようになれば、司法取引などの導入は、いずれ論議しなければならない極めて重大なテーマになる。

第２．被疑者・被告人の防御権

（１）国際人権（自由権）規約

裁判員制度を期待通りに機能させていくには、捜査段階から検察官の公訴提起、公判審理、評議、判決に至るまで現行の刑事司法制度を抜本的に見直していかなければならない。違法な取調が行われるのを封じるとともに、捜査段階の供述の任意性、信用性など証拠の評価をめぐる無益な争いもなくす試みを求めたい。取調状況の文書による記録、録音・録画を徹底するとともに、弁護士による被疑者の接見を容易にすることが、まず必要だ。身柄を必要以上に長期間拘束するのではなく、早期の保釈を実現するなどして、当事者の十分な公判準備を保障しなければならない。

公判でも、検察側の集めた証拠の全面的な開示を実現した上で、被告人の供述調書をはじめとする捜査関係書類を安易に公判へ持ちだすことをやめ、「公判中心主義」を真に実現するのが理想的だ。証人自身の知見に基づかない供述は証拠にできないとする伝聞法則など証拠能力の制限を徹底させ、裁判員の判断を曇らせるような不適正な証拠を公判に出さないような制度にしていく必要がある。

死刑囚が再審裁判で無罪となった免田、財田川など四事件はいずれも自白が有罪判決の最大の根拠とされた。国連の国際人権（自由権）規約人権委員会は一九九八年、日本の刑事手続の問題点として、多数の有罪判決が自白に基づくものであることを指摘し、「深く懸念を有する」とした。そして「自白が強要により引き出される可能性を排除するために」「警察留置場すなわち代用監獄における容疑者への取調が厳格に監視され、電気的手段により記録されるべきことを勧告する」と述べた。

「代用監獄」は、そのまま英語でも通じる国際語になってしまったが、都道府県警察の留置施設（留置場）のことだ。二〇〇六年に改正された「刑事収容施設及び被収容者等の処遇に関する法律」に基づき、逮捕・勾留された未決拘禁者を収容している。勧告当時に比べれば、被収容者の状況は改善されたようだが、長期間にわたって警察官の手元に被疑者を置くことは、無理な捜査や虚偽の自白を導く恐れがあることに変わりはない。冤罪防止の観点から見ると、制度の在り方として基本的におかしい。未決拘禁者の身柄は都道府県警察の手を離れ、拘置所など法務省所管の刑事施設へ移されるべきであって、規約人権委員会の指摘に従い、留置施設は廃止の方向で検討するべきだ。

(2) 新ルールの検討

日本では取調の機能が重視され過ぎ、捜査段階での被疑者の権利が軽視されるきらいがあるように思う。この点では、米国の法制度との違いがいかに大きいか、しばしば痛感させられる。

被疑者が起訴前に警察署や検察庁で取調を受ける際、弁護士の立ち会いがなくても、日本では不当ではない。被疑者に黙秘権があることは憲法に明記されており、そこまでしなくてもいいという考え方だ。しかし、こうした捜査の在り方が自白の偏重を招き、誤判の温床ともなっているとの批判は強い。

米国では憲法に黙秘権の保障があるだけでなく、その効果を確保するため連邦最高裁判所が一九六六年、判決で「ミランダルール」と呼ばれる原則を示している。このルールはまず、取調官には被疑者に黙秘権を告知する義務があるとする。そして被疑者に①供述は法廷で不利な証拠にもなり得る②取調前に弁護人と相談したり、取調に弁護人を立ち会わせたりできる③資金がないときは公費で弁護人を付けられる④取調中はいつでも尋問を拒否できる――ことを知らせなければならないとしている。被疑者がこれらの権利を行使すれば、取調は中止しなければならない（丸山徹『入門・アメリカの司法制度』現代人文社、六三頁）。

米国の裁判官や弁護士の話を聞くと、よく「ミランダルール」が出てくる。基本原則として社会に深く根付いており、州によっては取調官が告知内容を記した「ミランダカード」を携帯しているところもある。

米国にしてみたら、日本のように二〇日以上も弁護士が付かずに密室で取調ができる刑事手続は不安でならないに違いない。どのような国にも信頼してもらえるよう、刑事手続の見直し論議を深め、新ルールを検討する必要がある。

第3．刑事裁判の変化

(1) 分裂する評価

1．二つの見識

刑事弁護に長らく携わってきた下村幸雄弁護士は「刑事裁判改革の理念と方策」と題する論文（庭山英雄・下村幸雄・木村康・四宮啓『日本の刑事裁判　二一世紀への展望』〔現代人文社、一九九八年〕所収、一〇一頁以下）で「刑事司法の現状を変えるためには、その構造を根本的に変える革命的な変革がどうしても必要である」と述べている。そのための処方せんとして①「判検事」の分離と法曹一元制の実現②陪審制の復活・再導入による公判中心主義の実現——の二つを挙げた。

日本弁護士連合会が掲げる「法曹一元」というのは、裁判官は経験豊かな弁護士の中から選任するという主張であり、「判検事」の分離というのは、裁判官が法務省に出向のような形で出て検察官の仕事をしたり、逆に検察官が裁判官として勤務したりすることが、弁護側から見るとおかしいので、両者の人事は分離すべきだという主張だ。

下村弁護士は「陪審制が弾劾主義・当事者主義・法曹一元と結び付いているのに対し、参審制は糾問主義・職権主義、キャリアシステムの司法官制度と結び付いて発展してきた」と歴史的経緯を概観し、「起訴状一本主義の当事者主義をとる新刑訴と参審制を結び付けるのは、木に竹を継ぐようなものではないか」、裁判官の役割が「参審の場合、進行役と判断役の一人二役は現在と変わらず、訴訟進行は裁判長（官）がリードするから、証拠開示や証拠能力の判定について、今の刑事裁判と同じ弊害が生ずるであろう」と警告した。参審制は「当事者主義と公判中心主義の観点からは、法曹一元と陪審制との結び付きには到底及ばない」というのが結論だ。

これは陪審制支持の立場から、陪審制と参審制の違いを象徴的に描いた一つの見識だと思う。なるほどと思える点が多々ある。しかし、下村弁護士がこの本を書いたときには、裁判員制度はまだ影も形もなかった。裁判員制度の設計には、このような指摘があることも考慮されており、いま裁判員制度について他の人々が同じ論理を展開できるかとなると、少し事情が違う。

2．二者択一の論議

裁判員制度は裁判員の選任など入り口の部分はアメリカの陪審制度に似ているが、公判前整理手続や公判の審理、評議などはフランス、ドイツなどの参審制度に似てくる。特に、裁判官の職権主義的な色彩が強いドイツ型からは少し距離を置き、むしろ陪審制度に近いフランス型に接近した制度設計になっている。そこには、アメリカ流の当事者主義に立った上で参審制度を行っているイタリアの経験も、あまり表面には出てこないが、参考として取り入れられている。戦後の日本で、アメリカ法の影響下に始まった当事者主義は、アメリカを純粋型とするならば、少し変形されたものの、依然として維持されている。私は記事で「日本型参審制度」と書いたことがあるが、ドイツ型の参審制度から見れば、陪審制度に近い制度設計が行われているといえるのではないか。

問題は、陪審か、参審か、どちらが良いか、という二者択一の論議ではないと考える。肝心なのは国民参加という極めて重要な要素の実質を刑事裁判の中に生かしていくことだろう。はっきりしていることは、現在進行している刑事司法の改革は、国民参加の導入なしには実現しなかったことが多いという、厳然とした事実だ。試行段階とはいえ警察・検察で始まっている取調の録音・録画、新たに創設された被疑者の国選弁護制度、新しい証拠開示手続に基づく公判前整理手続、集中審理や計画審理、既に公判で実施されている厳選された証拠による立証、調書裁判と批判されてきた自白調書偏重傾向の見直し、長大な判決文から要点記述式の判決文への転換などは、すべて国民が参加するからこそ、構想され、進行している。従来のようなキャリア裁判官による刑事裁判だったら、ここまで踏み込んだ改革にはなっていないのは間違いない。

（2）「粗雑司法」への懸念

1．新潟県弁護士会の決議

しかし、あらゆる物事には陽の部分があれば、陰の部分もある。裁判員制度の実施が近づくにつれ、「粗雑司法」を懸念する声が高まってきた。新潟県弁護士会は二〇〇八年二月二九日に開かれた総会で、裁判員制度について「重大な欠陥が多く、実施の強行は暴挙」だとして、実施を数年間延期した上、市民から意見を聴いて裁判員法の抜本的改正を図ることなどを求める決議をした。裁判員制度の開始に異議を唱える決議は全国の弁護士会で初めてだ。

決議は裁判員制度の問題点として①世論調査で八割が「裁判員になりたくない」と答え、国民の理解、賛同がない②「人を裁きたくない」という思想・良心の自由が十分保護されない③死刑判決に関与することや一生負わされる守秘義務は精神的負担が大きい④冤罪を生んだり、重罰化傾向が助長されたりする恐れがある——などの点を挙げた。また「最高裁などは通常三日程度が審理期間とPRしているが、粗雑な司法となり、適正な手続を保障した憲法に反する」と指摘して、被告人に「裁判員が加わった裁判を受けるかどうか」の選択権を与えるよう提案した。事件報道に対する規制論議なども含め、「枚挙にいとまがない問題がある」としており、元裁判官や学者、弁護士、ジャーナリストらから最近相次いでいる反対論を踏まえた内容となっている。

その後、栃木県弁護士会も同じ趣旨の決議をした。

組んでほしい。

２．内向きの発想

裁判員制度の延期を求める根拠とされる理由は、それぞれ一理があり、これからの運用次第で、重大な欠点として顕在化してくる可能性を秘めている。実施に当たり、念には念を入れ、そのような懸念を払拭する制度に仕上げていかなければならない。懸念は懸念として踏まえながら、まず、実施が決まった裁判員制度に真剣に取り組んでほしい。

裁判員制度を延期、あるいは廃止して、残るものは何だろうか。それは、多数の法曹関係者、市民らが批判してきた従来の刑事裁判そのものではないか。法曹にとっては慣れ親しんだ制度であり、後戻りしても、どうということはないのだろうし、新しい裁判員制度はドラスティックな変革を伴う内容だから自信が持てないのかもしれない。これまでも、実際に刑事裁判を引き受けてきたのは一握りの弁護士に過ぎなかったのだから、多くの弁護士に戸惑いがあっても不思議はない。

しかし、現在進行中の国民参加を前提とした制度の見直しが、不必要だと言えるのだろうか。裁判所も、検察庁も、弁護士会も、慣れ親しんできたやり方では国民参加が実現できないことが分かるからこそ、譲るべきところは譲りながら、制度づくりを進めてきたのが実態だ。自らの血を流す改革など、誰も好んでやりたくはないだろうから、国民参加が流れれば、これまでの見直し機運も急速にしぼんでしまい、改革も流れるに決まっている。そのときに弁護士会は、従来の刑事裁判に戻り、現状に甘んじながら、しかも制度批判は繰り返していくつもりなのだろうか。

粗雑司法になるかどうかは、裁判の運用にかかわることだ。しかし論議の出発点は、もともと、これまでの刑事司法があまりに技巧的で精緻に過ぎ、どこの国を見ても、このような裁判はしていないという事実にあったことを明確に認識すべきだろう。

「裁判員」という名称を提案した刑事訴訟法学者の松尾浩也・東京大学名誉教授は、イギリスの生物学者ダーウィンがガラパゴス諸島で、どことも異なる独自の生態系が繁栄している状況を目にして進化論を思い付いたことに例え、日本の刑事訴訟の特異性について「一種のガラパゴス的状況を混在させているのではないかという懸念が払拭しきれない」と述べている（ジュリスト増刷『刑事訴訟法の争点』［有斐閣、二〇〇四年］七頁）。現状は望ましくないとして、改革を求める声は学者からも、日本弁護士連合会からも、そして裁判所、検察庁の中からも出ていたのに、一向にまとまらなかった。それは法曹三者が、司法制度の改正には意見の一致を必要とするという申し合わせ（一九七〇年の衆議院付帯決議参照）を実行し、それぞれが自分にとって不都合な改革には反対してきたからにほかならない。そこに見られるのは法曹界特有の内向きの発想であり、国民の姿はない。

裁判員制度の導入は膠着状態に陥っていた刑事司法を大きく動かす契機となった。一審の判決までに一〇年以上の時間をかけ、小泉純一郎首相が引用した新聞投稿の川柳ではないが、「思い出の事件を裁く最高裁」と揶揄されるような刑事裁判であって良いわけがない。こうした冷やかしをする、当事者意識を欠いた首相も、そして冷やかされる法曹関係者も、どちらも恥ずかしさを感じてほしいところだが、長期化するのが当たり前のような実情は、批判を浴びても当然ではある。長期化しても裁判官、検察官は国から給与が出て困らないし、弁護士も報酬がもらえる。もし国選弁護人だったとしたら、国選弁護報酬は国民の税金から支払われるから、長期化の経済的負担はすべて国民に押しつけられる結果になる。それを「丁寧な裁判」だと、本気で言うつもりなのだろうか。

このような川柳が単なる冷やかしならば、放っておけばいい。しかし、そうではないからこそ、粗雑司法と呼ばれる懸念を意識しながらも、多角的に工夫を加えていく必要がある。それは裁判員制度が始まろうと、始まるまいと、関係のないことではないか。

(3) 新しい刑事訴訟手続への評価

1．手付かずの証拠法

裁判員制度と新しい刑事訴訟手続に対する評価は、法律専門家の間で微妙に割れている。既に述べたように、否定論は①被告人の方に裁判員制度を拒否する権利がなく、被告人の防御権を空洞化させる②社会の健全な常識を反映させると言うが厳罰化の傾向は必至――などと、その理由を挙げる。これに対して賛成論は①裁判員制度は法律家による法的な決定の独占を初めて破るもので刑事司法の正当性に新しい理由付けをもたらす②刑事裁判・刑事司法を大きく改善する契機となる――などと指摘している。

多くの専門家は、これらの中間にあって、まだ具体的な評価を下すには慎重なようだ。その理由は、今回の司法改革でも刑事訴訟法の証拠法に関する部分は、まったく手付かずのままであり、警察官や検察官が作成した被疑者・被告人、証人らの供述調書を証拠として重視することなど、従来の刑事司法の基本的な構造が、依然として根強く残されている点にある。

2．職権主義の色彩

刑事訴訟法の改正などによって、裁判官の訴訟指揮権がこれまでよりも強化された印象がある。弁護士らの反発、批判は、実はそこに原因があるのではないかという感じもする。これは当事者主義という原則と密接な関連がある部分であって、刑事法学者の意見を聴かずに、軽々に論じることは避けなければならない。ここでは、この問題には簡単に触れるだけにし、若干の感想と心配を述べてみたい。

刑事訴訟法改正以前の裁判を振り返ると、当事者に訴訟の進行を委ねる部分が多く、裁判官が強く出るべき場面でも、控えめに公判を進めていると感じることがままあった。「横暴な訴訟指揮」などという批判を警戒してのことだと推測するが、長過ぎる裁判が蔓延した一因は、こうした謙抑的な裁判官の訴訟指揮にも原因があったのではないだろうか。

昭和四〇年代末から五〇年代にかけて各地の裁判所で見られた、過激派学生と呼ばれた被告人らの法廷のように、裁判官が強硬な訴訟指揮を行い、退廷命令を連発するような「荒れる裁判」になっても良いと言うのではない。あれは法廷が政治闘争の場と化し、傍聴していても異様に思うものだった。司法とは権力機構そのものだと思われたくないという裁判官の気持ちが、その後の謙抑的な訴訟指揮になっていたのかもしれない。

裁判員制度の導入に伴って、裁判官の訴訟指揮権はやや強化され、例えば、証拠開示を当事者が拒んだ場合、相当な理由がないと裁判官が考えれば、証拠提出の裁定命令を出せるようになった。手続の円滑を図るために裁判官が行使できる権限が増えたのは、大きな特徴といえるのではないか。しかし、これは、もともと裁判官の訴訟指揮権が少し弱かったからでもあるだろう。ドイツやフランスの裁判官はもっと強い権限を持っているように見えるし、アメリカの裁判官も、法廷侮辱罪などを背景として、訴訟指揮の面では相当に強気だ。

これもまた、外国と比べても、あまり意味のあることではないが、訴訟指揮権があまりに弱いのにも問題がある。ただ、注意しなければならないのは、訴訟指揮権の強化は、国民にとって良い方にも、悪い方にも転がる可能性があることだ。バランスを取るのが肝心であって、行き過ぎはいけない。今回の改正が、今後、どのような方向に刑事裁判を動かしていくのか、よく見ていかなければならない。

（4）評議の誘導

裁判員裁判で懸念されていることの一つは、裁判官による評議の誘導だ。審理の結果、裁判官が一定の心証を持ったとき、裁判員との評議の際に自らの信じる結論へと強引に導いていくのではないかと、心配する声を聞く。裁判官は、裁判員が発言しやすい雰囲気をつくり、議論の誘導と受け取られないような慎重な評議の運営を心掛けてほしい。裁判員制度への理解が深まるのも、また反発が強まるのも、裁判官の訴訟指揮がかなり影響するように思う。

そうは言っても、各地の模擬裁判を見ていると、裁判官がかえって遠慮してしまい、自分の意見を満足に話さず、結論を出してしまっているケースがあった。一例だが、評議の際に量刑をめぐって意見が割れたとき、裁判官が「皆さんがそう言われるのならば、私もそうします」と言って一つの意見に加わり、それが多数意見として決まったことがあった。これでは裁判官の主体性はどこにあるのだろうか。評議を誘導しないよう、謙抑的と言えば謙抑的、良心的といえば良心的なやり方をしたのかもしれないが、これでは困る。堂々と意見を述べ、裁判員と議論することは、誘導でも何でもない。むしろ、そのような意見を各人が率直に述べ、批判し合い、その中から妥当な結論をお互いに見いだす真剣な努力をしなければならない。それでなくては、裁かれる被告人が気の毒だ。裁判官には、評議の誘導という意味を履き違えないでほしいし、国民には、裁判官と議論することを恐れたり、また逆に意識過剰になったりせず、沈着冷静に判断することを心掛けるよう望みたい。

第2節　将来に向けて

第1．死刑制度の帰趨

(1) 三〇年ぶりの多数執行

作家の曽野綾子さんが初めて書いた長編犯罪小説「天上の青」の最終章に、死刑執行をめぐるニュース場面が出てくる。「テレビの画面には、富士男の顔が出ている。一瞬、雪子は、富士男がまた何をしたのだろう、と思った。しかしそれは、宇野富士男の処刑が今朝行われた、という報道であった」。これを読んだとき「あれっ、こんなことあり得ないよな」と思った。

この小説は一九九〇年、毎日新聞夕刊の連載。当時、法務省は死刑執行の公表を拒み、メディアの確認にも応じなかった。執行の事実は、すべて終了後、死刑囚の遺族ら一定の関係者にだけ知らされたから、遺族らに確認を取って報道するしかなかった。まして小説の場面は午前一〇時ごろ。その時刻なら執行の直後であり、なおさら確認が難しかった。

しかし、今は死刑を取り巻く状況が変わりつつあり、今後はほぼ、この小説のようになりそうだ。法務省が二〇〇七年一二月七日、女子高生ら五人を殺害した藤間静波死刑囚ら三人の死刑を執行したと発表したからだ。氏名と執行場所の公表は初めてだった。鳩山邦夫法務大臣は衆院法務委員会で「適正に執行されていることを被害者遺族や国民に理解してもらう必要がある」と説明した。

かつての法務省は「死刑の密行性」にこだわり、公表には極めて消極的だった。矯正統計年報に前年の執行件数を掲載するだけにとどまっていたが、一九九八年以降、執行の事実と人数は発表するように変わった。

死刑は国家が人命を強制的に奪うことであり、執行の情報を隠すことは許されるべきではない。公権力の行使である以上、国民の前に執行の事実、理由などのすべてを明らかにしなければならない。氏名と執行場所が公表されるようにしたのでも、依然として不十分だが、法務省の姿勢に変化が起きていることはうかがわせる。国民に判断材料を提供するためにも、死刑執行の対象者や執行期日を決めた方法などについて情報公開を進め、透明性を高めていかなければならない。

内閣府が五年に一度実施する法制度に関する世論調査によると、「場合によっては死刑もやむを得ない」と答えた人は一九九四年に七三・八％だったが、二〇〇四年には八一・四％に増えた。逆に廃止を求めたのは六・〇％だった。死刑を維持する理由は「凶悪な犯罪は命をもって償うべきだ」が過去三回とも最多だった。

死刑の執行は、法務大臣の執行命令が出なかったことにより、一時中断した時期があったが、後藤田正晴法務大臣当時の一九九三年三月に再開された。再開後の執行は二〇〇七年までに六三人を数えた。二〇〇七年の執行者数は九人に上り、一九七六年以来、最多になった。国連の拷問禁止委員会が二〇〇七年五月、日本に死刑の執行停止を勧告したばかりであり、外交的には最悪のタイミングの執行だ。

アムネスティ・インターナショナル日本によると、法律で、あるいは事実上、死刑を廃止している国・地域は欧州各国、ロシア、韓国など一三五カ国、存置国は日本、アメリカ（一部の州は廃止）、中国、北朝鮮など六二カ国という状況だ。世界的な潮流は死刑廃止に向かっているといえるのではないか。

（2）廃止議連の裁判員法改正案

裁判員制度が始まることを受けて、超党派の国会議員でつくる「死刑廃止を推進する議員連盟」（会長・亀井静香国民新党代表代行）は二〇〇八年三月四日、裁判員裁判で死刑判決を下す場合には「裁判官と裁判員全員の賛成が必要」とするよう裁判員法など関連法の改正を検討することを確認した。裁判員制度では、裁判官三人と裁判員六人が評議をし、最低一人の裁判官を含む過半数の賛成で判決を下すことができるが、廃止議連は慎重を期すべきだと判断した。

日本弁護士連合会は二〇〇八年三月一三日、「死刑制度調査会の設置及び死刑執行の停止に関する法律案」（日本弁護士連合会死刑執行停止法案）を公表した。この法案によると、衆議院と参議院に死刑制度調査会を設け、死刑制度の存廃などについて調査を行うほか、この調査会の設置期間中、法務大臣は死刑の執行を命令しないことを義務付けられる。

（3）世論の動向

死刑の是非を論じ始めると、法律や裁判の枠をはみ出して、嫌でも哲学、宗教、文化、政治など広範な分野に踏み込んでいかなければならない。そのような深遠な理論を展開できるわけはないが、将来的には死刑は廃止すべきだと思う。

刑事法学者の団藤重光・元最高裁判所判事は死刑制度には「誤判によって無実の者を処刑してしまう可能性が必然的に内在している」と指摘し、「この上なく非人道的であり残虐なもの」と述べている（団藤重光『死刑廃止論』有斐閣、一六頁）。世の中には、死刑にしても飽き足りない凶悪犯罪が絶えないのは事実であるにしても、しばらく執行は停止し、死刑制度の是非を含め、じっくり国民的な議論をしてもいいのではないか。

裁判員制度の是非をめぐる論議では、しばしば「あなたは死刑判決ができますか」というように、死刑制度と国民参加を結び付けた議論がされる。しかし、本来は、この両者は関係がない問題だ。死刑判決ができないというのであれば、廃止しなければならないのは死刑制度の方であり、裁判員制度ではない。現に、ドイツやフランスなど、国民参加を行っている欧州の国々では死刑制度は廃止されており、それが参加の精神的負担を軽くしている面がある。これらの国々では、死刑制度よりも国民参加の方が大切だと考えられている証しだろう。

裁判員制度の実施は、死刑をめぐる世論の動向を変えていく可能性を含んでいる。法律の適用を仕事とする裁判官でも、「死刑についての質問には「死刑判決を言い渡す前の晩は寝られなかった」「一生忘れられない経験であり、また言い渡すことは、できれば避けたい」などという答が返ってくる。まして、人の運命を決める経験をほとんどしていない裁判員にとって、死刑にするかどうかの決断は、精神的、心理的に考えられないほどの重圧になるだろう。

恐らく、死刑の判決は、裁判官と裁判員が評議をする際、全員一致か、ほとんどそれと異ならない圧倒的に多数の意見でなければ、決められないだろうと思う。私が裁判員になったときを考えても、評議が死刑判決について四対四に割れてしまい、私の意見で多数が決まるということにでもなったら、死刑という一票はきっと投じない。それ以前に、五対四で死刑判決を決定するというやり方に強硬に反対することだろう。

国家が一人の人間の命を奪うことは、それほど重大なことなのだと思う。裁判員裁判について、感情的な判決が多くなり、刑は重くなると見る法曹関係者が多いようだが、死刑については逆なのではないかと感じる。

検察側の立証に少しでも疑問が残れば、懲役刑や禁錮刑ならばともかく、大半の裁判員は死刑には賛成しないだろう。もし、その推測が正しければ、裁判員裁判の実施によって、死刑判決は減ってくるのではないか。

第2. 課題の克服

(1) 具体的な課題

裁判員制度には多くの克服すべき課題がある。法改正が必要なもの、政令で定めるもの、運用上の工夫で対処できるものなど、その内容は極めて多岐にわたる。まとめて簡単に要点を述べておきたい。

1. 適正な捜査

警察庁は取調適正化指針の方向をさらに推し進め、捜査の現代化に努めなければならない。検察庁とともに、取調の録音・録画を拡大し、取調への弁護士の立ち会いも導入を検討するべきだ。何よりもまず、冤罪に泣く人を生まないことが大切だが、それはまた、裁判員が適正な捜査結果に基づいて判断を下し、誤った結論を導くことがないようにするためにも必要なことだ。

2. 弁護態勢の確立

裁判員制度は公判前整理手続などを前提にしており、十分な弁護態勢なしには機能しない。制度の運用に決定的と言ってもよいほど重大な影響を持つのが、政府の全額出資によって二〇〇六年四月に設立された独立法人「日本司法支援センター(愛称・法テラス)」(本部・東京)だ。全国に五〇カ所の地方事務所が置かれ、資力の乏しい被疑者・被告人を公費で弁護する国選弁護業務などを行っている。一九九〇年代後半以降、弁護人のついた事件のうち国選弁護人が選任される率は七〇%を超えており、自費で私選の弁護人を選ぶ割合は二〇〇六年には二五%に落ち込んだ(日本弁護士連合会『弁護士白書二〇〇七年版』一一四頁)。国選弁護をいかに充実させるかが、弁護の中身を大きく左右する状況にあるといってよい。

法テラスとの間で国選弁護人契約を結んだ弁護士は二〇〇八年四月、一万三四二七人になり、弁護士総数の半分を超えた。発足から二年の実績は順調と評価してよく、給与制で働く常勤弁護士（スタッフ弁護士）も二〇〇七年度末までに九六人へと増えた。しかし、裁判員制度が実施されると同時に、被疑者国選弁護の対象事件が一挙に約一〇倍に広がる。現在の契約弁護士、スタッフ弁護士でこなしきれるか、心配がある。日本弁護士連合会の試算では、スタッフ弁護士だけでも三〇〇人は必要だとされ、現状ではとても足りない。

スタッフ弁護士は裁判員裁判の集中審理に専念できる勤務環境にある。刑事弁護に意欲を燃やす若手弁護士らが、法テラスを舞台として、諸外国に見られるような刑事事件専門弁護士へと育っていってほしい。そうなれば、日本でも分厚い刑事弁護の態勢ができる。必要な人数のスタッフ弁護士を確保するためには、最長一〇年の任期制度を廃止し、裁判官、検察官と同じ程度の定年年齢まで仕事をできるようにしたらどうだろうか。活動実態に合わない、安過ぎる国選弁護報酬の引き上げも真剣に検討しなければならない。

３．公判前整理手続

裁判員が参加しやすい環境をつくるには、下準備をしっかりと行わなければならない。刑事訴訟法の改正で「公判前整理手続」が新設され、この手続を踏むことが裁判員制度では欠かせないことになった。弁護側がしっかり準備をできるよう、この手続の中で、検察側が手持ちの証拠を弁護側へ極力開示するように変わることを期待したい。今回の改正では、そこまではできなかったが、いずれは全面開示することを目指すべきだ。

弁護側は、公判で述べる予定の主張をできる限り明らかにしてほしい。主張の明示には弁護側に「そこまでする義務はない」とする強硬な反対論があるが、主張が明示されないと弁護側の出方が分からず、公判の見通しが立たない。審理計画も立てられず、それは裁判員が予定を組めなくなることにも通じ、大変困る。

非公開で行われる公判前整理手続は「裁判公開」の精神に反するとして、憲法違反だとする見解もある。しかし、手続の場には検察側だけでなく、弁護人あるいは被告人も出席して行われるので、被疑者・被告人の防御権が損なわれることはない。しかも、その手続は証拠調べには立ち入らず、争点整理の結果なども公判で裁判長が報告する仕組みになっているから、密室性は排除されており、憲法違反ではないと考える。ただし、裁判官は、そのような批判を招かない運用を心掛けなければならない。公判開始の前に証拠の中身に立ち入り、審理の前倒しのようなことをしては、それこそ違憲の疑いが出てくるだろう。また、現在は公開の法廷で行われている証拠採否の手続などを今後、傍聴人らが見られなくなるのは事実だから、それを補うため、裁判所側から事件関係者、報道関係者らへ何らかの説明を行うことなどが考慮されてもよいのではないか。

4．裁判員の選任

多くの人が参加できるよう、政府と最高裁は裁判員の選任手続についてさらに工夫をしなければならない。基本的にすべての国民が参加するという制度を選択した以上、「思想・信条」を理由とした辞退は認めるべきではないと考えるが、やりたくない人を無理に引っ張り出すことは、実際にはできない。できるだけ、これらの人々の理解を得る試みを続けてほしい。

出版物の中には、やりたくない人は酒を飲んで裁判所へ来ればいいとか、事実と反することを言って逃れる道があるとか、首をかしげざるを得ないことを書いてあるものもある。しかし、このような行動を勧めるのは、刑事裁判の冒涜であり、司法制度を貶めるものだろう。酒を飲んできたり、ウソをついたりするような人は、もともと裁判員に適任ではない。そういう人に裁判員になってもらっては、それこそ被告人が浮かばれない。

5．対象事件

「オウム真理教の事件を裁判員裁判でできるか」という問い掛けをして、裁判員制度反対へと導こうとするような出版、報道もある。しかし、テロなど裁判員に危害が及ぶ事件は、裁判所の判断で裁判官だけの審理をすることができる。一連のオウム真理教事件がテロと認定できるならば、そもそも対象事件から外される可能姓がある。いかに反対だからといっても、不確実な根拠を基に、いたずらに不安をあおるのは、いかがなものだろうか。

どのような事件を対象とすべきか、については、依然としてさまざまな意見がある。「国民参加には賛成だが、死刑制度には反対」と言う人や、「できるだけ多数の人が参加する制度にした方が良い」と考える人は、死刑や無期懲役などの重大犯罪を外し、発生件数が多い窃盗など軽い刑の事件を対象とすべきだと主張するかもしれない。制度設計に関与した立場からは、社会にとって重要な意味を持つ事件の裁判にこそ国民が参加すべきだと考えるが、この論議は将来も続けていくべきだ。

６．公判審理

あまりに長く時間がかかる裁判は、裁判員の参加を不可能にする。刑事裁判は充実した審理こそが要であって、迅速であれば良い訳ではないが、現状を見ると、もっと改善の余地がある。何を立証しようとしているのか理解できない証拠調べなどが行われており、裁判の長期化を避ける工夫はまだまだ足りない。最高裁判所を中心に、公判の進め方などを抜本的に見直さなければならない。特に、被告人が否認している複雑で難しい事件の審理をどうするか、さらに詰めた検討が必要だ。

犯罪被害者参加人制度の導入が決まり、犯罪被害者が裁判員を前にして、被告人に質問したり、審理の最終段階で量刑に関する意見を述べたり場面が見られることになる。裁判員が感情を揺り動かされ、過度の重罰化に走らないよう、裁判官、検察官、弁護人が適切に対処することが求められる。

７．評議・評決

頭の中だけで物事を論理的に区別しようとするような抽象的な討議は、裁判員には理解しにくい。裁判官は従来型の討議をするのではなく、裁判員が妥当な結論を導けるような議論の進め方に徹してほしい。評決も、意見が割れたらすぐ多数決をするのではなく、できるだけ全員一致の結論にすることを目指さなければならない。特に死刑事案では、単純多数決での採決は回避すべきだ。

（2）報道の在り方

国民参加の刑事裁判を行っている国々では、外部から影響されずに公正な裁判が行われるようにするため、事件・事故や裁判に関する報道を法的に規制している国がある。イギリスは「裁判所侮辱法」という法律を作り、罰則付きの報道規制を設けている。しかし、表現の自由を重視するフランスでは法的規制はないなど、国によって対応の仕方は違っている。裁判員制度が始まると、メディアの報道の在り方も問われるに違いない。

日本新聞協会は二〇〇八年一月一六日、「裁判員制度開始にあたっての取材・報道指針」を公表、被疑者を犯人と決め付けた報道（犯人視報道）はしないことを再確認し、「公正な裁判と報道の自由の調和」を図ると宣言した。事件報道には再発防止策の追求、捜査や裁判のチェックなどの目的・意義があることを確認した上で①捜査段階の供述②被疑者の対人関係や成育歴等のプロフィル③識者のコメントや分析——は記事の書き方等に十分配慮することを表明した。日本新聞協会が裁判報道に関するルールを作ったのは初めてだ。

指針を受けて新聞各社では自社のガイドライン作りが進んでいる。二〇〇八年三月末の紙面から朝日新聞、読売新聞などが、従来ならば「調べによると」と客観的事実であるかのように書くところを、あえて「捜査関係者によると」と情報源を明示するなど記事の表現に変化が見られる。朝日、毎日、読売、共同通信、中日、産経の各社社会部長が座談会「事件・裁判報道を考える」（日本新聞協会機関誌『新聞研究』二〇〇八年五月号一〇頁）で、ガイドラインの一端を明らかにしている。被疑者・被告人の無罪の推定を確保するには、メディア側が自主的なルールに基づき、事件・事故・裁判の報道に配慮を加えていくことが大事であり、日本新聞協会の指針や各社のガイドラインは報道への信頼を高めることだろう。テレビ、雑誌も自社のガイドラインを作ってほしいと思う。

証拠開示が大幅に拡大されたのに伴い、検察側が公判前整理手続で開示した証拠を、被告人・弁護人が裁判以外の目的に使用すると処罰されることになった（刑事訴訟法第二八一条の四）。メディア内では、供述調書などの裁判資料を基に正確な記事を書くことが広く行われてきたが、今後は弁護士から資料をもらって記事化するときには注意が必要だ。しかし、証拠の内容によっては、報道することが社会全体の利益にかなう場合がある。捜査当局が安易にこの規定を振り回さないよう求めていかなければならない。

（３）少しでも前進を

これらの課題はなかなか実現させるのが難しい。反対意見は多いだろうし、賛成でも、すぐには実現が困難なものもある。しかし、「これらの課題が克服できなければ、裁判員制度は駄目なのだ」と即断しないでほしい。ここで述べたことは、その大半が、現行の刑事裁判制度ができた時から、折に触れて指摘されてきたことだ。何十年も議論してきたことが、一朝一夕に変えられるはずもない。腰を落ち着け、時間をかけて、実行していけばよい。これらが少しでも前進すれば、裁判員制度はより国民に共感をもってもらえる制度になっていくと思う。

しかし、もし、裁判員制度をやめてしまえば、せっかく動き始めた改革の機運は挫折し、現行制度の問題点もそのまま残されることになるだろう。もちろん、それが最善だとする現状維持的な考え方の人々や、国民参加そのものに反対の人々などもいるだろうが、それで本当に市民のためになるのだろうか、疑問に思う。

裁判員制度をまず実施してみる。そうすれば、今まで見えなかった刑事裁判の欠陥が見えてくるかもしれない。

死刑をはじめ関連する諸制度の是非をめぐる議論に、新たな視点が加わるかもしれない。実施してみて、本当にまずければ、そのときに廃止を含めて見直せばよいのではないか。

第3．裁判員制度の未来

(1) 国民性

裁判員制度は発展性に富んだ制度だと思う。刑事裁判手続に根本的な変革を迫り、法廷の構造も変え、明治以来の捜査手法にまで改革を促している。国民参加という強烈なインパクトがなかったら、このような現象は決して起きなかった。

しかし、これまで縷々述べてきたように、現在進行中の諸制度の見直しには心配な面が多い。本当に国民が裁判所へ来てくれるだろうか。誤った判決が続出しはしないか。新たな手続によって、今までなかった人権侵害が起きないか。疑心暗鬼になれば際限がない。制度の運用にかかわる部分でも、不十分で納得できないものがある。

これらは裁判員制度の構造的な欠陥なのだろうか。それとも、一つ一つ丹念に対処していけば、そのほとんどが避けられることなのか。こうした疑問に対する回答は、恐らくすぐには出せないに違いない。じっくりと、冷静に、裁判員制度がどのように動いていくか、見極めたいと思う。今は、大多数の人達に納得してもらえる制度づくりに全力を傾けるべきだろう。評価するのは、実施してからだ。

ただ、今でも既に見えていることがある。それは、この制度が「国民性に合わない」という指摘が妥当ではないという事実だ。考えてみると、第二次世界大戦で日本が連合国軍に無条件降伏したとき、現在の国民主権の憲法や普通選挙、男女同権、婚姻の自由などが現実化することなど大方の国民は念頭になかったに違いない。しかし、現在では、これらは当たり前すぎるほど当たり前のことにすぎず、もはや国民性を云々する人などいないだろう。

まして、刑事司法への国民参加は戦前の陪審裁判で経験済みのことだ。戦火が迫る中、陪審法は停止に至ったとはいえ、曲がりなりにも一〇年以上行われてきた。昭和の人達にできたことが、現在の国民にできないわけがない。もともと日本人は、思慮深く遠慮がちだが、真面目で優しい国民性なのだと思う。裁判官と議論を重ね、疑問点を詰めていけば、きっと事案に即した適切な結論を導き出すことができるはずだ。

（２）未来への期待

裁判員裁判が安定的に運用されていくようになったら、捜査も、訴訟手続も、そして法曹界も大きく変化することだろう。現在の大学生、高校生らが裁判員を経験すれば、国の主権者として背負っていく荷物の大きさにも気付くはずだ。刑事裁判はきれいごとではない。社会の歪みを端的に表すのが犯罪であり、それを深く心に留めることが、これからの社会づくりに役立つ。

暗い経験のなかからこそ、明るい未来を開くことができる。裁判員制度には、それを担っていく子供たちの教育をはじめ、未来への期待が込められている。その未来は、国民の未来とも重なっている。

裁判員制度が失敗すれば、キャリア裁判官と検察官、弁護士という専門家だけによる従来の裁判制度が続くだけだ。必ずしも、キャリア裁判官が悪いというわけではない。ドイツの裁判官と話したとき、「日本は優秀なキャリア裁判官制度を持っているのだから、それを大事にするべきだ」という意見を聞かされたこともある。従来の制度に磨きをかける方向こそ望ましいと考える人はかなりいることだろう。

しかし、それが国民の未来に適うものかどうか、疑問があると思う。どれほど優秀なキャリアシステムであっても、国民の意識に寄り添っていかなければ、もはや正統性は主張できない。それは司法にとっても同じことだ。

刑事司法はさまざまな面で行き詰まりを見せている。国民参加というショック療法がなければ、刑事司法は国民の支持を失い、自ら死への道をたどっていったかもしれない。

現在つくられつつある制度は十分とはいえない。つくり方次第では、ひょっとすると、反対派の人達が懸念するように、今よりもずっと悪い制度になってしまうかもしれないという心配がある。

国民参加に本当にふさわしい制度がどのようなものなのか、まだまだ模索は続く。裁判員制度が二〇〇九年五月二一日にスタートした後、三年以上たてば見直しが行われる。しかし、国民参加の制度は、短兵急に評価できるものではない。一〇〇〇年あるいは一〇〇年以上の歴史を持つ欧米諸国の陪審制度、参審制度ですら、いまだに修正が続けられている。アメリカも、イギリスも、ドイツ、フランス、スウェーデン、イタリアなどもそうだ。ロシア、中国、韓国などに至っては、陪審制度を導入してから日が浅く、まだ評価を云々する段階ではないだろう。司法参加は、仮に一世代をかけたとしても、評価に必要な時間が長かったなどと文句をつけられるものではない。まして、数年で結論を出そうというのは、無謀極まりない試みのように思える。

制度づくりは、裁判員裁判が始まっても、決して怠ってはならない。いろいろ述べてきたように、裁判員制度は刑事司法全体の在り方と密接不可分な関係にある。捜査、公訴提起、公判などを見直し、冤罪が生まれないよう配慮を加え、国民参加にふさわしい制度へと育てていく必要がある。試行錯誤の結果であっても、数世代後の人達に「あのときよく考えてくれた」と言ってもらえるよう、今、きちんと論議しておくことが、最も大切なことなのだと思う。

おわりに

毎年一〇月一日は「法の日」。全国の裁判所、検察庁、弁護士会がシンポジウムなどの催しを行い、司法への理解を国民に求めている。なぜ、「法の日」が一〇月一日でなければならないのか。それは大日本帝国憲法（明治憲法）下の一九二八年（昭和三年）一〇月一日に、わが国で初めて国民が司法に参加する陪審裁判が始まったからだ。初の国民参加の日が、すなわち「法の日」なのだという極めて重要な歴史的事実を、われわれはとっくの昔に忘れてしまっているのではないか。

それから八〇年たち、再び国民参加の「裁判員制度」が二〇〇九年五月二一日に始まる。しかし、肝心の制度の中身はまだ完成しておらず、実際にはどうなるのか、期待と不安が入り交じって論じられているように見える。刑事裁判への国民参加に一体、どのような意味があるのか。その答をきれいに提示できる力量はもとよりないが、何よりも重要な意義は、国民参加によって、司法がブラックボックスではなくなり、その透明性が飛躍的に高まることにあると感じている。これまで国民から距離を置かれ、できるだけかかわりを避けようとされてきた刑事司法が、国民の間でその在り方を論議されるのが当たり前なテーマとして明確に意識されることになった。国の姿を考える上で大きな変化ではないか。

ただし、司法の側がどれほど入念に準備をしようと、国民は、心から納得し、安心できる仕組みがなければ、実際には参加しない。裁判員制度は国民が動かすものであり、その成否は、どれだけの人が裁判所へ足を運ぶかにかかっている。この制度はどのようなものなのか。どこが良く、どこを改めなければならないのか。本書を参考として、多くの方々に考えていただけることを願っている。

あるとき、裁判官出身の法科大学院教授から「裁判員制度を知ろうとすると、中学生や高校生が読むような簡潔な本か、刑事法学者や法律実務家などしか読まないような難解な本や論文か、どちらかしかない。信頼できる内容で、しかも難しすぎない本はないですか」と聞かれたことがある。まったく、その通りで、一般社会人、大学法学部・法科大学院の学生らに向けた出版物はあまり見当たらない。本書がそのような役目を果たせるかどうか自信はないが、そうした方たちに多少なりとも役立てていただけるのではないか。また、かなりの知識を持つ司法修習生、刑事事件にあまり携わってこなかった弁護士、司法書士などの法律家、そして同僚の報道関係者にも参考にしていただけるに違いない。

本書が少しでも多くの方々の役に立ち、裁判員制度をめぐる論議がさらに深まるための一助となれば、望外だ。取材の過程で協力していただいた学者、裁判官、検察官、弁護士ら多くの方々と、本書の出版をお勧めいただいた花伝社の平田勝社長に深く感謝申し上げる。

資料編

●裁判員の参加する刑事裁判に関する法律（平成十六年法律第六十三号）

●裁判員の参加する刑事裁判に関する法律第十六条第八号に規定するやむを得ない事由を定める政令

●裁判員の参加する刑事裁判に関する規則（平成十九年七月五日公布最高裁判所規則第七号）

裁判員の参加する刑事裁判に関する法律（平成十六年法律第六十三号）

（最終改正 平成一九年一一月三〇日法律第一二四号）

目次

第一章 総則

（趣旨）

第一条 この法律は、国民の中から選任された裁判員が裁判官と共に刑事訴訟手続に関与することが司法に対する国民の理解の増進とその信頼の向上に資することにかんがみ、裁判員の参加する刑事裁判に関し、裁判所法（昭和二十二年法律第五十九号）及び刑事訴訟法（昭和二十三年法律第百三十一号）の特則その他の必要な事項を定めるものとする。

（対象事件及び合議体の構成）

第二条 地方裁判所は、次に掲げる事件については、次条の決定があった場合を除き、この法律の定めるところにより裁判員の参加する合議体が構成された後は、裁判所法第二十六条の規定にかかわらず、裁判員の参加する合議体でこれを取り扱う。

一 死刑又は無期の懲役若しくは禁錮《こ》に当たる罪に係る事件

二 裁判所法第二十六条第二項第二号に掲げる事件であって、

故意の犯罪行為により被害者を死亡させた罪に係るもの（前号に該当するものを除く。）

2　前項の合議体の裁判官の員数は三人、裁判員の員数は六人とし、裁判官のうち一人を裁判長とする。ただし、次項の決定があったときは、裁判官の員数は一人、裁判員の員数は四人とし、裁判官を裁判長とする。

3　第一項の規定により同項の合議体で取り扱うべき事件（以下「対象事件」という。）のうち、公判前整理手続による争点及び証拠の整理において公訴事実について争いがないと認められ、事件の内容その他の事情を考慮して適当と認められるものについては、裁判所は、裁判官一人及び裁判員四人から成る合議体を構成して審理及び裁判をする旨の決定をすることができる。

4　裁判所は、前項の決定をするには、公判前整理手続において、検察官、被告人及び弁護人に異議のないことを確認しなければならない。

5　第三項の決定は、第二十七条第一項に規定する裁判員等選任手続の期日までにしなければならない。

6　地方裁判所は、第三項の決定があったときは、裁判所法第二十六条第二項の規定にかかわらず、当該決定の時から第三項に規定する合議体が構成されるまでの間、一人の裁判官で事件を取り扱う。

7　裁判所は、被告人の主張、審理の状況その他の事情を考慮して、事件を第三項に規定する合議体で取り扱うことが適当でないと認めたときは、決定で、同項の決定を取り消すことができる。

（対象事件からの除外）

第三条　地方裁判所は、前条第一項各号に掲げる事件について、被告人の言動、被告人がその構成員である団体の主張若しくは当該団体の他の構成員の言動又は現に裁判員候補者若しくは裁判員に対する加害若しくはその告知が行われたことその他の事情により、裁判員候補者、裁判員若しくは裁判員であった者若しくはその親族若しくはこれに準ずる者の生命、身体若しくは財産に危害が加えられるおそれ又はこれらの者の生活の平穏が著しく侵害されるおそれがあり、そのため裁判員候補者又は裁判員が畏《い》怖し、裁判員候補者の出頭を確保することが困難な状況にあり又は裁判員の職務の遂行ができずこれに代わる裁判員の選任も困難であると認めるときは、検察官、被告人若しくは弁護人の請求により又は職権で、これを裁判官の合議体で取り扱う決定をしなければならない。

2　前項の決定又は同項の請求を却下する決定は、合議体でしなければならない。ただし、当該前条第一項各号に掲げる事件の審判に関与している裁判官は、その決定に関与することはできない。

3　第一項の決定又は同項の請求を却下する決定をするには、最高裁判所規則で定めるところにより、あらかじめ、検察官及び被告人又は弁護人の意見を聴かなければならない。

4　前条第一項の合議体が構成された後は、職権で第一項の決定をするには、あらかじめ、当該合議体の裁判長の意見を聴かなければならない。

5　刑事訴訟法第四十三条第三項及び第四項並びに第四十四条第

一項の規定は、第一項の決定及び同項の請求を却下する決定について準用する。

6　第一項の決定又は同項の請求を却下する決定に対しては、即時抗告をすることができる。この場合においては、即時抗告に関する刑事訴訟法の規定を準用する。

（弁論を併合する事件の取扱い）

第四条　裁判所は、対象事件以外の事件であって、その弁論を対象事件の弁論と併合することが適当と認められるものについては、決定で、これを第二条第一項の合議体で取り扱うことができる。

2　裁判所は、前項の決定をした場合には、刑事訴訟法の規定により、同項の決定に係る事件の弁論と対象事件の弁論とを併合しなければならない。

（罰条変更後の取扱い）

第五条　裁判所は、第二条第一項の合議体で取り扱っている事件の全部又は一部について刑事訴訟法第三百十二条の規定により罰条が撤回又は変更されたため対象事件に該当しなくなったときであっても、当該合議体で当該事件を取り扱うものとする。ただし、審理の状況その他の事情を考慮して適当と認めるときは、決定で、裁判所法第二十六条の定めるところにより、当該事件を一人の裁判官又は裁判官の合議体で取り扱うことができる。

（裁判官及び裁判員の権限）

第六条　第二条第一項の合議体で事件を取り扱う場合において、刑事訴訟法第三百三十三条の規定による刑の言渡しの判決、同法第三百三十四条の規定による刑の免除の判決若しくは同法第三百三十六条の規定による無罪の判決又は少年法（昭和二十三年法律第百六十八号）第五十五条の規定による家庭裁判所への移送の決定に係る裁判所の判断（次項第一号及び第二号に掲げるものを除く。）のうち次に掲げるもの（以下「裁判員の関与する判断」という。）は、第二条第一項の合議体の構成員である裁判官（以下「構成裁判官」という。）及び裁判員の合議による。

一　事実の認定

二　法令の適用

三　刑の量定

2　前項に規定する場合において、次に掲げる裁判所の判断は、構成裁判官の合議による。

一　法令の解釈に係る判断

二　訴訟手続に関する判断（少年法第五十五条の決定を除く。）

三　その他裁判員の関与する判断以外の判断

3　裁判員の関与する判断をするための審理は構成裁判官及び裁判員で行い、それ以外の審理は構成裁判官のみで行う。

第七条　第二条第三項の決定があった場合においては、構成裁判官の合議によるべき判断は、構成裁判官が行う。

第二章　裁判員

第一節　総則

（裁判員の職権行使の独立）

第八条　裁判員は、独立してその職権を行う。

（裁判員の義務）

第九条　裁判員は、法令に従い公平誠実にその職務を行わなければならない。

2　裁判員は、第七十条第一項に規定する評議の秘密その他の職務上知り得た秘密を漏らしてはならない。

3　裁判員は、裁判の公正さに対する信頼を損なうおそれのある行為をしてはならない。

4　裁判員は、その品位を害するような行為をしてはならない。

（補充裁判員）

第十条　裁判所は、審判の期間その他の事情を考慮して必要があると認めるときは、補充裁判員を置くことができる。ただし、補充裁判員の員数は、合議体を構成する裁判員の員数を超えることはできない。

2　補充裁判員は、裁判員の関与する判断をするための審理に立ち会い、第二条第一項の合議体を構成する裁判員の員数に不足が生じた場合に、あらかじめ定める順序に従い、これに代わって、裁判員に選任される。

3　補充裁判員は、訴訟に関する書類及び証拠物を閲覧することができる。

4　前条の規定は、補充裁判員について準用する。

（旅費、日当及び宿泊料）

第十一条　裁判員及び補充裁判員には、最高裁判所規則で定めるところにより、旅費、日当及び宿泊料を支給する。

（公務所等に対する照会）

第十二条　裁判所は、第二十六条第三項（第二十八条第二項（第三十八条第二項（第四十六条第二項において準用する場合を含む。）、第四十七条第二項及び第九十二条第二項において準用する場合を含む。）、第三十八条第二項（第四十六条第二項において準用する場合を含む。）、第四十七条第二項及び第九十二条第二項において準用する場合を含む。）の規定により選定された裁判員候補者又は裁判員若しくは補充裁判員について、裁判員又は補充裁判員の選任又は解任の判断のため必要があると認めるときは、公務所又は公私の団体に照会して必要な事項の報告を求めることができる。

2　地方裁判所は、裁判員候補者について、裁判所の前項の判断に資するため必要があると認めるときは、公務所に照会して必要な事項の報告を求めることができる。

第二節　選任

（裁判員の選任資格）

第十三条　裁判員は、衆議院議員の選挙権を有する者の中から、この節の定めるところにより、選任するものとする。

（欠格事由）

第十四条　国家公務員法（昭和二十二年法律第百二十号）第三十八条の規定に該当する場合のほか、次の各号のいずれかに該当する者は、裁判員となることができない。

一　学校教育法（昭和二十二年法律第二十六号）に定める義務教育を終了しない者。ただし、義務教育を終了した者と同等以上の学識を有する者は、この限りでない。

二　禁錮以上の刑に処せられた者

三　心身の故障のため裁判員の職務の遂行に著しい支障がある者

（就職禁止事由）

第十五条　次の各号のいずれかに該当する者は、裁判員の職務に就くことができない。
一　国会議員
二　国務大臣
三　次のいずれかに該当する国の行政機関の職員
イ　一般職の職員の給与に関する法律（昭和二十五年法律第九十五号）別表第十一指定職俸給表の適用を受ける職員（ニに掲げる者を除く。）
ロ　一般職の任期付職員の採用及び給与の特例に関する法律（平成十二年法律第百二十五号）第七条第一項に規定する俸給表の適用を受ける職員であって、同表七号俸の俸給月額以上の俸給を受けるもの
ハ　特別職の職員の給与に関する法律（昭和二十四年法律第二百五十二号）別表第一及び別表第二の適用を受ける職員
ニ　防衛省の職員の給与等に関する法律（昭和二十七年法律第二百六十六号。以下「防衛省職員給与法」という。）第四条第一項の規定により一般職の職員の給与に関する法律別表第十一指定職俸給表の適用を受ける職員及び防衛省職員給与法第四条第二項の規定により一般職の任期付職員の採用及び給与の特例に関する法律第七条第一項の俸給表に定める額の俸給（同表七号俸の俸給月額以上のものに限る。）を受ける職員
四　裁判官及び裁判官であった者
五　検察官及び検察官であった者
六　弁護士（外国法事務弁護士を含む。以下この項において同じ。）及び弁護士であった者
七　弁理士
八　司法書士
九　公証人
十　司法警察職員としての職務を行う者
十一　裁判所の職員（非常勤の者を除く。）
十二　法務省の職員（非常勤の者を除く。）
十三　国家公安委員会委員及び都道府県公安委員会委員並びに警察職員（非常勤の者を除く。）
十四　判事、判事補、検事又は弁護士となる資格を有する者
十五　学校教育法に定める大学の学部、専攻科又は大学院の法律学の教授又は准教授
十六　司法修習生
十七　都道府県知事及び市町村（特別区を含む。以下同じ。）の長
十八　自衛官
2　次のいずれかに該当する者も、前項と同様とする。
一　禁錮以上の刑に当たる罪につき起訴され、その被告事件の終結に至らない者
二　逮捕又は勾《こう》留されている者
（辞退事由）
第十六条　次の各号のいずれかに該当する者は、裁判員となることについて辞退の申立てをすることができる。
一　年齢七十年以上の者
二　地方公共団体の議会の議員（会期中の者に限る。）

三　学校教育法第一条、第百二十四条又は第百三十四条の学校の学生又は生徒（常時通学を要する課程に在学する者に限る。）
四　過去五年以内に裁判員又は補充裁判員の職にあった者
五　過去三年以内に選任予定裁判員であった者
六　過去一年以内に裁判員候補者として第二十七条第一項に規定する裁判員等選任手続の期日に出頭したことがある者（第三十四条第七項（第三十八条第二項（第四十六条第二項において準用する場合を含む。）、第四十七条第二項及び第九十二条第二項において準用する場合を含む。第二十六条第三項において同じ。）の規定による不選任の決定があった者を除く。）
七　過去五年以内に検察審査会法（昭和二十三年法律第百四十七号）の規定による検察審査員又は補充員の職にあった者
八　次に掲げる事由その他政令で定めるやむを得ない事由があり、裁判員の職務を行うこと又は裁判員候補者として第二十七条第一項に規定する裁判員等選任手続の期日に出頭することが困難な者
イ　重い疾病又は傷害により裁判所に出頭することが困難であること。
ロ　介護又は養育が行われなければ日常生活を営むのに支障がある同居の親族の介護又は養育を行う必要があること。
ハ　その従事する事業における重要な用務であって自らがこれを処理しなければ当該事業に著しい損害が生じるおそれがあるものがあること。
ニ　父母の葬式への出席その他の社会生活上の重要な用務であって他の期日に行うことができないものがあること。

（事件に関連する不適格事由）
第十七条　次の各号のいずれかに該当する者は、当該事件について裁判員となることができない。
一　被告人又は被害者
二　被告人又は被害者の親族又は親族であった者
三　被告人又は被害者の法定代理人、後見監督人、保佐人、保佐監督人、補助人又は補助監督人
四　被告人又は被害者の同居人又は被用者
五　事件について告発又は請求をした者
六　事件について証人又は鑑定人になった者
七　事件について被告人の代理人、弁護人又は補佐人になった者
八　事件について検察官又は司法警察職員として職務を行った者
九　事件について検察審査員又は審査補助員として職務を行い、又は補充員として検察審査会議を傍聴した者
十　事件について刑事訴訟法第二百六十六条第二号の決定、略式命令、同法第三百九十八条から第四百条まで、第四百十二条若しくは第四百十三条の規定により差し戻し、若しくは移送された場合における原判決又はこれらの裁判の基礎となった取調べに関与した者。ただし、受託裁判官として関与した場合は、この限りでない。
（その他の不適格事由）
第十八条　前条のほか、裁判所がこの法律の定めるところにより不公平な裁判をするおそれがあると認めた者は、当該事件につ

いて裁判員となることができない。

（準用）

第十九条　第十三条から前条までの規定（裁判員の選任資格、欠格事由、就職禁止事由、辞退事由、事件に関連する不適格事由及びその他の不適格事由）は、補充裁判員に準用する。

（裁判員候補者の員数の割当て及び通知）

第二十条　地方裁判所は、最高裁判所規則で定めるところにより、毎年九月一日までに、次年に必要な裁判員候補者の員数をその管轄区域内の市町村に割り当て、これを市町村の選挙管理委員会に通知しなければならない。

2　前項の裁判員候補者の員数は、最高裁判所規則で定めるところにより、地方裁判所が対象事件の取扱状況その他の事項を勘案して算定した数とする。

（裁判員候補者予定者名簿の調製）

第二十一条　市町村の選挙管理委員会は、前条第一項の通知を受けたときは、選挙人名簿に登録されている者の中から裁判員候補者の予定者として当該通知に係る員数の者（公職選挙法（昭和二十五年法律第百号）第二十七条第一項の規定により選挙人名簿に同法第十一条第一項若しくは第二百五十二条又は政治資金規正法（昭和二十三年法律第百九十四号）第二十八条の規定により選挙権を有しなくなった旨の表示がなされている者を除く。）をくじで選定しなければならない。

2　市町村の選挙管理委員会は、前項の規定により選定した者について、選挙人名簿に記載（公職選挙法第十九条第三項の規定により磁気ディスクをもって調製する選挙人名簿にあっては、記録）をされている氏名、住所及び生年月日の記載（次項の規定により磁気ディスクをもって調製する裁判員候補者予定者名簿にあっては、記録）をした裁判員候補者予定者名簿を調製しなければならない。

3　裁判員候補者予定者名簿は、磁気ディスク（これに準ずる方法により一定の事項を確実に記録しておくことができる物を含む。以下同じ。）をもって調製することができる。

（裁判員候補者予定者名簿の送付）

第二十二条　市町村の選挙管理委員会は、第二十条第一項の通知を受けた年の十月十五日までに裁判員候補者予定者名簿を当該通知をした地方裁判所に送付しなければならない。

（裁判員候補者名簿の調製）

第二十三条　地方裁判所は、前条の規定により裁判員候補者予定者名簿の送付を受けたときは、これに基づき、最高裁判所規則で定めるところにより、裁判員候補者の氏名、住所及び生年月日の記載（次項の規定により磁気ディスクをもって調製する裁判員候補者名簿にあっては、記録。第二十五条及び第二十六条第三項において同じ。）をした裁判員候補者名簿を調製しなければならない。

2　裁判員候補者名簿は、磁気ディスクをもって調製することができる。

3　地方裁判所は、裁判員候補者について、死亡したことを知ったとき、第十三条に規定する者に該当しないと認めたとき、第十四条の規定により裁判員となることができない者であると認めたとき又は第十五条第一項各号に掲げる者に該当すると認めたときは、最高裁判所規則で定めるところにより、裁判員候補者名簿から消除しなければならない。

4　市町村の選挙管理委員会は、第二十一条第一項の規定により選定した裁判員候補者の予定者について、死亡したこと又は衆議院議員の選挙権を有しなくなったことを知ったときは、前条の規定により裁判員候補者予定者名簿を送付した地方裁判所にその旨を通知しなければならない。ただし、当該裁判員候補者予定者名簿を送付した年の次年が経過したときは、この限りでない。

（裁判員候補者の補充の場合の措置）

第二十四条　地方裁判所は、第二十条第一項の規定により通知をした年の次年において、その年に必要な裁判員候補者を補充する必要があると認めたときは、最高裁判所規則で定めるところにより、速やかに、その補充する裁判員候補者の員数をその管轄区域内の市町村に割り当て、これを市町村の選挙管理委員会に通知しなければならない。

2　前三条の規定は、前項の場合に準用する。この場合において、第二十二条中「第二十条第一項の通知を受けた年の十月十五日までに」とあるのは「速やかに」と、前条第一項中「した裁判員候補者名簿」とあるのは「追加した裁判員候補者名簿」と、同条第四項ただし書中「送付した年の次年」とあるのは「送付した年」と読み替えるものとする。

（裁判員候補者への通知）

第二十五条　地方裁判所は、第二十三条第一項（前条第二項において読み替えて準用する場合を含む。）の規定による裁判員候補者名簿の調製をしたときは、当該裁判員候補者名簿に記載をされた者にその旨を通知しなければならない。

（呼び出すべき裁判員候補者の選定）

第二十六条　対象事件につき第一回の公判期日が定まったときは、裁判所は、必要な員数の補充裁判員を置く決定又は補充裁判員を置かない決定をしなければならない。

2　裁判所は、前項の決定をしたときは、審判に要すると見込まれる期間その他の事情を考慮して、呼び出すべき裁判員候補者の員数を定めなければならない。

3　地方裁判所は、裁判員候補者名簿に記載をされた裁判員候補者の中から前項の規定により定められた員数の呼び出すべき裁判員候補者をくじで選定しなければならない。ただし、裁判所の呼出しに応じて次条第一項に規定する裁判員等選任手続の期日に出頭した裁判員候補者（第三十四条第七項の規定による不選任の決定があった者を除く。）については、その年において再度選定することはできない。

4　地方裁判所は、検察官及び弁護人に対し前項のくじに立ち会う機会を与えなければならない。

（裁判員候補者の呼出し）

第二十七条　裁判所は、裁判員及び補充裁判員の選任のための手続（以下「裁判員等選任手続」という。）を行う期日を定めて、前条第三項の規定により選定された裁判員候補者を呼び出さなければならない。ただし、裁判員等選任手続を行う期日から裁判員の職務が終了すると見込まれる日までの間（以下「職務従事予定期間」という。）において次の各号に掲げるいずれかの事由があると認められる裁判員候補者については、この限りでない。

一　第十三条に規定する者に該当しないこと。

二　第十四条の規定により裁判員となることができない者であること。

三　第十五条第一項各号若しくは第二項各号又は第十七条各号に掲げる者に該当すること。

四　第十六条の規定により裁判員となることについて辞退の申立てがあった裁判員候補者について同条各号に掲げる者に該当すること。

2　前項の呼出しは、呼出状の送達によってする。

3　呼出状には、出頭すべき日時、場所、呼出しに応じないときは過料に処せられることがある旨その他最高裁判所規則で定める事項を記載しなければならない。

4　裁判員等選任手続の期日と裁判員候補者に対する呼出状の送達との間には、最高裁判所規則で定める猶予期間を置かなければならない。

5　裁判所は、第一項の規定による呼出し後その出頭すべき日時までの間に、職務従事予定期間において同項各号に掲げるいずれかの事由があると認められるに至った裁判員候補者については、直ちにその呼出しを取り消さなければならない。

6　裁判所は、前項の規定により呼出しを取り消したときは、速やかに当該裁判員候補者にその旨を通知しなければならない。

（裁判員候補者の追加呼出し）

第二十八条　裁判所は、裁判員等選任手続において裁判員及び必要な員数の補充裁判員を選任するために必要があると認めるときは、追加して必要な員数の裁判員候補者を呼び出すことができる。

2　第二十六条第三項及び第四項並びに前条第一項ただし書及び第二項から第六項までの規定は、前項の場合に準用する。この場合において、第二十六条第三項中「前項の規定により定められた員数」とあるのは、「裁判所が必要と認めた員数」と読み替えるものとする。

（裁判員候補者の出頭義務、旅費等）

第二十九条　呼出しを受けた裁判員候補者は、裁判員等選任手続の期日に出頭しなければならない。

2　裁判所の呼出しに応じて裁判員等選任手続の期日に出頭した裁判員候補者には、最高裁判所規則で定めるところにより、旅費、日当及び宿泊料を支給する。

3　地方裁判所は、裁判所の呼出しに応じて裁判員等選任手続の期日に出頭した裁判員候補者については、最高裁判所規則で定めるところにより、裁判員候補者名簿から消除しなければならない。ただし、第三十四条第七項の規定による不選任の決定があった裁判員候補者については、この限りでない。

（質問票）

第三十条　裁判所は、裁判員等選任手続に先立ち、第二十六条第三項（第二十八条第二項において準用する場合を含む。）の規定により選定された裁判員候補者が、職務従事予定期間において、第十三条に規定する者に該当するかどうか、第十四条の規定により裁判員となることができない者でないかどうか、第十五条第一項各号若しくは第二項各号又は第十七条各号に掲げる者に該当しないかどうか及び第十六条各号に掲げる者に該当するかどうか並びに不公平な裁判をするおそれがないかどうかの判断に必要な質問をするため、質問票を用いることができる。

2　裁判員候補者は、裁判員等選任手続の期日の日前に質問票の送付を受けたときは、裁判所の指定に従い、当該質問票を返送し又は持参しなければならない。

3　裁判員候補者は、質問票に虚偽の記載をしてはならない。

4　前三項及び次条第二項に定めるもののほか、質問票の記載事項その他の質問票に関し必要な事項は、最高裁判所規則で定める。

（裁判員候補者に関する情報の開示）

第三十一条　裁判長（第二条第三項の決定があった場合は、裁判官。第三十九条を除き、以下この節において同じ。）は、裁判員等選任手続の期日の二日前までに、呼び出した裁判員候補者の氏名を記載した名簿を検察官及び弁護人に送付しなければならない。

2　裁判長は、裁判員等選任手続の期日の日に、裁判員等選任手続に先立ち、裁判員候補者が提出した質問票の写しを検察官及び弁護人に閲覧させなければならない。

（裁判員等選任手続の列席者等）

第三十二条　裁判員等選任手続は、裁判官及び裁判所書記官が列席し、かつ、検察官及び弁護人が出席して行うものとする。

2　裁判所は、必要と認めるときは、裁判員等選任手続に被告人を出席させることができる。

（裁判員等選任手続の方式）

第三十三条　裁判員等選任手続は、公開しない。

2　裁判員等選任手続の指揮は、裁判長が行う。

3　裁判員等選任手続は、次条第四項及び第三十六条第一項の規定による不選任の決定の請求が裁判員候補者の面前において行われないようにすることその他裁判員候補者の心情に十分配慮して、これを行わなければならない。

4　裁判所は、裁判員等選任手続の続行のため、新たな期日を定めることができる。この場合において、裁判員等選任手続の期日に出頭した裁判員候補者に対し当該新たな期日を通知したときは、呼出状の送達があった場合と同一の効力を有する。

（裁判員候補者に対する質問等）

第三十四条　裁判員等選任手続において、裁判長は、裁判員候補者が、職務従事予定期間において、第十三条に規定する者に該当するかどうか、第十四条の規定により裁判員となることができない者でないかどうか、第十五条第一項各号若しくは第二項各号若しくは第十七条各号に掲げる者に該当しないかどうか若しくは第十六条の規定により裁判員となることについて辞退の申立てがある場合において同条各号に掲げる者に該当するかどうか又は不公平な裁判をするおそれがないかどうかの判断をするため、必要な質問をすることができる。

2　陪席の裁判官、検察官、被告人又は弁護人は、裁判長に対し、前項の判断をするために必要と思料する質問を裁判長が裁判員候補者に対してすることを求めることができる。この場合において、裁判長は、相当と認めるときは、裁判員候補者に対して、当該求めに係る質問をするものとする。
3　裁判員候補者は、前二項の質問に対して正当な理由なく陳述を拒み、又は虚偽の陳述をしてはならない。
4　裁判所は、裁判員候補者が、職務従事予定期間において、第十三条に規定する者に該当しないと認めたとき、第十四条の規定により裁判員となることができない者であると認めたとき又は第十五条第一項各号若しくは第二項各号若しくは第十七条各号に掲げる者に該当すると認めたときは、検察官、被告人若しくは弁護人の請求により又は職権で、当該裁判員候補者について不選任の決定をしなければならない。裁判員候補者が不公平な裁判をするおそれがあると認めたときも、同様とする。
5　弁護人は、前項後段の場合において同項の請求をするに当たっては、被告人の明示した意思に反することはできない。
6　第四項の請求を却下する決定には、理由を付さなければならない。
7　裁判所は、第十六条の規定により裁判員となることについて辞退の申立てがあった裁判員候補者について、職務従事予定期間において同条各号に掲げる者に該当すると認めたときは、当該裁判員候補者について不選任の決定をしなければならない。

（異議の申立て）
第三十五条　前条第四項の請求を却下する決定に対しては、対象事件が係属する地方裁判所に異議の申立てをすることができる。
2　前項の異議の申立ては、当該裁判員候補者について第三十七条第一項又は第二項の規定により裁判員又は補充裁判員に選任する決定がされるまでに、原裁判所に対し、申立書を差し出し、又は裁判員等選任手続において口頭で申立ての趣旨及び理由を明らかにすることによりしなければならない。
3　第一項の異議の申立てを受けた地方裁判所は、合議体で決定をしなければならない。
4　第一項の異議の申立てに関しては、即時抗告に関する刑事訴訟法の規定を準用する。この場合において、同法第四百二十三条第二項中「受け取つた日から三日」とあるのは、「受け取り又は口頭による申立てがあつた時から二十四時間」と読み替えるものとする。

（理由を示さない不選任の請求）
第三十六条　検察官及び被告人は、裁判員候補者について、それぞれ、四人（第二条第三項の決定があった場合は、三人）を限度として理由を示さずに不選任の決定の請求（以下「理由を示さない不選任の請求」という。）をすることができる。
2　前項の規定にかかわらず、補充裁判員を置くときは、検察官及び被告人が理由を示さない不選任の請求をすることができる員数は、それぞれ、同項の員数にその選任すべき補充裁判員の員数が一人又は二人のときは一人、三人又は四人のときは二人、五人又は六人のときは三人を加えた員数とする。
3　理由を示さない不選任の請求があったときは、裁判所は、当該理由を示さない不選任の請求に係る裁判員候補者について不選任の決定をする。
4　刑事訴訟法第二十一条第二項の規定は、理由を示さない不選任の請求について準用する。

（選任決定）

第三十七条　裁判所は、くじその他の作為が加わらない方法として最高裁判所規則で定める方法に従い、裁判員等選任手続の期日に出頭した裁判員候補者で不選任の決定がされなかったものから、第二条第二項に規定する員数（当該裁判員候補者の員数がこれに満たないときは、その員数）の裁判員を選任する決定をしなければならない。

2　裁判所は、補充裁判員を置くときは、前項の規定により裁判員を選任する決定をした後、同項に規定する方法に従い、その余の不選任の決定がされなかった裁判員候補者から、第二十六条第一項の規定により決定した員数（当該裁判員候補者の員数がこれに満たないときは、その員数）の補充裁判員を裁判員に選任されるべき順序を定めて選任する決定をしなければならない。

3　裁判所は、前二項の規定により裁判員又は補充裁判員に選任された者以外の不選任の決定がされなかった裁判員候補者については、不選任の決定をするものとする。

（裁判員が不足する場合の措置）

第三十八条　裁判所は、前条第一項の規定により選任された裁判員の員数が選任すべき裁判員の員数に満たないときは、不足する員数の裁判員を選任しなければならない。この場合において、裁判所は、併せて必要と認める員数の補充裁判員を選任することができる。

2　第二十六条（第一項を除く。）から前条までの規定は、前項の規定による裁判員及び補充裁判員の選任について準用する。この場合において、第三十六条第一項中「四人（第二条第三項の決定があった場合は、三人）」とあるのは「選任すべき裁判員の員数が一人又は二人のときは一人、三人又は四人のときは二人、五人又は六人のときは三人」と、前条第一項中「第二条第二項に規定する員数」とあるのは「選任すべき裁判員の員数」と読み替えるものとする。

（宣誓等）

第三十九条　裁判長は、裁判員及び補充裁判員に対し、最高裁判所規則で定めるところにより、裁判員及び補充裁判員の権限、義務その他必要な事項を説明するものとする。

2　裁判員及び補充裁判員は、最高裁判所規則で定めるところにより、法令に従い公平誠実にその職務を行うことを誓う旨の宣誓をしなければならない。

（最高裁判所規則への委任）

第四十条　第三十二条から前条までに定めるもののほか、裁判員等選任手続に関し必要な事項は、最高裁判所規則で定める。

第三節　解任等

（請求による裁判員等の解任）

第四十一条　検察官、被告人又は弁護人は、裁判所に対し、次の各号のいずれかに該当することを理由として裁判員又は補充裁判員の解任を請求することができる。ただし、第七号に該当することを理由とする請求は、当該裁判員又は補充裁判員についてその選任の決定がされた後に知り、又は生じた原因を理由とするものに限る。

一　裁判員又は補充裁判員が、第三十九条第二項の宣誓をしないとき。

二　裁判員が、第五十二条若しくは第六十三条第一項に定める出頭義務又は第六十六条第二項に定める評議に出席する義務に違反し、引き続きその職務を行わせることが適当でないとき。
三　補充裁判員が、第五十二条に定める出頭義務に違反し、引き続きその職務を行わせることが適当でないとき。
四　裁判員が、第九条、第六十六条第四項若しくは第七十条第一項に定める義務又は第六十六条第二項に定める意見を述べる義務に違反し、引き続きその職務を行わせることが適当でないとき。
五　補充裁判員が、第十条第四項において準用する第九条に定める義務又は第七十条第一項に定める義務に違反し、引き続きその職務を行わせることが適当でないとき。
六　裁判員又は補充裁判員が、第十三条（第十九条において準用する場合を含む。）に規定する者に該当しないとき、第十四条（第十九条において準用する場合を含む。）の規定により裁判員若しくは補充裁判員となることができない者であるとき又は第十五条第一項各号若しくは第二項各号若しくは第十七条各号（これらの規定を第十九条において準用する場合を含む。）に掲げる者に該当するとき。
七　裁判員又は補充裁判員が、不公平な裁判をするおそれがあるとき。
八　裁判員又は補充裁判員が、裁判員候補者であったときに、質問票に虚偽の記載をし、又は裁判員等選任手続における質問に対して正当な理由なく陳述を拒み、若しくは虚偽の陳述をしていたことが明らかとなり、引き続きその職務を行わせることが適当でないとき。
九　裁判員又は補充裁判員が、公判廷において、裁判長が命じた事項に従わず又は暴言その他の不穏当な言動をすることによって公判手続の進行を妨げたとき。

2　裁判所は、前項の請求を受けたときは、次の各号に掲げる場合の区分に応じ、当該各号に規定する決定をし、その余の場合には、構成裁判官の所属する地方裁判所に当該請求に係る事件を送付しなければならない。
一　請求に理由がないことが明らかなとき又は請求が前項ただし書の規定に違反してされたものであるとき　当該請求を却下する決定
二　前項第一号から第三号まで、第六号又は第九号に該当すると認めるとき　当該裁判員又は補充裁判員を解任する決定
3　前項の規定により事件の送付を受けた地方裁判所は、第一項各号のいずれかに該当すると認めるときは、当該裁判員又は補充裁判員を解任する決定をする。
4　前項の地方裁判所による第一項の請求についての決定は、合議体でしなければならない。ただし、同項の請求を受けた裁判所の構成裁判官は、その決定に関与することはできない。
5　第一項の請求についての決定をするには、最高裁判所規則で定めるところにより、あらかじめ、検察官及び被告人又は弁護人の意見を聴かなければならない。
6　第二項第二号又は第三項の規定により裁判員又は補充裁判員を解任する決定をするには、当該裁判員又は補充裁判員に陳述

の機会を与えなければならない。ただし、第一項第一号から第三号まで又は第九号に該当することを理由として解任する決定をするときは、この限りでない。

7　第一項の請求を却下する決定には、理由を付さなければならない。

（異議の申立て）

第四十二条　前条第一項の請求を却下する決定に対しては、当該決定に関与した裁判官の所属する地方裁判所に異議の申立てをすることができる。

2　前項の異議の申立てを受けた地方裁判所は、合議体で決定をしなければならない。ただし、前条第一項の請求を受けた裁判所の構成裁判官は、当該異議の申立てがあった決定に関与していない場合であっても、その決定に関与することはできない。

3　第一項の異議の申立てに関しては、即時抗告に関する刑事訴訟法の規定を準用する。この場合において、同法第四百二十二条及び第四百二十三条第二項中「三日」とあるのは、「一日」と読み替えるものとする。

（職権による裁判員等の解任）

第四十三条　裁判所は、第四十一条第一項第一号から第三号まで、第六号又は第九号に該当すると認めるときは、職権で、裁判員又は補充裁判員を解任する決定をする。

2　裁判所が、第四十一条第一項第四号、第五号、第七号又は第八号に該当すると疑うに足りる相当な理由があると思料するときは、裁判長は、その所属する地方裁判所に対し、理由を付してその旨を通知するものとする。

3　前項の規定による通知を受けた地方裁判所は、第四十一条第一項第四号、第五号、第七号又は第八号に該当すると認めるときは、当該裁判員又は補充裁判員を解任する決定をする。

4　前項の決定は合議体でしなければならない。ただし、第二項の裁判所の構成裁判官は、その決定に関与することはできない。

5　第一項及び第三項の規定による決定については、第四十一条第五項及び第六項の規定を準用する。

（裁判員等の申立てによる解任）

第四十四条　裁判員又は補充裁判員は、裁判所に対し、その選任の決定がされた後に生じた第十六条第八号に規定する事由により裁判員又は補充裁判員の職務を行うことが困難であることを理由として辞任の申立てをすることができる。

2　裁判所は、前項の申立てを受けた場合において、その理由があると認めるときは、当該裁判員又は補充裁判員を解任する決定をしなければならない。

（補充裁判員の解任）

第四十五条　裁判所は、補充裁判員に引き続きその職務を行わせる必要がないと認めるときは、当該補充裁判員を解任する決定をすることができる。

（裁判員の追加選任）

第四十六条　裁判所は、第二条第一項の合議体を構成する裁判員の員数に不足が生じた場合において、補充裁判員があるときは、その補充裁判員の選任の決定において定められた順序に従い、補充裁判員を裁判員に選任する決定をするものとする。

2　前項の場合において、裁判員に選任すべき補充裁判員がないときは、裁判所は、不足する員数の裁判員を選任しなければならない。この場合においては、第三十八条の規定を準用する。

（補充裁判員の追加選任）

第四十七条　裁判所は、補充裁判員を新たに置き、又は追加する必要があると認めるときは、必要と認める員数の補充裁判員を選任することができる。

2　裁判員の選任に関する第二十六条（第一項を除く。）から第三十五条まで及び第三十六条（第二項を除く。）の規定並びに第三十七条第二項及び第三項の規定は、前項の規定による補充裁判員の選任について準用する。この場合において、第三十六条第一項中「四人（第二条第三項の決定があった場合は、三人）」とあるのは、「選任すべき補充裁判員の員数が一人又は二人のときは一人、三人又は四人のときは二人、五人又は六人のときは三人」と読み替えるものとする。

（裁判員等の任務の終了）

第四十八条　裁判員及び補充裁判員の任務は、次のいずれかに該当するときに終了する。

一　終局裁判を告知したとき。

二　第三条第一項又は第五条ただし書の決定により、第二条第一項の合議体が取り扱っている事件のすべてを一人の裁判官又は裁判官の合議体で取り扱うこととなったとき。

第三章　裁判員の参加する裁判の手続

第一節　公判準備及び公判手続

（公判前整理手続）

第四十九条　裁判所は、対象事件については、第一回の公判期日前に、これを公判前整理手続に付さなければならない。

（第一回の公判期日前の鑑定）

第五十条　裁判所は、第二条第一項の合議体で取り扱うべき事件につき、公判前整理手続において鑑定を行うことを決定した場合において、当該鑑定の結果の報告がなされるまでに相当の期間を要すると認めるときは、検察官、被告人若しくは弁護人の請求により又は職権で、公判前整理手続において鑑定の手続（鑑定の経過及び結果の報告を除く。）を行う旨の決定（以下この条において「鑑定手続実施決定」という。）をすることができる。

2　鑑定手続実施決定をし、又は前項の請求を却下する決定をするには、最高裁判所規則で定めるところにより、あらかじめ、検察官及び被告人又は弁護人の意見を聴かなければならない。

3　鑑定手続実施決定があった場合には、公判前整理手続において、鑑定の手続のうち、鑑定の経過及び結果の報告以外のものを行うことができる。

（裁判員の負担に対する配慮）

第五十一条　裁判官、検察官及び弁護人は、裁判員の負担が過重なものとならないようにしつつ、裁判員がその職責を十分に果たすことができるよう、審理を迅速で分かりやすいものとすることに努めなければならない。

（出頭義務）

第五十二条　裁判員及び補充裁判員は、裁判員の関与する判断をするための審理をすべき公判期日並びに公判準備において裁判所がする証人その他の者の尋問及び検証の日時及び場所に出頭しなければならない。

（公判期日等の通知）

第五十三条　前条の規定により裁判員及び補充裁判員が出頭しなければならない公判期日並びに公判準備において裁判所がする証人その他の者の尋問及び検証の日時及び場所は、あらかじめ、裁判員及び補充裁判員に通知しなければならない。

（開廷の要件）

第五十四条　裁判員の関与する判断をするための審理をすべき公判期日においては、公判廷は、裁判官、裁判員及び裁判所書記官が列席し、かつ、検察官が出席して開く。

2　前項の場合を除き、公判廷は、裁判官及び裁判所書記官が列席し、かつ、検察官が出席して開く。

（冒頭陳述に当たっての義務）

第五十五条　検察官が刑事訴訟法第二百九十六条の規定により証拠により証明すべき事実を明らかにするに当たっては、公判前整理手続における争点及び証拠の整理の結果に基づき、証拠との関係を具体的に明示しなければならない。被告人又は弁護人が同法第三百十六条の三十の規定により証拠により証明すべき事実を明らかにする場合も、同様とする。

（証人等に対する尋問）

第五十六条　裁判所が証人その他の者を尋問する場合には、裁判員は、裁判長に告げて、裁判員の関与する判断に必要な事項について尋問することができる。

（裁判所外での証人尋問等）

第五十七条　裁判員の関与する判断に必要な事項について裁判所外で証人その他の者を尋問すべき場合において、構成裁判官にこれをさせるときは、裁判員及び補充裁判員はこれに立ち会うことができる。この尋問に立ち会った裁判員は、構成裁判官に告げて、証人その他の者を尋問することができる。

2　裁判員の関与する判断に必要な事項について公判廷外において検証をすべき場合において、構成裁判官にこれをさせるときも、前項前段と同様とする。

（被害者等に対する質問）

第五十八条　刑事訴訟法第二百九十二条の二第一項の規定により被害者又はその法定代理人（被害者が死亡した場合においては、その配偶者、直系の親族又は兄弟姉妹。以下この条において同じ。）が意見を陳述したときは、裁判員は、その陳述の後に、その趣旨を明確にするため、当該被害者又はその法定代理人に質問することができる。

（被告人に対する質問）

第五十九条　刑事訴訟法第三百十一条の規定により被告人が任意に供述をする場合には、裁判員は、裁判長に告げて、いつでも、裁判員の関与する判断に必要な事項について被告人の供述を求めることができる。

（裁判員等の審理立会い）

第六十条　裁判所は、裁判員の関与する判断をするための審理以外の審理についても、裁判員及び補充裁判員の立会いを許すことができる。

（公判手続の更新）

第六十一条　公判手続が開始された後新たに第二条第一項の合議体に加わった裁判員があるときは、公判手続を更新しなければならない。

2　前項の更新の手続は、新たに加わった裁判員が、争点及び取り調べた証拠を理解することができ、かつ、その負担が過重にならないようなものとしなければならない。

（自由心証主義）

第六十二条　裁判員の関与する判断に関しては、証拠の証明力は、それぞれの裁判官及び裁判員の自由な判断にゆだねる。

（判決の宣告等）

第六十三条　刑事訴訟法第三百三十三条の規定による刑の言渡しの判決、同法第三百三十四条の規定による刑の免除の判決及び同法第三百三十六条の規定による無罪の判決並びに少年法第五十五条の規定による家庭裁判所への移送の決定の宣告をする場合には、裁判員は公判期日に出頭しなければならない。ただし、裁判員が出頭しないことは、当該判決又は決定の宣告を妨げるものではない。

2　前項に規定する場合には、あらかじめ、裁判員に公判期日を通知しなければならない。

第二節　刑事訴訟法等の適用に関する特例等

（刑事訴訟法等の適用に関する特例）

第六十四条　第二条第一項の合議体で事件が取り扱われる場合における刑事訴訟法の規定の適用については、次の表の上欄に掲げる同法の規定中同表の中欄に掲げる字句は、それぞれ同表の下欄に掲げる字句とする。

第四十三条第四項、第六十九条、第七十六条第二項、第八十五条、第百八条第三項、第百二十五条第一項、第百六十三条第一項、第百六十九条、第二百七十八条の二第二項、第二百九十七条第二項、第三百十六条の十一	合議体の構成員	合議体の構成員である裁判官
第八十一条	逃亡し又は罪証を隠滅すると疑うに足りる相当な理由	逃亡し若しくは罪証を隠滅すると疑うに足りる相当な理由又は裁判員、補充裁判員若しくは選任予定裁判員に、面会、文書の送付その他の方法により接触すると疑うに足りる相当な理由
第八十九条第五号	被害者その他事件の審判に必要な知	被害者その他事件の審判に必要な知識を有す

	識を有すると認められる者若しくはその親族の身体若しくは財産に害を加え又はこれらの者を畏《い》怖させる行為をすると疑うに足りる相当な理由があるとき。	ると認められる者若しくはその親族の身体若しくは財産に害を加え若しくはこれらの者を畏《い》怖させる行為をすると疑うに足りる相当な理由があるとき、又は裁判員、補充裁判員若しくは選任予定裁判員に、面会、文書の送付その他の方法により接触すると疑うに足りる相当な理由があるとき。
第九十六条第一項第四号	被害者その他事件の審判に必要な知識を有すると認められる者若しくはその親族の身体若しくは財産に害を加え若しくは加えようとし、又はこれらの者を畏怖させる行為をしたとき。	被害者その他事件の審判に必要な知識を有すると認められる者若しくはその親族の身体若しくは財産に害を加え若しくは加えようとし、若しくはこれらの者を畏怖させる行為をしたとき、又は裁判員、補充裁判員若しくは選任予定裁判員に、面会、

		文書の送付その他の方法により接触したとき。
第百五十七条の二、第百五十七条の四第一項、第四百三十五条第七号ただし書	裁判官	裁判官、裁判員
第二百五十六条第六項	裁判官	裁判官又は裁判員
第三百四条第一項	裁判長又は陪席の裁判官	裁判長、陪席の裁判官又は裁判員
第三百十六条の十五第一項第二号	裁判所又は裁判官	裁判所、裁判官又は裁判官及び裁判員
第三百二十一条第二項	裁判所若しくは裁判官	裁判所、裁判官若しくは裁判官及び裁判員
第三百七十七条第一号	法律に従つて判決裁判所を構成しなかつたこと。	法律に従つて判決裁判所を構成しなかつたこと。ただし、裁判員の構成にのみ違法がある場合であつて、判決が

		裁判員の参加する刑事裁判に関する法律（平成十六年法律第六十三号）第六条第一項に規定する裁判員の関与する判断を含まないものであるとき、又はその違法が裁判員が同法第十五条第一項各号若しくは第二項各号に掲げる者に該当することであるときは、この限りでない。
第四百三十五条第七号本文	原判決に関与した裁判官	原判決に関与した裁判官若しくは裁判員

2　第二条第一項の合議体で事件が取り扱われる場合における組織的な犯罪の処罰及び犯罪収益の規制等に関する法律（平成十一年法律第百三十六号）第二十二条第四項の規定の適用については、同項中「合議体の構成員」とあるのは、「合議体の構成員である裁判官」とする。

（訴訟関係人の尋問及び供述等の記録媒体への記録）

第六十五条　裁判所は、対象事件（第五条本文の規定により第二条第一項の合議体で取り扱うものとされた事件を含む。）及び第四条第一項の決定に係る事件の審理における裁判官、裁判員又は訴訟関係人の尋問及び証人、鑑定人、通訳人又は翻訳人の供述、刑事訴訟法第二百九十二条の二第一項の規定による意見の陳述並びに裁判官、裁判員又は訴訟関係人による被告人の供述を求める行為及び被告人の供述並びにこれらの状況（以下「訴訟関係人の尋問及び供述等」という。）について、審理又は評議における裁判員の職務の的確な遂行を確保するため必要があると認めるときは、検察官及び被告人又は弁護人の意見を聴き、これを記録媒体（映像及び音声を同時に記録することができる物をいう。以下同じ。）に記録することができる。ただし、事案の内容、審理の状況、供述又は陳述をする者に与える心理的な負担その他の事情を考慮し、記録媒体に記録することが相当でないと認めるときは、この限りでない。

2　前項の規定による訴訟関係人の尋問及び供述等の記録は、刑事訴訟法第百五十七条の四第一項に規定する方法により証人を尋問する場合においては、その証人の同意がなければ、これをすることができない。

3　前項の場合において、その訴訟関係人の尋問及び供述等を記録した記録媒体は、訴訟記録に添付して調書の一部とするものとする。ただし、その証人が後の刑事手続において同一の事実につき再び証人として供述を求められることがないと明らかに認められるときは、この限りでない。

4　刑事訴訟法第四十条第二項、第百八十条第二項及び第二百七十条第二項の規定は前項の規定により訴訟記録に添付して調書の一部とした記録媒体の謄写について、同法第三百五条第四項及び第五項の規定は当該記録媒体がその一部とされた調書の取調べについて、それぞれ準用する。

第四章　評議

（評議）

第六十六条　第二条第一項の合議体における裁判員の関与する判断のための評議は、構成裁判官及び裁判員が行う。

2　裁判員は、前項の評議に出席し、意見を述べなければならない。

3　裁判長は、必要と認めるときは、第一項の評議において、裁判員に対し、構成裁判官の合議による法令の解釈に係る判断及び訴訟手続に関する判断を示さなければならない。

4　裁判員は、前項の判断が示された場合には、これに従ってその職務を行わなければならない。

5　裁判長は、第一項の評議において、裁判員に対して必要な法令に関する説明を丁寧に行うとともに、評議を裁判員に分かりやすいものとなるように整理し、裁判員が発言する機会を十分に設けるなど、裁判員がその職責を十分に果たすことができるように配慮しなければならない。

（評決）

第六十七条　前条第一項の評議における裁判員の関与する判断は、裁判所法第七十七条の規定にかかわらず、構成裁判官及び裁判員の双方の意見を含む合議体の員数の過半数の意見による。

2　刑の量定について意見が分かれ、その説が各々、構成裁判官及び裁判員の双方の意見を含む合議体の員数の過半数の意見にならないときは、その合議体の判断は、構成裁判官及び裁判員の双方の意見を含む合議体の員数の過半数の意見になるまで、被告人に最も不利な意見の数を順次利益な意見の数に加え、その中で最も利益な意見による。

（構成裁判官による評議）

第六十八条　構成裁判官の合議によるべき判断のための評議は、構成裁判官のみが行う。

2　前項の評議については、裁判所法第七十五条第一項及び第二項前段、第七十六条並びに第七十七条の規定に従う。

3　構成裁判官は、その合議により、裁判員に第一項の評議の傍聴を許し、第六条第二項各号に掲げる判断について裁判員の意見を聴くことができる。

（補充裁判員の傍聴等）

第六十九条　補充裁判員は、構成裁判官及び裁判員が行う評議並びに構成裁判官のみが行う評議であって裁判員の傍聴が許されたものを傍聴することができる。

2　構成裁判官は、その合議により、補充裁判員の意見を聴くことができる。

（評議の秘密）

第七十条　構成裁判官及び裁判員が行う評議並びに構成裁判官のみが行う評議であって裁判員の傍聴が許されたものの経過並びにそれぞれの裁判官及び裁判員の意見並びにその多少の数（以下「評議の秘密」という。）については、これを漏らしてはならない。

2　前項の場合を除き、構成裁判官のみが行う評議については、裁判所法第七十五条第二項後段の規定に従う。

第五章　区分審理決定がされた場合の審理及び裁判の特例等

第一節　審理及び裁判の特例

第一款　区分審理決定

（区分審理決定）
第七十一条　裁判所は、被告人を同じくする数個の対象事件の弁論を併合した場合又は第四条第一項の決定に係る事件と対象事件の弁論を併合した場合において、併合した事件（以下「併合事件」という。）を一括して審判することにより要すると見込まれる審判の期間その他の裁判員の負担に関する事情を考慮し、その円滑な選任又は職務の遂行を確保するため特に必要があると認められるときは、検察官、被告人若しくは弁護人の請求により又は職権で、併合事件の一部を一又は二以上の被告事件ごとに区分し、この区分した一又は二以上の被告事件ごとに、順次、審理する旨の決定（以下「区分審理決定」という。）をすることができる。ただし、犯罪の証明に支障を生ずるおそれがあるとき、被告人の防御に不利益を生ずるおそれがあるときその他相当でないと認められるときは、この限りでない。
2　区分審理決定又は前項の請求を却下する決定をするには、最高裁判所規則で定めるところにより、あらかじめ、検察官及び被告人又は弁護人の意見を聴かなければならない。
3　区分審理決定又は第一項の請求を却下する決定に対しては、即時抗告をすることができる。

（区分審理決定の取消し及び変更）
第七十二条　裁判所は、被告人の主張、審理の状況その他の事情を考慮して、区分事件（区分審理決定により区分して審理することとされた一又は二以上の被告事件をいう。以下同じ。）ごとに審理することが適当でないと認めるときは、検察官、被告人若しくは弁護人の請求により又は職権で、区分審理決定を取り消す決定をすることができる。ただし、区分事件につき部分判決がされた後は、この限りでない。
2　裁判所は、被告人の主張、審理の状況その他の事情を考慮して、適当と認めるときは、検察官、被告人若しくは弁護人の請求により又は職権で、区分審理決定を変更する決定をすることができる。この場合においては、前条第一項ただし書の規定を準用する。
3　前二項の決定又はこれらの項の請求を却下する決定をするには、最高裁判所規則で定めるところにより、あらかじめ、検察官及び被告人又は弁護人の意見を聴かなければならない。
4　前条第三項の規定は、前項に規定する決定について準用する。

（審理の順序に関する決定）
第七十三条　裁判所は、二以上の区分事件があるときは、決定で、区分事件を審理する順序を定めなければならない。
2　裁判所は、被告人の主張、審理の状況その他の事情を考慮して、適当と認めるときは、決定で、前項の決定を変更することができる。
3　前二項の決定をするには、最高裁判所規則で定めるところにより、あらかじめ、検察官及び被告人又は弁護人の意見を聴かなければならない。

（構成裁判官のみで構成する合議体による区分事件の審理及び

裁判）

第七十四条　裁判所は、区分事件に含まれる被告事件の全部が、対象事件に該当しないとき又は刑事訴訟法第三百十二条の規定により罰条が撤回若しくは変更されたため対象事件に該当しなくなったときは、構成裁判官のみで構成する合議体でその区分事件の審理及び裁判を行う旨の決定をすることができる。

（公判前整理手続等における決定）

第七十五条　区分審理決定並びに第七十二条第一項及び第二項、第七十三条第一項及び第二項並びに前条の決定は、公判前整理手続及び期日間整理手続において行うことができる。第七十一条第一項並びに第七十二条第一項及び第二項の請求を却下する決定についても、同様とする。

（区分審理決定をした場合の補充裁判員に関する決定）

第七十六条　裁判所は、区分審理決定をした場合において、第二十六条第一項に規定する必要な員数の補充裁判員を置く決定又は補充裁判員を置かない決定をするときは、各区分事件の審理及び裁判（以下「区分事件審判」という。）並びに第八十六条第一項に規定する併合事件審判について、それぞれ、これをしなければならない。

第二款　区分事件審判

（区分事件の審理における検察官等による意見の陳述）

第七十七条　区分事件の審理において、証拠調べが終わった後、検察官は、次条第二項第一号及び第三号から第五号まで並びに第三項各号に掲げる事項に係る事実及び法律の適用について意見を陳述しなければならない。

2　区分事件の審理において、証拠調べが終わった後、被告人及び弁護人は、当該区分事件について意見を陳述することができる。

3　区分事件の審理において、裁判所は、区分事件に含まれる被告事件に係る被害者参加人（刑事訴訟法第三百十六条の三十三第三項に規定する被害者参加人をいう。第八十九条第一項において同じ。）又はその委託を受けた弁護士から、第一項に規定する事項に係る事実又は法律の適用について意見を陳述することの申出がある場合において、審理の状況、申出をした者の数その他の事情を考慮し、相当と認めるときは、公判期日において、同項の規定による検察官の意見の陳述の後に、訴因として特定された事実の範囲内で、申出をした者がその意見を陳述することを許すものとする。

4　刑事訴訟法第三百十六条の三十八第二項から第四項までの規定は、前項の規定による意見の陳述について準用する。

5　刑事訴訟法第三百十六条の三十七の規定は、第三項の規定による意見の陳述をするための被告人に対する質問について準用する。

（部分判決）

第七十八条　区分事件に含まれる被告事件について、犯罪の証明があったときは、刑事訴訟法第三百三十三条及び第三百三十四条の規定にかかわらず、部分判決で有罪の言渡しをしなければならない。

2　部分判決で有罪の言渡しをするには、刑事訴訟法第三百三十五条第一項の規定にかかわらず、次に掲げる事項を示さなければばならない。
一　罪となるべき事実
二　証拠の標目
三　罰条の適用並びに刑法（明治四十年法律第四十五号）第五十四条第一項の規定の適用及びその適用に係る判断
四　法律上犯罪の成立を妨げる理由となる事実に係る判断
五　法律上刑を減免し又は減免することができる理由となる事実に係る判断
3　部分判決で有罪の言渡しをする場合は、次に掲げる事項を示すことができる。
一　犯行の動機、態様及び結果その他の罪となるべき事実に関連する情状に関する事実
二　没収、追徴及び被害者還付の根拠となる事実並びにこれらに関する規定の適用に係る判断
4　区分事件の審理において第二項第四号又は第五号に規定する事実が主張されたときは、刑事訴訟法第三百三十五条第二項の規定にかかわらず、部分判決において、これに対する判断を示さなければならない。
5　第六十三条の規定は、第一項の規定による部分判決の宣告をする場合について準用する。
第七十九条　区分事件に含まれる被告事件について、刑事訴訟法第三百二十九条の規定による管轄違いの判決、同法第三百三十六条の規定による無罪の判決、同法第三百三十七条の規定による免訴の判決又は同法第三百三十八条の規定による公訴棄却の判決の言渡しをしなければならない事由があるときは、部分判決でその旨の言渡しをしなければならない。
（部分判決に対する控訴の申立て）
第八十条　部分判決に対しては、刑事訴訟法第三百七十二条の規定にかかわらず、控訴をすることができない。
（管轄違い等の部分判決後の弁論の分離）
第八十一条　第七十九条の部分判決は、当該部分判決をした事件に係る弁論を刑事訴訟法第三百十三条第一項の決定により分離した場合には、その決定を告知した時に、終局の判決となるものとする。
（区分事件審判に関する公判調書）
第八十二条　区分事件審判に関する公判調書は、刑事訴訟法第四十八条第三項の規定にかかわらず、各公判期日後速やかに、遅くとも当該区分事件についての部分判決を宣告するまでにこれを整理しなければならない。ただし、部分判決を宣告する公判期日の調書及び公判期日から部分判決を宣告する日までの期間が十日に満たない場合における当該公判期日の調書は、それぞれその公判期日後十日以内に、整理すれば足りる。
2　前項の公判調書に係る刑事訴訟法第五十一条第一項の規定による異議の申立ては、同条第二項の規定にかかわらず、遅くとも当該区分事件審判における最終の公判期日後十四日以内（前項ただし書の規定により部分判決を宣告する公判期日後に整理された調書については、整理ができた日から十四日以内）にこれをしなければならない。
（公訴の取消し等の制限）
第八十三条　区分事件に含まれる被告事件についての公訴は、刑

事訴訟法第二百五十七条の規定にかかわらず、当該区分事件について部分判決の宣告があった後は、これを取り消すことができない。

2　刑事訴訟法第四百六十五条第一項の規定による正式裁判の請求があった被告事件について、区分審理決定があったときは、同法第四百六十六条の規定にかかわらず、当該被告事件を含む区分事件について部分判決の宣告があった後は、当該請求を取り下げることができない。

3　前項の区分審理決定があった場合には、同項の請求に係る略式命令は、刑事訴訟法第四百六十九条の規定にかかわらず、当該被告事件について終局の判決があったときに、その効力を失う。

（区分事件審判における裁判員等の任務の終了）

第八十四条　区分事件審判に係る職務を行う裁判員及び補充裁判員の任務は、第四十八条の規定にかかわらず、次の各号のいずれかに該当するときに終了する。

一　当該区分事件について部分判決の宣告をしたとき。

二　当該区分事件に含まれる被告事件の全部について刑事訴訟法第三百三十九条第一項の規定による公訴を棄却する決定がされたとき。

三　当該区分事件について第七十四条の決定がされたとき。

（区分事件の審理における公判手続の更新）

第八十五条　前条の規定により区分事件審判に係る職務を行う裁判員の任務が終了し、新たに第二条第一項の合議体に他の区分事件審判に係る職務を行う裁判員が加わった場合には、第六十一条第一項の規定にかかわらず、公判手続の更新は行わないものとする。

第三款　併合事件審判

（併合事件審判）

第八十六条　裁判所は、すべての区分事件審判が終わった後、区分事件以外の被告事件の審理及び区分事件の審理（当該区分事件に含まれる被告事件に係る部分判決で示された事項に係るもの（第三項の決定があった場合を除く。）を除く。）並びに併合事件の全体についての裁判（以下「併合事件審判」という。）をしなければならない。

2　裁判所は、前項の規定により併合事件の全体についての裁判をする場合においては、部分判決がされた被告事件に係る当該部分判決で示された事項については、次項の決定があった場合を除き、これによるものとする。

3　裁判所は、構成裁判官の合議により、区分事件の審理又は部分判決について刑事訴訟法第三百七十七条各号、第三百七十八条各号又は第三百八十三条各号に掲げる事由があると認めるときは、職権で、その旨の決定をしなければならない。

（併合事件審判のための公判手続の更新）

第八十七条　第八十四条の規定により区分事件審判に係る職務を行う裁判員の任務が終了し、新たに第二条第一項の合議体に併合事件審判に係る職務を行う裁判員が加わった場合には、第六十一条第一項の規定にかかわらず、併合事件審判をするのに必要な範囲で、区分事件の公判手続を更新しなければならない。

（刑事訴訟法第二百九十二条の二の意見の陳述）

第八十八条　区分事件に含まれる被告事件についての刑事訴訟法第二百九十二条の二第一項の規定による意見の陳述又は同条第七項の規定による意見を記載した書面の提出は、併合事件審判における審理において行うものとする。ただし、併合事件審判における審理において行うことが困難である場合その他当該被告事件を含む区分事件の審理において行うことが相当と認めるときは、当該区分事件の審理において行うことができる。

（併合事件審理における検察官等による意見の陳述）

第八十九条　併合事件審判における審理において行う刑事訴訟法第二百九十三条第一項の規定による検察官の意見の陳述、同条第二項の規定による被告人及び弁護人の意見の陳述並びに同法第三百十六条の三十八第一項の規定による区分事件に含まれる被告事件に係る被害者参加人又はその委託を受けた弁護士の意見の陳述は、部分判決で示された事項については、することができない。

2　裁判長は、前項に規定する意見の陳述が部分判決で示された事項にわたるときは、これを制限することができる。

第二節　選任予定裁判員

第一款　選任予定裁判員の選定

（選任予定裁判員）

第九十条　裁判所は、区分審理決定をした場合において、必要があると認めるときは、裁判員等選任手続において、第八十四条の規定により区分事件審判に係る職務を行う裁判員又は補充裁判員の任務が終了した後に他の区分事件審判又は併合事件審判に係る職務を行う裁判員又は補充裁判員に選任されるべき必要な員数の選任予定裁判員を、各区分事件審判又は併合事件審判ごとに、あらかじめ選定することができる。この場合において、選任予定裁判員の員数は、裁判所が定めるものとする。

2　前項の規定により選任予定裁判員を選定する場合における第二十六条第二項、第二十七条第一項ただし書、第三十五条第二項及び第三十六条第二項の規定の適用については、第二十六条第二項中「前項の決定をした」とあるのは「選任予定裁判員を選定することとした」と、第二十七条第一項ただし書中「期日から」とあるのは「期日及び第九十七条第一項の規定により選任予定裁判員を裁判員に選任する決定がされると見込まれる日から」と、第三十五条第二項中「第三十七条第一項又は第二項の規定により裁判員又は補充裁判員に選任する」とあるのは「第九十一条第一項の規定により選任予定裁判員に選定する」と、第三十六条第二項中「補充裁判員を置く」とあるのは「裁判員の員数を超える員数の選任予定裁判員を選定する」と、「選任すべき補充裁判員の」とあるのは「選定すべき選任予定裁判員の員数のうち裁判員の員数を超える」と、「三人又は四人のときは二人、五人又は六人のときは三人」とあるのは「三人以上の奇数及びそれに続く偶数の員数のときは当該偶数の員数の二分の一の員数」とする。

（選任予定裁判員の選定）

第九十一条　裁判所は、くじその他の作為が加わらない方法として最高裁判所規則で定める方法に従い、裁判員等選任手続の期日に出頭した裁判員候補者で不選任の決定がされなかったものから、前条第一項の規定により裁判所が定めた員数（当該裁判員候補者の員数がこれに満たないときは、その員数）の選任予定裁判員を裁判員（補充裁判員を置くときは、補充裁判員を含む。）に選任されるべき順序を定めて選定する決定をしなければならない。

2　裁判所は、前項の規定により選任予定裁判員に選定された者以外の不選任の決定がされなかった裁判員候補者については、不選任の決定をするものとする。

（選任予定裁判員が不足する場合の措置）

第九十二条　裁判所は、前条第一項の規定により選定された選任予定裁判員の員数が選定すべき選任予定裁判員の員数に満たないときは、不足する員数の選任予定裁判員を選定することができる。

2　第二十六条（第一項を除く。）から第三十六条（第二項を除く。）まで及び前条の規定は、前項の規定による選任予定裁判員の選定について準用する。この場合において、第二十六条第二項中「前項の決定をした」とあるのは「不足する員数の選任予定裁判員を選定することとした」と、第二十七条第一項ただし書中「期日から」とあるのは「期日及び第九十七条第一項の規定により選任予定裁判員を裁判員に選任する決定がされると見込まれる日から」と、第三十五条第二項中「第三十七条第一項又は第二項の規定により裁判員又は補充裁判員に選任する」とあるのは「第九十二条第二項において読み替えて準用する第九十一条第一項の規定により選任予定裁判員に選定する」と、第三十六条第一項中「四人（第二条第三項の決定があった場合は、三人）」とあるのは「選定すべき選任予定裁判員の員数が一人又は二人のときは一人、三人以上の奇数及びそれに続く偶数の員数のときは当該偶数の員数の二分の一の員数」と、前条第一項中「前条第一項の規定により裁判所が定めた」とあるのは「不足する」と読み替えるものとする。

第二款　選任予定裁判員の選定の取消し

（請求による選任予定裁判員の選定の取消し）

第九十三条　検察官、被告人又は弁護人は、裁判所に対し、次の各号のいずれかに該当することを理由として選任予定裁判員の選定の取消しを請求することができる。ただし、第二号に該当することを理由とする請求は、当該選任予定裁判員についてその選定の決定がされた後に知り、又は生じた原因を理由とするものに限る。

一　選任予定裁判員が、第十三条に規定する者に該当しないとき、第十四条の規定により裁判員となることができない者であるとき、又は第十五条第一項各号若しくは第二項各号若しくは第十七条各号に掲げる者に該当するとき。

二　選任予定裁判員が、不公平な裁判をするおそれがあるとき。

三　選任予定裁判員が、裁判員候補者であったときに、質問票に虚偽の記載をし、又は裁判員等選任手続における質問に対して正当な理由なく陳述を拒み、若しくは虚偽の陳述をしていたことが明らかとなり、裁判員又は補充裁判員の職務を行わせることが適当でないとき。

2　前項の請求を受けた裁判所は、同項各号のいずれかに該当すると認めるときは、当該選任予定裁判員の選定を取り消す決定をする。

3　前項の決定又は第一項の請求を却下する決定をするには、最高裁判所規則で定めるところにより、あらかじめ、検察官及び被告人又は弁護人の意見を聴かなければならない。

4　第二項の規定により選任予定裁判員の選定を取り消す決定をするには、当該選任予定裁判員に陳述の機会を与えなければならない。

5　第一項の請求を却下する決定には、理由を付さなければならない。

（異議の申立て）

第九十四条　前条第一項の請求を却下する決定に対しては、当該決定に関与した裁判官の所属する地方裁判所に異議の申立てをすることができる。

2　前項の異議の申立てを受けた地方裁判所は、合議体で決定をしなければならない。

3　第一項の異議の申立てに関しては、即時抗告に関する刑事訴訟法の規定を準用する。

（職権による選任予定裁判員の選定の取消し）

第九十五条　裁判所は、第九十三条第一項各号のいずれかに該当すると認めるときは、職権で、選任予定裁判員の選定を取り消す決定をする。

2　第九十三条第三項及び第四項の規定は、前項の規定による決定について準用する。

3　裁判所は、次の各号に掲げるいずれかの事由が生じたことにより、選任予定裁判員をその選定に係る区分事件審判又は併合事件審判に係る職務を行う裁判員又は補充裁判員に選任する必要がなくなった場合には、職権で、当該選任予定裁判員の選定を取り消す決定をする。

一　第七十二条第一項の規定により区分審理決定が取り消されたとき。

二　第七十二条第二項の規定により区分審理決定が変更され、区分事件に含まれる被告事件の全部についての審判が他の区分事件審判又は併合事件審判として行われることとなったとき。

三　第一号に掲げる場合のほか、その職務を行うべき区分事件に含まれる被告事件の全部又は区分事件以外の被告事件の全部について刑事訴訟法第三百三十九条第一項の規定による公訴を棄却する決定がされたとき。

四　区分事件について第七十四条の決定がされたとき。

4　裁判所は、前項に規定する場合のほか、選任予定裁判員をその選定に係る区分事件審判又は併合事件審判に係る職務を行う裁判員又は補充裁判員に選任する必要がなくなったと認めるときは、当該選任予定裁判員の選定を取り消す決定をすることができる。

（選任予定裁判員の申立てによる選定の取消し）

第九十六条　選任予定裁判員は、裁判所に対し、第十六条第八号に規定する事由（その選定がされた後に知り、又は生じた原因を理由とするものに限る。）により裁判員又は補充裁判員の職務を行うことが困難であることを理由として選定の取消しの申立てをすることができる。

2　裁判所は、前項の申立てを受けた場合において、その理由があると認めるときは、当該選任予定裁判員の選定を取り消す決定をしなければならない。

第三款　選任予定裁判員の裁判員等への選任

第九十七条　裁判所は、第八十四条の規定により区分事件審判に係る職務を行う裁判員及び補充裁判員の任務が終了したときは、第三十七条の規定にかかわらず、当該区分事件審判の次の区分事件審判又は併合事件審判に係る職務を行う裁判員又は補充裁判員に選任されるために選定されている選任予定裁判員で、指定する裁判員等選任手続の期日に出頭したものから、その選定において定められた順序に従い、当該職務を行う裁判員（補充裁判員を置くときは、補充裁判員を含む。第五項において同じ。）を選任する決定をするものとする。

2　裁判所は、前項に規定する選任予定裁判員を同項に規定する期日に呼び出さなければならない。

3　前項の呼出しは、選任予定裁判員に通知して行う。

4　裁判所は、第一項に規定する区分事件審判又は併合事件審判に係る職務を行う裁判員又は補充裁判員に選任されるために選定されている選任予定裁判員のうち、同項の規定により裁判員又は補充裁判員に選任された者以外の者については、選定を取り消す決定をしなければならない。

5　第一項の規定により選任予定裁判員を裁判員に選任する場合における第二十九条第一項及び第二項並びに第三十八条第一項の規定の適用については、第二十九条第一項及び第二項中「裁判員候補者」とあるのは「選任予定裁判員」と、第三十八条第一項中「前条第一項」とあるのは「第九十七条第一項」とする。

第四款　雑則

（公務所等に対する照会に関する規定の準用）

第九十八条　第十二条第一項の規定は、選任予定裁判員についてその選定の取消しの判断のため必要がある場合について準用する。

（最高裁判所規則への委任）

第九十九条　前三款に定めるもののほか、選任予定裁判員の選定及び裁判員又は補充裁判員への選任に関する手続に関し必要な事項は、最高裁判所規則で定める。

第六章　裁判員等の保護のための措置

（不利益取扱いの禁止）

第百条　労働者が裁判員の職務を行うために休暇を取得したことその他裁判員、補充裁判員、選任予定裁判員若しくは裁判員候補者であること又はこれらの者であったことを理由として、解雇その他不利益な取扱いをしてはならない。

（裁判員等を特定するに足りる情報の取扱い）

第百一条　何人も、裁判員、補充裁判員、選任予定裁判員又は裁判員候補者若しくはその予定者の氏名、住所その他の個人を特定するに足りる情報を公にしてはならない。これらであった者の氏名、住所その他の個人を特定するに足りる情報についても、本人がこれを公にすることに同意している場合を除き、同様とする。

2　前項の規定の適用については、区分事件審判に係る職務を行う裁判員又は補充裁判員の職にあった者で第八十四条の規定によりその任務が終了したものは、すべての区分事件審判の後に行われる併合事件の全体についての裁判（以下「併合事件裁判」という。）がされるまでの間は、なお裁判員又は補充裁判員であるものとみなす。

（裁判員等に対する接触の規制）

第百二条　何人も、被告事件に関し、当該被告事件を取り扱う裁判所に選任され、又は選定された裁判員若しくは補充裁判員又は選任予定裁判員に接触してはならない。

2　何人も、裁判員又は補充裁判員が職務上知り得た秘密を知る目的で、裁判員又は補充裁判員の職にあった者に接触してはならない。

3　前二項の規定の適用については、区分事件審判に係る職務を行う裁判員又は補充裁判員の職にあった者で第八十四条の規定によりその任務が終了したものは、併合事件裁判がされるまでの間は、なお裁判員又は補充裁判員であるものとみなす。

第七章　雑則

（運用状況の公表）

第百三条　最高裁判所は、毎年、対象事件の取扱状況、裁判員及び補充裁判員の選任状況その他この法律の実施状況に関する資料を公表するものとする。

（指定都市の区に対するこの法律の適用）

第百四条　地方自治法（昭和二十二年法律第六十七号）第二百五十二条の十九第一項の指定都市においては、第二十条第一項並びに第二十一条第一項及び第二項、第二十二条並びに第二十三条第四項（これらの規定を第二十四条第二項において準用する場合を含む。）並びに第二十四条第一項の規定中市に関する規定は、区にこれを適用する。

（事務の区分）

第百五条　第二十一条第一項及び第二項、第二十二条並びに第二十三条第四項（これらの規定を第二十四条第二項において準用する場合を含む。）の規定により市町村が処理することとされている事務は、地方自治法第二条第九項第一号に規定する第一号法定受託事務とする。

第八章　罰則

（裁判員等に対する請託罪等）

第百六条　法令の定める手続により行う場合を除き、裁判員又は補充裁判員に対し、その職務に関し、請託をした者は、二年以下の懲役又は二十万円以下の罰金に処する。

2　法令の定める手続により行う場合を除き、被告事件の審判に影響を及ぼす目的で、裁判員又は補充裁判員に対し、事実の認定、刑の量定その他の裁判員として行う判断について意見を述べ又はこれについての情報を提供した者も、前項と同様とする。

3　選任予定裁判員に対し、裁判員又は補充裁判員として行うべき職務に関し、請託をした者も、第一項と同様とする。

4　被告事件の審判に影響を及ぼす目的で、選任予定裁判員に対し、事実の認定その他の裁判員として行うべき判断について意見を述べ又はこれについての情報を提供した者も、第一項と同様とする。

（裁判員等に対する威迫罪）

第百七条　被告事件に関し、当該被告事件の審判に係る職務を行う裁判員若しくは補充裁判員若しくはこれらの職にあった者又はその親族に対し、面会、文書の送付、電話をかけることその他のいかなる方法をもってするかを問わず、威迫の行為をした者は、二年以下の懲役又は二十万円以下の罰金に処する。

2　被告事件に関し、当該被告事件の審判に係る職務を行う裁判員若しくは補充裁判員の選任のために選定された裁判員候補者若しくは当該裁判員若しくは補充裁判員の職務を行うべき選任予定裁判員又はその親族に対し、面会、文書の送付、電話をかけることその他のいかなる方法をもってするかを問わず、威迫の行為をした者も、前項と同様とする。

（裁判員等による秘密漏示罪）

第百八条　裁判員又は補充裁判員が、評議の秘密その他の職務上知り得た秘密を漏らしたときは、六月以下の懲役又は五十万円以下の罰金に処する。

2　裁判員又は補充裁判員の職にあった者が次の各号のいずれかに該当するときも、前項と同様とする。

一　職務上知り得た秘密（評議の秘密を除く。）を漏らしたとき。

二　評議の秘密のうち構成裁判官及び裁判員が行う評議又は構成裁判官のみが行う評議であって裁判員の傍聴が許されたもののそれぞれの裁判官若しくは裁判員の意見又はその多少の数を漏らしたとき。

三　財産上の利益その他の利益を得る目的で、評議の秘密（前号に規定するものを除く。）を漏らしたとき。

3　前項第三号の場合を除き、裁判員又は補充裁判員の職にあった者が、評議の秘密（同項第二号に規定するものを除く。）を漏らしたときは、五十万円以下の罰金に処する。

4　前三項の規定の適用については、区分事件審判に係る職務を行う裁判員又は補充裁判員の職にあった者で第八十四条の規定によりその任務が終了したものは、併合事件裁判がされるまでの間は、なお裁判員又は補充裁判員であるものとみなす。

5　裁判員又は補充裁判員が、構成裁判官又は現にその被告事件の審判に係る職務を行う他の裁判員若しくは補充裁判員以外の者に対し、当該被告事件において認定すべきであると考える事実若しくは量定すべきであると考える刑を述べたとき、又は当該被告事件において裁判所により認定されると考える事実若しくは量定されると考える刑を述べたときも、第一項と同様とする。

6　裁判員又は補充裁判員の職にあった者が、その職務に係る被告事件の審判における判決（少年法第五十五条の決定を含む。以下この項において同じ。）に関与した構成裁判官であった者又は他の裁判員若しくは補充裁判員の職にあった者以外の者に対し、当該判決において示された事実の認定又は刑の量定の当否を述べたときも、第一項と同様とする。

7　区分事件審判に係る職務を行う裁判員又は補充裁判員の職にあった者で第八十四条の規定によりその任務が終了したものが、併合事件裁判がされるまでの間に、当該区分事件審判における部分判決に関与した構成裁判官であった者又は他の裁判員若しくは補充裁判員の職にあった者以外の者に対し、併合事件審判において認定すべきであると考える事実（当該区分事件以外の被告事件に係るものを除く。）若しくは量定すべきであると考える刑を述べたとき、又は併合事件審判において裁判所により認定されると考える事実（当該区分事件以外の被告事件に係るものを除く。）若しくは量定されると考える刑を述べたときも、第一項と同様とする。

（裁判員の氏名等漏示罪）

第百九条　検察官若しくは弁護人若しくはこれらの職にあった者又は被告人若しくは被告人であった者が、正当な理由がなく、被告事件の裁判員候補者の氏名、裁判員候補者が第三十条（第三十八条第二項（第四十六条第二項において準用する場合を含む。）、第四十七条第二項及び第九十二条第二項において準用する場合を含む。次条において同じ。）に規定する質問票に記載した内容又は裁判員等選任手続における裁判員候補者の陳述の内容を漏らしたときは、一年以下の懲役又は五十万円以下の罰金に処する。

（裁判員候補者による虚偽記載罪等）

第百十条　裁判員候補者が、第三十条に規定する質問票に虚偽の記載をして裁判所に提出し、又は裁判員等選任手続における質問に対して虚偽の陳述をしたときは、五十万円以下の罰金に処する。

（裁判員候補者の虚偽記載等に対する過料）

第百十一条　裁判員候補者が、第三十条第三項又は第三十四条第三項（これらの規定を第三十八条第二項（第四十六条第二項において準用する場合を含む。）、第四十七条第二項及び第九十二条第二項において準用する場合を含む。）の規定に違反して、質問票に虚偽の記載をし、又は裁判員等選任手続における質問に対して正当な理由なく陳述を拒み、若しくは虚偽の陳述をしたときは、裁判所は、決定で、三十万円以下の過料に処する。

（裁判員候補者の不出頭等に対する過料）

第百十二条　次の各号のいずれかに当たる場合には、裁判所は、決定で、十万円以下の過料に処する。

一　呼出しを受けた裁判員候補者が、第二十九条第一項（第三十八条第二項（第四十六条第二項において準用する場合を含む。）、第四十七条第二項及び第九十二条第二項において準用する場合を含む。）の規定に違反して、正当な理由がなく出頭しないとき。

二　呼出しを受けた選任予定裁判員が、第九十七条第五項の規定により読み替えて適用する第二十九条第一項の規定に違反して、正当な理由がなく出頭しないとき。

三　裁判員又は補充裁判員が、正当な理由がなく第三十九条第二項の宣誓を拒んだとき。

四　裁判員又は補充裁判員が、第五十二条の規定に違反して、正当な理由がなく、公判期日又は公判準備において裁判所がする証人その他の者の尋問若しくは検証の日時及び場所に出頭しないとき。

五　裁判員が、第六十三条第一項（第七十八条第五項において準用する場合を含む。）の規定に違反して、正当な理由がなく、公判期日に出頭しないとき。

（即時抗告）

第百十三条　前二条の決定に対しては、即時抗告をすることができる。

附　則

（施行期日）
第一条　この法律は、公布の日から起算して五年を超えない範囲内において政令で定める日から施行する。ただし、次の各号に掲げる規定は、当該各号に定める日から施行する。
一　次条及び附則第三条の規定　公布の日
二　第二十条から第二十三条まで、第二十五条、第百条、第百一条、第百四条、第百五条及び附則第六条の規定　公布の日から起算して四年六月を超えない範囲内において政令で定める日
三　第十七条第九号の規定（審査補助員に係る部分に限る。）刑事訴訟法等の一部を改正する法律（平成十六年法律第六十二号）附則第一条第二号に定める日又はこの法律の施行の日のいずれか遅い日
四　第七十七条第三項から第五項までの規定　犯罪被害者等の権利利益の保護を図るための刑事訴訟法等の一部を改正する法律（平成十九年法律第九十五号）の施行の日又はこの法律の施行の日のいずれか遅い日
（施行前の措置等）
第二条　政府及び最高裁判所は、裁判員の参加する刑事裁判の制度が司法への参加についての国民の自覚とこれに基づく協力の下で初めて我が国の司法制度の基盤としての役割を十全に果たすことができるものであることにかんがみ、この法律の施行までの期間において、国民が裁判員として裁判に参加することの意義、裁判員の選任の手続、事件の審理及び評議における裁判員の職務等を具体的に分かりやすく説明するなど、裁判員の参加する刑事裁判の制度についての国民の理解と関心を深めるとともに、国民の自覚に基づく主体的な刑事裁判への参加が行われるようにするための措置を講じなければならない。
2　前条の政令を定めるに当たっては、前項の規定による措置の成果を踏まえ、裁判員の参加する刑事裁判が円滑かつ適正に実施できるかどうかについての状況に配慮しなければならない。
（環境整備）
第三条　国は、裁判員の参加する刑事裁判の制度を円滑に運用するためには、国民がより容易に裁判員として裁判に参加することができるようにすることが不可欠であることにかんがみ、そのために必要な環境の整備に努めなければならない。
（経過措置）
第四条　この法律の施行の際現に係属している事件については、第二条第一項及び第四条の規定は適用しない。この法律の施行前に判決が確定した事件であってこの法律の施行後再審開始の決定が確定したものについても、同様とする。
2　前項の規定にかかわらず、裁判所は、この法律の施行の際現に係属している事件であってその弁論を対象事件の弁論と併合することが適当と認められるものについては、決定で、これを第二条第一項の合議体で取り扱うことができる。
3　裁判所は、前項の決定をした場合には、刑事訴訟法の規定により、当該決定に係る事件の弁論と当該対象事件の弁論とを併合しなければならない。
（調整規定）
第五条　この法律の施行の日が犯罪被害者等の権利利益の保護を

図るための刑事訴訟法等の一部を改正する法律の施行の日前となる場合には、同法の施行の日の前日までの間における第八十九条第一項の規定の適用については、同項中「、同条第二項の規定による被告人及び弁護人の意見の陳述並びに同法第三百十六条の三十八第一項の規定による区分事件に含まれる被告事件に係る被害者参加人又はその委託を受けた弁護士」とあるのは、「並びに同条第二項の規定による被告人及び弁護人」とする。

2　この法律の施行の日が犯罪被害者等の権利利益の保護を図るための刑事訴訟法等の一部を改正する法律附則第一条第二号に掲げる規定の施行の日前となる場合には、同号に掲げる規定の施行の日の前日までの間における第六十五条第四項の規定の適用については、同項中「第三百五条第四項及び第五項」とあるのは、「第三百五条第三項及び第四項」とする。

（地方自治法の一部改正）

第六条　地方自治法の一部を次のように改正する。

別表第一に次のように加える。

裁判員の参加する刑事裁判に関する法律（平成十六年法律第六十三号）	第二十一条第一項及び第二項、第二十二条並びに第二十三条第四項（これらの規定を第二十四条第二項において準用する場合を含む。）の規定により市町村が処理することとされている事務

（刑事確定訴訟記録法の一部改正）

第七条　刑事確定訴訟記録法（昭和六十二年法律第六十四号）の一部を次のように改正する。

第四条第二項に次の一号を加える。

六　保管記録を閲覧させることが裁判員、補充裁判員、選任予定裁判員又は裁判員候補者の個人を特定させることとなるおそれがあると認められるとき。

（組織的な犯罪の処罰及び犯罪収益の規制等に関する法律の一部改正）

第八条　組織的な犯罪の処罰及び犯罪収益の規制等に関する法律の一部を次のように改正する。

第七条第一項に次の二号を加える。

四　その罪に係る被告事件に関し、当該被告事件の審判に係る職務を行う裁判員若しくは補充裁判員若しくはこれらの職にあった者又はその親族に対し、面会、文書の送付、電話をかけることその他のいかなる方法をもってするかを問わず、威迫の行為をした者

五　その罪に係る被告事件に関し、当該被告事件の審判に係る職務を行う裁判員若しくは補充裁判員の選任のために選定された裁判員候補者若しくは当該裁判員若しくは補充裁判員の職務を行うべき選任予定裁判員又はその親族に対し、面会、文書の送付、電話をかけることその他のいかなる方法をもってするかを問わず、威迫の行為をした者

（検討）

第九条　政府は、この法律の施行後三年を経過した場合において、この法律の施行の状況について検討を加え、必要があると認めるときは、その結果に基づいて、裁判員の参加する刑事裁判の制度が我が国の司法制度の基盤としての役割を十全に果たすこ

とができるよう、所要の措置を講ずるものとする。

裁判員の参加する刑事裁判に関する法律第十六条第八号に規定するやむを得ない事由を定める政令

（平成二十年一月十七日公布政令第三号）

内閣は、裁判員の参加する刑事裁判に関する法律（平成十六年法律第六十三号）第十六条第八号の規定に基づき、この政令を制定する。

裁判員の参加する刑事裁判に関する法律（以下「法」という。）第十六条第八号に規定する政令で定めるやむを得ない事由は、次に掲げる事由とする。

一　妊娠中であること又は出産の日から八週間を経過していないこと。

二　介護又は養育が行われなければ日常生活を営むのに支障がある親族（同居の親族を除く。）又は親族以外の同居人であって自らが継続的に介護又は養育を行っているものの介護又は養育を行う必要があること。

三　配偶者（届出をしていないが、事実上婚姻関係と同様の事情にある者を含む。）、直系の親族若しくは兄弟姉妹又はこれらの者以外の同居人が重い疾病又は傷害の治療を受ける場合において、その治療に伴い必要と認められる通院、入院又は退院に自らが付き添う必要があること。

四　妻（届出をしていないが、事実上婚姻関係と同様の事情にある者を含む。）又は子が出産する場合において、その出産に伴い必要と認められる入院若しくは退院に自らが付き添い、又は出産に自らが立ち会う必要があること。

五　住所又は居所が裁判所の管轄区域外の遠隔地にあり、裁判所に出頭することが困難であること。

六　前各号に掲げるもののほか、裁判員の職務を行い、又は裁判員候補者として法第二十七条第一項に規定する裁判員等選任手続の期日に出頭することにより、自己又は第三者に身体上、精神上又は経済上の重大な不利益が生ずると認めるに足りる相当の理由があること。

附則

この政令は、法の施行の日から施行する。

裁判員の参加する刑事裁判に関する規則（平成十九年七月五日公布最高裁判所規則第七号）

目次

第一章　総則

（趣旨）

第一条　この規則は、裁判員の参加する刑事裁判に関し、刑事訴訟規則（昭和二十三年最高裁判所規則第三十二号）の特則その他の必要な事項を定めるものとする。

（裁判員裁判に関する事務の取扱支部）

第二条　裁判員の参加する刑事裁判に関する法律（平成十六年法律第六十三号。以下「法」という。）において定められた地方裁判所の権限に属する事務（以下「裁判員裁判に関する事務」という。）を取り扱う地方裁判所の支部は、地方裁判所及び家庭裁判所支部設置規則（昭和二十二年最高裁判所規則第十四号）第一条第二項の規定にかかわらず、別表の上欄に掲げる地方裁判所の支部に限るものとし、その取扱区域は、同表の下欄のとおりとする。

（対象事件からの除外についての意見の聴取・法第三条）

第三条　法第三条第一項の決定又は同項の請求を却下する決定をするには、あらかじめ、職権でこれをする場合には検察官及び被告人又は弁護人の意見を、請求によりこれをする場合には相手方又はその弁護人の意見を聴かなければならない。

（対象事件からの除外に関する決定の手続・法第三条）

第四条　法第三条第一項の決定及び同項の請求を却下する決定については、刑事訴訟規則第三十三条第三項及び第四項並びに第三十四条の規定を準用する。

2　法第三条第一項の決定及び同項の請求を却下する決定を検察官、被告人又は弁護人の面前において言い渡したときは、これらの者にはこれを送達し、又は通知することを要しない。

（対象事件からの除外に関する決定に対する即時抗告・法第三条）

第五条　法第三条第六項の即時抗告については、刑事訴訟規則第二百七十一条及び第二百七十二条の規定を準用する。

第二章　裁判員

第一節　総則

（裁判員等の旅費・法第十一条等）

第六条　裁判員、補充裁判員及び裁判員等選任手続（法第二十七条第一項に規定する裁判員等選任手続をいう。以下同じ。）の期日に出頭した裁判員候補者（以下「裁判員等」と総称する。）の旅費は、鉄道賃、船賃、路程賃及び航空賃の四種とし、鉄道賃は鉄道の便のある区間の陸路旅行に、船賃は船舶の便のある区間の水路旅行に、路程賃は鉄道の便のない区間の陸路旅行又は船舶の便のない区間の水路旅行に、航空賃は航空機を利用すべき特別の事由がある場合における航空旅行について支給する。

2　鉄道賃及び船賃は旅行区間の路程に応ずる旅客運賃（はしけ賃及びさん橋賃を含むものとし、運賃に等級を設ける線路又は船舶による旅行の場合には、運賃の等級を三階級に区分するものについては中級の、運賃の等級を二階級に区分するものについては下級の運賃）、急行料金（特別急行列車を運行する線路のある区間の旅行で片道百キロメートル以上のものには特別急行料金、普通急行列車を運行する線路のある区間の旅行で片道五十キロメートル以上のものには普通急行料金）及び座席指定料金（座席指定料金を徴する普通急行列車を運行する線路のある区間の旅行で片道百キロメートル以上のもの又は座席指定料金を徴する船舶を運行する航路のある区間の旅行の場合の座席指定料金に限る。）によって、路程賃は一キロメートルにつき三十七円の額（一キロメートル未満の路程の端数は、これを切り捨てる。）によって、航空賃は現に支払った旅客運賃によって、それぞれ算定する。

3　天災その他やむを得ない事情により前項に定める額の路程賃で旅行の実費を支弁することができない場合には、同項の規定にかかわらず、路程賃の額は、実費額の範囲内において、裁判所が定める。

（裁判員等の日当・法第十一条等）

第七条　裁判員等の日当は、出頭又は職務及びそれらのための旅行（以下「出頭等」という。）に必要な日数に応じて支給する。

2　日当の額は、裁判員及び補充裁判員については一日当たり一万円以内において、裁判員等選任手続の期日に出頭した裁判員候補者については一日当たり八千円以内において、それぞれ裁判所が定める。

（裁判員等の宿泊料・法第十一条等）

第八条　裁判員等の宿泊料は、出頭等に必要な夜数に応じて支給する。

2　宿泊料の額は、一夜当たり、宿泊地が、国家公務員等の旅費に関する法律（昭和二十五年法律第百十四号）別表第一に定める甲地方である場合においては八千七百円、乙地方である場合においては七千八百円とする。

（旅費等の計算・法第十一条等）

第九条　旅費（航空賃を除く。）並びに日当及び宿泊料の計算上の旅行日数は、最も経済的な通常の経路及び方法によって旅行した場合の例により計算する。ただし、天災その他やむを得ない事情により最も経済的な通常の経路又は方法によって旅行し難い場合には、その現によった経路及び方法によって計算する。

（裁判員候補者の本籍照会の方法・法第十二条）

第十条　地方裁判所は、市町村（特別区を含むものとし、地方自治法（昭和二十二年法律第六十七号）第二百五十二条の十九第一項の指定都市にあっては、区とする。以下同じ。）に対し、裁判員候補者について本籍の照会をするときには、当該市町村の選挙管理委員会が当該地方裁判所に送付する裁判員候補者予定者名簿に付して本籍を回答するよう求めることができる。

第二節　選任

（裁判員候補者の員数の算定及び割当て・法第二十条）

第十一条　地方裁判所は、次年に必要な裁判員候補者の員数を算定するに当たっては、対象事件（法第二条第三項に規定する対象事件をいう。）の取扱状況、呼出しを受けた裁判員候補者の出頭状況、法第三十四条第七項の規定による不選任の決定があった裁判員候補者の数その他の裁判員及び補充裁判員の選任状況並びに裁判員候補者名簿に記載をされた者の数の状況その他の事項を考慮しなければならない。

2　地方裁判所が前項の裁判員候補者の員数をその管轄区域内の市町村に割り当てるに当たっては、各市町村の選挙管理委員会に対して選挙人名簿に登録されている者の数を照会した上で、同項の裁判員候補者の員数のうち、まず一人ずつを各市町村に割り当て、その残員数は、各市町村の管轄区域内における選挙人名簿に登録されている者の数の当該地方裁判所の管轄区域内の選挙人名簿に登録されている者の総数に対する割合に応じて、これを各市町村に割り当てる方法によるものとする。この場合において、一人に満たない端数を生じたときは、裁判員候補者の総員数が同項の裁判員候補者の員数に満ちるまで、端数の大きい市町村から順次に、これを一人に切り上げる。

3　地方裁判所の支部において裁判員裁判に関する事務を取り扱う場合において、次年に必要な裁判員候補者の員数を算定するに当たっては、裁判員裁判に関する事務を取り扱う支部（以下「取扱支部」という。）についてはその取扱区域内において、取扱支部を除く地方裁判所についてはその取扱支部の取扱区域を除く管轄区域内において、それぞれ第一項に規定する事項を考慮しなければならない。

4　前項の場合において、裁判員候補者の員数を管轄区域内の市町村に割り当てるに当たっては、取扱支部についてはその取扱区域内の市町村において、取扱支部を除く地方裁判所については取扱支部の取扱区域を除く管轄区域内の市町村において、それぞれ第二項に規定する方法によるものとする。

（裁判員候補者名簿の調製等・法第二十三条）

第十二条　裁判員候補者名簿は、別記様式により調製しなければならない。

2　地方裁判所の支部において裁判員裁判に関する事務を取り扱う場合には、裁判員候補者名簿は、取扱支部及び取扱支部を除く地方裁判所に区分して調製するものとする。この場合においては、取扱支部の裁判員候補者名簿はその取扱区域内の市町村の選挙管理委員会から送付を受けた裁判員候補者予定者名簿に基づいて、取扱支部を除く地方裁判所の裁判員候補者名簿は取扱支部の取扱区域を除く管轄区域内の市町村の選挙管理委員会から送付を受けた裁判員候補者予定者名簿に基づいて、それぞれ調製するものとする。

3　裁判員候補者予定者名簿及び裁判員候補者名簿は、これらに記載をされた者が自己に関する情報が記載されている部分の開示を求める場合を除いては、開示してはならない。

（裁判員候補者名簿からの消除の方法・法第二十三条等）

第十三条　地方裁判所が法第二十三条第三項（法第二十四条第二項において準用する場合を含む。第十五条第一項第一号において同じ。）又は第二十九条第三項本文（法第三十八条第二項（法第四十六条第二項において準用する場合を含む。以下同じ。）及び第四十七条第二項において準用する場合を含む。）の規定により裁判員候補者を裁判員候補者名簿から消除するに当たっては、当該裁判員候補者を消除したことが明確であり、かつ、消除された文字の字体（法第二十三条第二項（法第二十四条第二項において準用する場合を含む。）の規定により磁気ディスクをもって調製する裁判員候補者名簿にあっては、消除された記録）がなお明らかとなるような方法により行う。

（裁判員候補者の補充の場合の措置・法第二十四条）

第十四条　法第二十四条第一項の規定による補充する裁判員候補者の員数の割当てについては、第十一条第二項及び第四項の規定を準用する。

2　法第二十四条第二項において読み替えて準用する法第二十三条第一項に規定する裁判員候補者名簿については、第十二条の規定を準用する。

（地方裁判所による調査）

第十五条　地方裁判所は、法第二十三条第一項（法第二十四条第二項において読み替えて準用する場合を含む。）の規定による裁判員候補者名簿の調製をしたときは、次に掲げる事項を調査するため、裁判員候補者に対し、調査票を用いて必要な質問をし、又は必要な資料の提出を求めることができる。

一　法第二十三条第三項の規定により裁判員候補者名簿から消除しなければならない場合に該当するかどうか。

二　法第二十六条第三項（法第二十八条第二項（法第三十八条第二項及び第四十七条第二項において準用する場合を含む。以下この号において同じ。）、第三十八条第二項及び第四十七条第二項において準用する場合を含む。次条及び第二十三条において同じ。）の規定により呼び出すべき裁判員候補者として選定された場合において法第二十七条第一項ただし書（法第二十八条第二項、第三十八条第二項及び第四十七条第二項において準用する場合を含む。）の規定により呼び出すことを要しないものとされる場合に該当することとなることが見込まれるかどうか。

2　前項の規定により提出された調査票及び資料については、第十二条第三項の規定を準用する。

（呼び出すべき裁判員候補者の選定録の作成・法第二十六条）

第十六条　地方裁判所は、法第二十六条第三項の規定により呼び出すべき裁判員候補者を選定したときは、選定録を作成しなければならない。

（裁判員等選任手続の期日の通知・法第二十七条）

第十七条　裁判員等選任手続の期日は、これを検察官及び弁護人に通知しなければならない。

（呼出状の記載事項・法第二十七条）

第十八条　裁判員候補者に対する呼出状には、法第二十七条第三項に規定する事項のほか、職務従事予定期間（同条第一項に規定する職務従事予定期間をいう。）を記載しなければならない。

（呼出状の発送時期）

第十九条　裁判所は、裁判員候補者を呼び出すときは、特段の事情のない限り、裁判員等選任手続の期日の六週間前までに呼出状を発送するようにしなければならない。

（呼出しの猶予期間・法第二十七条）

第二十条　裁判員等選任手続の期日と裁判員候補者に対する呼出状の送達との間には、少なくとも二週間の猶予を置かなければならない。

（裁判員等選任手続の期日の変更）

第二十一条　裁判所は、検察官若しくは弁護人の請求により又は職権で、裁判員等選任手続の期日を変更することができる。

2　検察官及び弁護人は、裁判員等選任手続の期日の変更を必要とする事由が生じたときは、直ちに、裁判所に対し、その事由及びそれが継続する見込みの期間を具体的に明らかにし、かつ、診断書その他の資料によりこれを疎明して、期日の変更を請求しなければならない。

3　裁判所は、前項の事由をやむを得ないものと認める場合のほかは、同項の請求を却下しなければならない。

4　裁判所は、やむを得ないと認める場合のほかは、裁判員等選任手続の期日を変更することができない。

5　裁判員等選任手続の期日を変更するについては、あらかじめ、職権でこれをする場合には検察官及び弁護人の意見を、請求によりこれをする場合には相手方の意見を聴かなければならない。

6　裁判員等選任手続の期日の変更についての決定は、これを送達することを要しない。

7　裁判所は、裁判員等選任手続の期日を変更する決定をした場合には、呼び出した裁判員候補者にその旨を通知しなければならない。

（質問票の記載事項・法第三十条）

第二十二条　裁判員候補者に対する質問票には、法第三十条第一項に規定する判断に必要な質問、質問票を返送し、又は持参しなければならない旨及びその期限並びに質問票に虚偽の記載をしてはならない旨のほか、質問票に虚偽の記載をして裁判所に提出したときは罰金又は過料に処せられることがある旨を記載しなければならない。

（資料の提出の求め）

第二十三条　裁判所は、法第二十六条第三項の規定により選定された裁判員候補者について、法第三十条第一項に規定する判断をするため、裁判員候補者に対し、必要な資料の提出を求めることができる。

（裁判員等選任手続の期日における決定等の告知）

第二十四条　裁判員等選任手続の期日においてした決定又は命令は、これを検察官、被告人又は弁護人及びその他の訴訟関係人に通知しなければならない。ただし、その期日に立ち会った訴訟関係人には通知することを要しない。

（裁判員等選任手続調書の作成）

第二十五条　裁判員等選任手続の期日における手続については、裁判員等選任手続調書を作成しなければならない。

（裁判員等選任手続調書の記載要件）

第二十六条　裁判員等選任手続調書には、次に掲げる事項を記載しなければならない。

一　被告事件名及び被告人の氏名

二　裁判員等選任手続をした裁判所、年月日及び場所

三　裁判官及び裁判所書記官の官氏名

四　出席した検察官の官氏名

五　出席した被告人、弁護人及び補佐人の氏名

六　出頭した裁判員候補者の氏名

七　裁判員候補者に対する質問及びその陳述

八　裁判員候補者が質問に対する陳述を拒んだこと及びその理由

九　不選任の決定の請求その他の申立て

十　法第三十五条第一項の異議の申立て及びその理由

十一　裁判員又は補充裁判員が宣誓を拒んだこと及びその理由

十二　出頭した通訳人の氏名

十三　通訳人の尋問及び供述

十四　決定及び命令（刑事訴訟規則第二十五条第二項本文に規定する申立て、請求、尋問又は陳述に係る許可を除く。）

十五　裁判員及び補充裁判員の氏名並びに公判調書、刑事訴訟規則第三十八条の調書及び検証調書に記載されるべきこれらの者の符号

2　前項に掲げる事項以外の事項であっても、裁判員等選任手続の期日における手続中、裁判長（法第二条第三項の決定があった場合において、同項に規定する合議体が構成されるまでの間は、裁判官。次条第一項及び第四項、第二十九条第二項並びに第三十三条第一項第一号及び第二項第二号において同じ。）が訴訟関係人の請求により又は職権で記載を命じた事項は、これを裁判員等選任手続調書に記載しなければならない。

（裁判員等選任手続調書の署名押印、認印）

第二十七条　裁判員等選任手続調書には、裁判所書記官が署名押印し、裁判長が認印しなければならない。

2　裁判長に差し支えがあるときは、他の裁判官の一人が、その事由を付記して認印しなければならない。

3　法第二条第三項の決定があった場合において、裁判長（同項に規定する合議体が構成されるまでの間は、裁判官）に差し支えがあるときは、裁判所書記官が、その事由を付記して署名押印しなければならない。

4　裁判所書記官に差し支えがあるときは、裁判長が、その事由を付記して認印しなければならない。

（裁判員等選任手続調書の整理）

第二十八条　裁判員等選任手続調書は、各裁判員等選任手続の期日後速やかに、遅くとも直後の公判期日の調書の整理期限までにこれを整理しなければならない。

（裁判員等選任手続調書の記載に対する異議申立て）

第二十九条　検察官又は弁護人は、裁判員等選任手続調書の記載の正確性につき異議を申し立てることができる。

2　前項の異議の申立てがあったときは、申立ての年月日及びその要旨を調書に記載しなければならない。この場合には、裁判所書記官がその申立てについての裁判長の意見を調書に記載して署名押印し、裁判長が認印しなければならない。

3　第一項の異議の申立ては、遅くとも直後の公判期日の調書の記載の正確性についての異議の申立期間の終期までにこれをしなければならない。

（裁判員等選任手続調書の証明力）

第三十条　裁判員等選任手続の期日における手続で裁判員等選任手続調書に記載されたものは、裁判員等選任手続調書のみによってこれを証明することができる。

（不選任の決定の請求を却下する決定に対する異議の申立ての手続・法第三十五条）

第三十一条　法第三十五条第一項（法第三十八条第二項及び第四十七条第二項において準用する場合を含む。以下この条において同じ。）の異議の申立てについては、刑事訴訟規則第二百七十一条及び第二百七十二条の規定を準用する。

2　法第三十五条第一項の異議の申立てについての決定は、これを検察官及び被告人又は弁護人に通知しなければならない。

3　法第三十五条第一項の異議の申立てを受けた地方裁判所が不選任の決定をしたときは、その旨を当該異議の申立てに係る裁判員候補者に通知しなければならない。

（理由を示さない不選任の請求の順序・法第三十六条）

第三十二条　裁判所は、検察官及び被告人が理由を示さない不選任の請求（法第三十六条第一項に規定する理由を示さない不選任の請求をいう。以下同じ。）をするに当たっては、検察官及び被告人に対し、交互にそれぞれ一人の裁判員候補者について理由を示さない不選任の請求をする機会を与えるものとする。

2　検察官及び被告人が理由を示さない不選任の請求をした場合には、相手方に対し、理由を示さない不選任の請求をした裁判員候補者を知る機会を与えなければならない。

3　裁判所は、まず検察官に対し、理由を示さない不選任の請求をする機会を与えるものとする。

4　裁判所は、被告人が数人ある場合において、被告人に対し理由を示さない不選任の請求をする機会を与えるときは、あらかじめ定めた順序に従うものとする。

5　検察官及び被告人は、理由を示さない不選任の請求をする機会が与えられた場合において、理由を示さない不選任の請求をしなかったときは、以後理由を示さない不選任の請求をすることができない。

（裁判員及び補充裁判員の選任方法・法第三十七条）

第三十三条　裁判所は、裁判員及び補充裁判員を選任する決定をするに当たっては、次の順序に従って裁判員等選任手続を行うものとする。

一　裁判長は、裁判員等選任手続の期日に出頭した裁判員候補者のうち、質問をする必要があるすべての裁判員候補者に対し質問をする。ただし、裁判所は、法第三十四条第四項又は第七項（これらの規定を法第三十八条第二項及び第四十七条第二項において準用する場合を含む。以下この条において同じ。）の規定により不選任の決定をしなければならない裁判員候補者について、質問をする必要があるすべての裁判員候補者に対する質問を終えるまで不選任の決定をしないことが相当でないと認めるときは、その質問を終える前に不選任の決定をすることができる。

二　裁判所は、質問をした裁判員候補者のうち、法第三十四条第四項又は第七項の規定により不選任の決定をしなければならない裁判員候補者について不選任の決定をする。

三　検察官及び被告人は、法第三十四条第四項又は第七項の規定により不選任の決定がされなかった裁判員候補者について、理由を示さない不選任の請求をする。ただし、これらの規定により不選任の決定がされなかった裁判員候補者の員数が、選任すべき裁判員及び補充裁判員の員数並びに検察官及び被告人がそれぞれ理由を示さない不選任の請求をすることができる員数の合計数を超えるときは、あらかじめ、裁判所が、その裁判員候補者の中から、くじで、その合計数の裁判員候補者を選定することができるものとし、検察官及び被告人は、選定された裁判員候補者について、理由を示さない不選任の請求をする。

四　裁判所は、不選任の決定がされなかった裁判員候補者（前号ただし書に規定する場合にあっては、同号ただし書の規定により選定された裁判員候補者のうち理由を示さない不選任の請求による不選任の決定がされなかった裁判員候補者。次号において同じ。）から、くじで、法第三十七条第一項（法第三十八条第二項において読み替えて準用する場合を含む。次項第五号において同じ。）に規定する員数の裁判員を選任する決定をする。ただし、当該裁判員候補者の員数がこれに満たないときは、その員数の裁判員を選任する決定をする。

五　裁判所は、補充裁判員を置くときは、その余の不選任の決定がされなかった裁判員候補者から、くじで、法第三十七条第二項（法第三十八条第二項及び第四十七条第二項において準用する場合を含む。次項第六号において同じ。）に規定する員数の補充裁判員を裁判員に選任されるべき順序を定めて選任する決定をする。ただし、当該裁判員候補者の員数がこれに満たないときは、その員数の補充裁判員を裁判員に選任されるべき順序をくじで定めて選任する決定をする。

2　裁判所は、裁判員候補者の出頭状況及び質問票の記載状況等に照らし、裁判員等選任手続の期日に出頭した裁判員候補者のうち質問をする必要があるすべての裁判員候補者に対し質問をすることが、迅速に裁判員等選任手続を終えるために相当でないと認める場合には、裁判員等選任手続の期日のはじめに、次の順序に従って裁判員等選任手続を行う決定をすることができる。

一　裁判所は、裁判員等選任手続の期日に出頭した裁判員候補者について、くじで、裁判員及び補充裁判員に選任されるべき順序を定める。

二　裁判長は、前号の順序に従い、質問をする必要がある裁判員候補者に対し質問をする。

三　裁判所は、前号の規定により裁判員候補者が質問を受けるごとに、法第三十四条第四項又は第七項の規定により不選任の決定をしなければならないかどうかを判断し、不選任の決定をしなければならない裁判員候補者については不選任の決定をする。
四　検察官及び被告人は、質問を受け、かつ、前号の不選任の決定がされなかった裁判員候補者の員数が、選任すべき裁判員及び補充裁判員の員数並びに検察官及び被告人がそれぞれ理由を示さない不選任の請求をすることができる員数の合計数に満ちたときは、質問を受け、かつ、同号の不選任の決定がされなかった裁判員候補者について、理由を示さない不選任の請求をする。ただし、質問をする必要があるすべての裁判員候補者に対し質問をした場合は、その合計数に満たないときであっても、検察官及び被告人は、同号の不選任の決定がされなかった裁判員候補者について、理由を示さない不選任の請求をする。
五　裁判所は、質問を受け、かつ、不選任の決定がされなかった裁判員候補者から、第一号の順序に従い、法第三十七条第一項に規定する員数の裁判員を選任する決定をする。ただし、当該裁判員候補者の員数がこれに満たないときは、その員数の裁判員を選任する決定をする。
六　裁判所は、補充裁判員を置くときは、質問を受け、かつ、不選任の決定がされなかったその余の裁判員候補者から、第一号の順序に従い、法第三十七条第二項に規定する員数（当該裁判員候補者の員数がこれに満たないときは、その員数）の補充裁判員を裁判員に選任されるべき順序を定めて選任する決定をする。
3　裁判所は、裁判員候補者の出頭状況及び質問票の記載状況等に照らし、法第三十七条第三項（法第三十八条第二項及び第四十七条第二項において準用する場合を含む。）の規定により不選任の決定がされる裁判員候補者が存すると見込まれる場合には、裁判員等選任手続の期日のはじめに、くじで、質問を受けるべき裁判員候補者を決めることができる。

（裁判員及び補充裁判員に対する説明・法第三十九条）
第三十四条　裁判長は、裁判員及び補充裁判員に対し、その権限及び義務のほか、事実の認定は証拠によること、被告事件について犯罪の証明をすべき者及び事実の認定に必要な証明の程度について説明する。

（宣誓の方式・法第三十九条）
第三十五条　宣誓は、宣誓書によりこれをしなければならない。
2　宣誓書には、法令に従い公平誠実にその職務を行うことを誓う旨を記載しなければならない。
3　裁判長は、裁判員及び補充裁判員に宣誓書を朗読させ、かつ、これに署名押印させなければならない。裁判員及び補充裁判員が宣誓書を朗読することができないときは、裁判長は、裁判所書記官にこれを朗読させなければならない。
4　宣誓は、起立して厳粛にこれを行わなければならない。
5　宣誓は、各別にこれをさせなければならない。

第三節　解任

（裁判員又は補充裁判員の解任についての意見の聴取・法第四十一条等）
第三十六条　法第四十一条第一項の請求についての決定をするには、あらかじめ、相手方又はその弁護人の意見を聴かなければならない。

2　法第四十三条第一項又は第三項の規定による決定をするには、あらかじめ、検察官及び被告人又は弁護人の意見を聴かなければならない。

（裁判員又は補充裁判員を解任する決定の告知・法第四十一条等）

第三十七条　裁判員又は補充裁判員を解任する決定は、これを当該裁判員又は補充裁判員に通知しなければならない。

（解任の請求を却下する決定に対する異議の申立ての手続・法第四十二条）

第三十八条　法第四十二条第一項の異議の申立てについては、刑事訴訟規則第二百七十一条及び第二百七十二条の規定を準用する。

2　法第四十二条第一項の異議の申立てについての決定は、これを検察官及び被告人又は弁護人に通知しなければならない。

第三章　裁判員の参加する裁判の手続

第一節　公判準備及び公判手続

（第一回の公判期日前の鑑定についての意見の聴取・法第五十条）

第三十九条　鑑定手続実施決定（法第五十条第一項に規定する鑑定手続実施決定をいう。以下同じ。）又は同項の請求を却下する決定をするには、あらかじめ、職権でこれをする場合には検察官及び被告人又は弁護人の意見を、請求によりこれをする場合には相手方又はその弁護人の意見を聴かなければならない。

（立証及び弁論における配慮）

第四十条　検察官及び弁護人は、裁判員が審理の内容を踏まえて自らの意見を形成できるよう、裁判員に分かりやすい立証及び弁論を行うように努めなければならない。

第二節　刑事訴訟規則の適用に関する特例

（刑事訴訟規則の適用に関する特例）

第四十一条　法第二条第一項の合議体で事件が取り扱われる場合における刑事訴訟規則の規定の適用については、次の表の上欄に掲げる同規則の規定中同表の中欄に掲げる字句は、それぞれ同表の下欄に掲げる字句とする。

第百六条第一項	裁判官	裁判官又は裁判官及び裁判員
第百六十六条ただし書	裁判官	裁判官又は裁判員
第百七十八条の十第二項、第百八十七条の三第三項、第二百十七条の十一（第二百十七条の二十七において準用する場合を含む。）	合議体の構成員	合議体の構成員である裁判官
第百九十九条の八、第百九十九条の九	裁判長又は陪席の裁判官	裁判長、陪席の裁判官又は裁判員

（証人等の尋問調書及び検証調書）

第四十二条　刑事訴訟規則第三十八条の調書及び検証調書には、立ち会った裁判員及び補充裁判員の氏名の記載に代えて、これらの者の第二十六条第一項第十五号の符号を記載するものとする。

（公判調書）
第四十三条　裁判員又は補充裁判員が立ち会った公判期日の公判調書には、刑事訴訟規則第四十四条に規定する事項のほか、立ち会った裁判員及び補充裁判員の第二十六条第一項第十五号の符号を記載しなければならない。
（鑑定手続実施決定があった場合の公判前整理手続調書）
第四十四条　鑑定手続実施決定があった場合には、公判前整理手続調書には刑事訴訟規則第二百十七条の十四に規定する事項のほか、次に掲げる事項を記載しなければならない。
一　出頭した鑑定人の氏名
二　鑑定人の尋問及び供述

第四章　評議

（評議における配慮）
第四十五条　構成裁判官（法第六条第一項に規定する構成裁判官をいう。）は、評議において、裁判員から審理の内容を踏まえて各自の意見が述べられ、合議体の構成員の間で、充実した意見交換が行われるように配慮しなければならない。
（弁論終結前の評議）
第四十六条　裁判長は、弁論終結前に評議を行うに当たっては、あらかじめ、裁判員に対し、法第六条第一項に規定する裁判員の関与する判断は、弁論終結後に行うべきものであることを説明するものとする。

第五章　裁判員等の保護のための措置

（裁判員の選任及び解任等に関する書類の謄写）
第四十七条　法第三十一条第二項に規定する書類のほか、法第二章第二節及び第三節に規定する手続に関する書類（第十二条第三項及び第十五条第二項に規定するものを除く。）のうち、法第三十四条第一項（法第三十八条第二項及び第四十七条第二項において準用する場合を含む。）の規定による質問及びこれに対する陳述並びに裁判員、補充裁判員若しくは裁判員候補者又はこれらであった者の個人を特定するに足りる情報が記載されている部分は、謄写することができない。
2　前項に規定するもののほか、裁判員、補充裁判員又は裁判員候補者からの申立てに関する書類は、謄写することができない。

第六章　補則

（検察官及び弁護人の訴訟遅延行為に対する処置）
第四十八条　刑事訴訟規則第三百三条の規定は、検察官又は弁護人が訴訟手続に関する法律又は裁判所の規則に違反し、裁判員等選任手続の迅速な進行を妨げた場合について準用する。

附　則

（施行期日）
1　この規則は、法の施行の日から施行する。ただし、第二条、第十一条から第十三条まで、第十五条及び第四十七条の規定は、法附則第一条第二号に掲げる規定の施行の日から施行する。
（裁判所の非常勤職員の政治的行為制限の特例に関する規則の一部改正）
2　裁判所の非常勤職員の政治的行為制限の特例に関する規則（昭和二十七年最高裁判所規則第二十五号）の一部を次のように改正する。
本則中第十一号を第十二号とし、第一号から第十号までを一号ずつ繰り下げ、本則に第一号として次の一号を加える。

一　裁判員及び補充裁判員

（政治資金規正法第二十二条の九第一項第二号の非常勤職員の範囲を定める規則の一部改正）

3　政治資金規正法第二十二条の九第一項第二号の非常勤職員の範囲を定める規則（平成四年最高裁判所規則第十三号）の一部を次のように改正する。

本則中第十号を第十一号とし、第一号から第九号までを一号ずつ繰り下げ、本則に第一号として次の一号を加える。

一　裁判員及び補充裁判員

別表（第二条関係）

裁判員裁判に関する事務を取り扱う地方裁判所の支部	取扱区域
東京地方裁判所八王子支部	東京地方裁判所八王子支部管轄区域
横浜地方裁判所小田原支部	横浜地方裁判所小田原支部管轄区域
静岡地方裁判所沼津支部	静岡地方裁判所沼津支部管轄区域 静岡地方裁判所富士支部管轄区域 静岡地方裁判所下田支部管轄区域
静岡地方裁判所浜松支部	静岡地方裁判所浜松支部管轄区域 静岡地方裁判所掛川支部管轄区域
長野地方裁判所松本支部	長野地方裁判所松本支部管轄区域 長野地方裁判所諏訪支部管轄区域 長野地方裁判所飯田支部管轄区域 長野地方裁判所伊那支部管轄区域
大阪地方裁判所堺支部	大阪地方裁判所堺支部管轄区域 大阪地方裁判所岸和田支部管轄区域
神戸地方裁判所姫路支部	神戸地方裁判所姫路支部管轄区域 神戸地方裁判所社支部管轄区域 神戸地方裁判所龍野支部管轄区域 神戸地方裁判所豊岡支部管轄区域
名古屋地方裁判所岡崎支部	名古屋地方裁判所岡崎支部管轄区域 名古屋地方裁判所豊橋支部管轄区域
福岡地方裁判所小倉支部	福岡地方裁判所小倉支部管轄区域 福岡地方裁判所行橋支部管轄区域
福島地方裁判所郡山支部	福島地方裁判所郡山支部管轄区域 福島地方裁判所白河支部管轄区域 福島地方裁判所会津若松支部管轄区域 福島地方裁判所いわき支部管轄区域

主な参考文献

▽憲法関係
宮沢俊義『憲法Ⅱ』（有斐閣、一九五九年）
佐藤幸治『憲法』（青林書院新社、一九八一年）
長谷部恭男『憲法第三版』（新世社、二〇〇四年）
岩波講座『憲法全六巻』（岩波書店、二〇〇七年）
▽刑事訴訟法関係
平野龍一『刑事訴訟法』（有斐閣、一九五八年）
団藤重光『新刑事訴訟法綱要七訂版』（創文社、一九六七年）
松尾浩也『刑事訴訟法（上補正第三版）（下Ⅰ補正版）（下Ⅱ）』（弘文堂、上一九九一年、下Ⅰ一九八八年、下Ⅱ一九九〇年）
小田中聰樹『誤判救済と再審』（日本評論社、一九八二年）
団藤重光『死刑廃止論』（有斐閣、一九九一年）
平野龍一『刑事法研究　最終巻』（有斐閣、二〇〇五年）
池田修、前田雅英『刑事訴訟法講義　第2版』（東京大学出版会、二〇〇六年）
白取祐司『刑事訴訟法第4版』（日本評論社、二〇〇七年）

▽裁判員制度・国選弁護制度関係
三谷太三郎『近代日本の司法権と政党』（塙書房、一九八〇年）
鯰越溢弘編『陪審制度を巡る諸問題』（現代人文社、一九九七年）
丸田隆『裁判員制度』（平凡社新書、二〇〇四年）
後藤昭、四宮啓、西村健、工藤美香『実務家のための裁判員法入門』（現代人文社、二〇〇四年）
池田修『解説　裁判員法』（弘文堂、二〇〇五年）
辻裕教『裁判員法／刑事訴訟法』（商事法務、二〇〇五年）
古口章『総合法律支援法／法曹養成関連法』（商事法務、二〇〇五年）
高山俊吉『裁判員制度はいらない』（講談社、二〇〇六年）
伊藤和子『誤判を生まない裁判員制度への課題』（現代人文社、二〇〇六年）
西野喜一『裁判員制度の正体』（講談社現代新書、二〇〇七年）
▽司法改革関係
東京大学社会科学研究所戦後改革研究会『戦後改革　4司法改革』（東京大学出版会、一九七五年）
ジュリスト一二〇八号特集『司法審意見書』（二〇〇一年）
拙著『市民の司法は実現したか』（花伝社、二〇〇五年）

土屋美明（つちや・よしあき）
1947年、東京都生まれ。東京大学法学部卒。1972年、共同通信社入社。本社社会部で司法記者会、宮内庁、外務省などを担当。社会部次長などを経て1998年以降、論説委員と編集委員を兼務。2001年から2004年まで、政府の司法制度改革推進本部に設けられた裁判員制度・刑事検討会と公的弁護制度検討会の各委員を務めた。2003年から4年間、日本弁護士連合会「市民会議」委員。現在は法務省「司法制度改革実施推進会議」参与、日弁連法務研究財団理事。
著書に『市民の司法は実現したか——司法改革の全体像』（花伝社、2005年）。共著に『刑事司法への市民参加』（現代人文社）、『市民の司法をめざして』（日本評論社）など。

裁判員制度が始まる —— **その期待と懸念**

2008年6月25日　初版第1刷発行

著者 —— 土屋美明
発行者 — 平田　勝
発行 —— 花伝社
発売 —— 共栄書房
〒101-0065　東京都千代田区西神田2-7-6 川合ビル
電話　03-3263-3813
FAX　03-3239-8272
E-mail　kadensha@muf.biglobe.ne.jp
URL　http://kadensha.net
振替　00140-6-59661
装幀 —— テラカワアキヒロ
印刷・製本 －中央精版印刷株式会社

ISBN978-4-7634-0522-7 C0032